দ্য বেঙ্গল কেমিস্ট্রি

বাংলাদেশের রাষ্ট্র-পররাষ্ট্র, সংবিধান, সরকার ও গণতন্ত্র ইত্যাদির বিভিন্ন বিষয়ের উপর লিখিত সুচিন্তিত, সুগভীর ও সুপাঠ্য প্রবন্ধসমূহ।

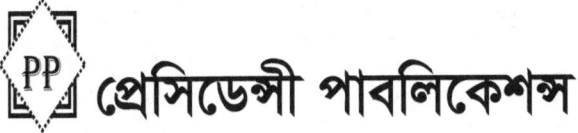

PP প্রেসিডেন্সী পাবলিকেশন্স

THE BENGAL CHEMISTRY

Authored by Md. Massiur Rahman Tauhid

160 Pages , 5.5" x 8.5"

Black & White on White paper

ISBN-13: 9781540639363,

ISBN-10: 1540639363

Dear readers,

"The book is regarding various issues of Bangladesh's History, Politics, Government, Democracy, Diplomacy and Decentralization.

I **recommend** that you read this book from the beginning to end as per articles of the book are arranged considering psychological aspect of readers.

1 **Personal opinion** on various issues related to the politics of Bangladesh has been expressed freely, boldly and impartially as much as possible.

2 **All issues of the book** have been picked up from various media of Bangladesh whenever highlighted in news and in talk shows. .

3 **Opinions that have been expressed** in this book are remarkably different than those are commonly and widely discussed in Bangladesh, therefore no reference has been given.

Please note down if any question arises in your mind during the time of reading and feel free to forward me for further elaboration. I'll take the appropriate move after discussing with you.

Next books of this kind would be written if readers of this book approve my opinions and give me green signal to continue."

-**The Author**

দ্য বেঙ্গল কেমিস্ট্রি

মশিউর রহমান তৌহিদ

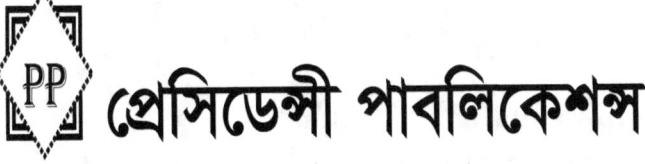

PP প্রেসিডেন্সী পাবলিকেশন্স

প্রকাশক - মশিউর রহমান তৌহিদ (লেখক) ।

যোগাযোগ- ০১৭৫৬২১১৬৭৩, massiurr@yahoo.com

বানান, ভাষারীতি, এডিটিং এবং ডিজাইন- লেখক।

প্রথম প্রকাশ : মার্চ ২০১৬ইং

দ্বিতীয় প্রকাশ : এপ্রিল ২০১৬ইং

তৃতীয় প্রকাশ : মে ২০১৬ইং

দ্বিতীয় সংস্করণ: নভেম্বর ২০১৬

দ্বিতীয় প্রকাশ : ফেব্রুয়ারি ২০১৮

তৃতীয় সংস্করণ:

মূল্য- ২০০ (দুইশত) টাকা মাত্র।

The Bengal Chemistry

A book on various controversial issues of Government, Politics, Constitution, Democracy, Decentralization & Diplomacy of Bangladesh.

Authored by **Massiur Rahman Tauhid**

1st Published: 10th March 2016, **Price: Two Hundred Taka only**.

উৎসর্গ

আমার আম্মাকে এবং অকালে পরলোকগত আমার আব্বাকে, যারা আমার শৈশবে আমাকে কায়েদে আযম জিন্নাহ এবং শেখ মুজিবুর রহমানের কথা বলতেন। ১৯৭৬ সালে হাসপাতালে নিয়ে যাওয়ার ঠিক আগ মুহূর্তে অসুস্থতার ঘোরে আমার আব্বা বলেছিলেন, "শেখ মুজিব যদি আগে জানতে পারতেন যে, এদেশের রাজনৈতিক নেতা-কর্মীরা এবং সরকারী কর্মকর্তা-কর্মচারীরা এত চোর তাহলে তিনি এত তাড়াতাড়ি এদেশ স্বাধীন করতেন না।" এটিই ছিল আমার শোনা আব্বার মুখে বলা শেষ কথা।

তার কয়েকদিন আগে আমার আব্বাকে বলতে শুনেছিলাম, "১৯৭১ সালে দেশ স্বাধীন করার জন্য সঠিক সময় ছিল না। কারণ একটি স্বাধীন দেশ পরিচালনা করার দক্ষতা এদেশে কারো নেই। স্বাধীনতার জন্য আরও অন্তত বিশ বছর অপেক্ষা করা উচিত ছিল।"

তখন আমার বয়স ছিল প্রায় নয় বছর; আমি আজও সে কথা ভুলিনি।

বাস্তবতা আমি প্রতি মুহূর্তে অনুভব করছি।

লেখকের বিশেষ কথা

আমি একজন রাজনীতিবিদ। আমার জন্ম করাচীতে। নিবাস বাংলাদেশে। একনাগাড়ে সাত বছর ছিলাম কোলকাতায়। ১৯৯৩ থেকে ২০০০ সাল পর্যন্ত। কিংবা তার চাইতেও বেশি। কিংবা তার চাইতেও কম। কারণ ১৯৯৮ সাল থেকেই আমি কোলকাতা থেকে খুব ঘন ঘন পৃথিবীর বিভিন্ন দেশে যাওয়া-আসা করতে শুরু করেছিলাম।

সত্যি বলতে কি আমার রাজনৈতিক চিন্তাধারার অনেকখানি পরিবর্তন হয় বাংলাদেশ থেকে কোলকাতা যাওয়ার পর। যদিও মহান আল্লাহর ইচ্ছায় এর শুরু হয়েছিল ১৯৯২ সালের মাঝামাঝি থেকে। যখন বিরোধী দলীয় নেত্রী হাসিনার মিন্টু রোডের বাসভবনে দুজন জার্মান সাংবাদিকদের সাথে আমার পরিচয় হয়। ঐ সময় জাতিয় বিভিন্ন গুরুত্বপূর্ণ বিষয়গুলো বিশেষ করে ফারাক্কা, তালপট্টি এবং পার্বত্য চট্টগ্রাম ইত্যাদি নিয়ে পক্ষ বিপক্ষের রাজনৈতিক মত আমাকে গভীর ভাবনায় ফেলে দেয়। কারো মতামত আমার ভালো লাগেনি। যদিও ওসব বিষয়গুলোতে আমার নিজের তেমন কোন মতামত ছিল না। কিন্তু কোলকাতায় যাওয়ার পর থেকে আমার মনে ধীরে ধীরে তৈরি হতে থাকে বাংলাদেশের বিভিন্ন জাতিয় গুরুত্বপূর্ণ বিষয়গুলোর উপর আমার নিজের মতামত।

তারপর কোলকাতা হয়ে ইউরোপে আরও ছয় বছর কাটিয়ে ২০০৬ সালে বাংলাদেশে ফিরে এসে বুঝলাম যে, আমি আর সেই আমিতে নেই। বাংলাদেশে আর বাংলাদেশের মানুষদের সাথে আমার বিস্তর ফারাক তৈরি হয়ে গিয়েছে। কারো সাথেই আমার চিন্তা-ধারার মিল হচ্ছে না। রাজনীতিতে আমার জন্য কোন জায়গা নেই। আমার, আমার বাবা-মা এবং আমার পূর্বপুরুষদের ভালোবাসার এই দেশে আমি যেন এক অচেনা পরবাসী। তখন ভাবলাম, আমি কী একেবারে হারিয়ে যাবো? তার চাইতে কিছু লিখলে কেমন হয়? তারপর থেকে একটু একটু করে লিখে যাচ্ছি। বিভিন্ন বিষয়গুলোতে নিজের মতামত। যা পরে "দ্য বেঙ্গল কেমিস্ট্রি" বই আকারে প্রকাশিত হয়েছে। তবে মনে হচ্ছে যেন বাংলাদেশের পাঠকরা এটি পড়তে যেন ভয় পায়। দেশে চলমান রাজনৈতিক পরিস্থিতির কারণে হয়ত। এতদিন তাদেরকে যা বলা হয়েছিল, যা জানানো হয়েছিল এবং যা বোঝানো হয়েছিল আমার বইটি তা থেকে

অনেকখানি ভিন্ন মতের। এ ভিন্ন মতের বিষয়টি এমন পর্যায়ের যা গত একশত বছরের এদেশের রাজনীতিবিদদের এবং বুদ্ধিজীবীদের রাজনৈতিক চিন্তা-ধারাকে অনেকখানি ভ্রান্ত বলে প্রমাণে যথেষ্ট ভূমিকা রাখবে বলে আমি মনে করি। একই সাথে সংশ্লিষ্ট সবাইকে জাতীয় স্বার্থ প্রশ্নে সতর্ক এবং সুবিবেচক হতে সজাগ করবে।

আসলে আমি শুরু থেকে একজন রাজনীতিবিদ বিঁধায় আমার লিখায় সর্বদা রাজনীতির বিষয় থাকে বেশি। থাকে গণতন্ত্র, মহা-বিকেন্দ্রীকরণ এবং কৌশলগত ও বুদ্ধিদীপ্ত উন্নয়নের কথা। আইন, শাসনতন্ত্র ও পররাষ্ট্রনীতির কথা। রাজনীতির মাধ্যমে দেশের সাধারণ মানুষদের কাছাকাছি পৌছাতে পারিনি বিধায় লিখার মাধ্যমে আমি চেষ্টা করছি। আমি বিশ্বাস করি যে, আমার দেশের সাধারণ মানুষেরাই পারবেন এদেশের অসংখ্য মনেপ্রাণে দেশপ্রেমিক রাজনীতিবিদের বর্তমানের কোণঠাসা অবস্থা থেকে উদ্ধার করতে।

যদিও রাজনীতিবিদরা সাধারণত সর্বদা লিখেন না। কিন্তু আমি লিখি। কারণ প্রচলিত অগণতান্ত্রিক, দেশ এবং জাতীয় স্বার্থ বিরোধী লুটেরা রাজনীতিতে আমি অবাঞ্ছিত। আমি মুখে মধু কিন্তু অন্তরে বিষ জাতীয় মুজিব আদর্শে বিশ্বাস করি না। যারা মুখে শুধু জনগণকে দিয়ে যান অথচ সর্বদা নিজেদের থলি ভরতে ব্যস্ত থাকেন তাদের সাথে আমার সখ্যতা হয়ে উঠছে না। যারা দেশের উন্নয়নের কথা বলে উন্নয়ন নিয়ে শুধু নিজেদের ধান্ধা করে যাচ্ছেন তাদের সাথে আমি একমত হতে পারছি না।

আমার সক্রিয় রাজনীতি শুরু হয় আশির দশকের মাঝামাঝি থেকে। বাংলাদেশ ছাত্রলীগে যোগদান এবং স্বৈরাচার বিরোধী আন্দোলনে ফুলটাইম অংশগ্রহণের মাধ্যমে। আর বিচ্যুতি ঘটে ১৯৯২ সালের ছাত্রলীগের কেন্দ্রীয়, ঢাকা মহানগর এবং ঢাকা বিশ্ববিদ্যালয়ের সম্মেলনের পরে। আমি তখন সিনিয়র আওয়ামী লীগ নেতাদের উপস্থিতিতে আওয়ামী লীগ সভানেত্রীর কাছে দাবী জানিয়েছিলাম ছাত্রলীগে নির্ভেজাল গণতন্ত্র চর্চা শুরু করার জন্য এবং গণতন্ত্রের মাধ্যমে নেতৃত্ব নির্বাচনের জন্য। আমার কথা মনোযোগ দিয়ে শুনে সবার সামনে তিনি ঘোষণা দিয়েছিলেন, "এখন থেকে ছাত্রলীগে গণতন্ত্রের মাধ্যমে নেতৃত্ব নির্বাচিত হবে এবং সদ্য ঘোষিত সমস্ত কমিটিগুলো ভেঙ্গে দিয়ে আটচল্লিশ ঘণ্টার মধ্যে নির্বাচনের মাধ্যমে কমিটি গঠন করতে হবে।"

সেদিনটি ছিল স্বাভাবিকভাবে আমার রাজনৈতিক জীবনের একটি স্মরণীয় দিন।

আমার জানামতে আমিই ছিলাম বাংলাদেশের রাজনৈতিক সংগঠনগুলোর মধ্যে গণতন্ত্রের জন্য প্রথম হুইসল ব্লোয়ার। ছাত্রলীগসহ আমাদের সংগঠনগুলোর বেশিরভাগ নেতাকর্মীদের মাঝে গণতন্ত্র কতটুকু প্রিয় তা আমি প্রমাণ পেয়েছিলাম কয়েক দিনের মধ্যেই। তখন অন্য কেহ নন যেন আমিই হয়ে উঠেছিলাম সব কিছুর কেন্দ্রবিন্দু। পার্টির সিনিয়র জুনিয়র নেতা কর্মিরা পার্টিতে গণতন্ত্র এবং নির্বাচনের বিষয়টি নিয়ে আমার সাথে আলাপ আলোচনা করার জন্য দল বেধে আসত। কিন্তু বেঁধে দেওয়া সময় অতিক্রম করে আরও কয়েকদিন পার হয়ে যাওয়ার পরেও পার্টিতে গণতন্ত্র আসেনি। গণতন্ত্র বিরোধী মুষ্টিমেয় কয়েকজন দলীয় সভানেত্রীকে ভুল বুঝিয়ে তাকে ভয় পাইয়ে দেয়। তিনি পার্টিতে গণতন্ত্র প্রতিষ্ঠার ইচ্ছা থেকে দূরে সরে আসেন। ফলে উত্তেজিত হয়ে সে সময় সভানেত্রীর সামনেই গণতন্ত্রকামীরা ধোলাই দেয় গণতন্ত্র বিরোধীদের।

তারপর সবকিছু নীরবে ঘটে যায়। সবকিছু থেকে শুধু আমাকে বাদ দেওয়া হয়। আশ্বস্ত করার মত সভানেত্রীর হাসি ছাড়া আমার জন্য আর কিছু ছিল না। এর কয়েকমাস পরে ঘটনাক্রমে আমাকে দেশের বাইরে চলে যেতে হয়। পৃথিবীর দেশে দেশে ঘুরার জন্য। আমি প্রায় চৌদ্দ বছর পৃথিবীর দেশে দেশে ঘুরেছিলাম। পৃথিবীর দেশে দেশে ঘুরতে ঘুরতে আমি শিখেছি রাজনীতি, গণতন্ত্র, মহা-বিকেন্দ্রীকরণ এবং উন্নয়নের বিশেষ বিশেষ কথা। প্রায় চৌদ্দ বছর পর পৃথিবীর দেশে দেশে ঘুরে যখন আমি দেশে ফিরে আসি তখন শুরু হয়ে যায় এদেশে "ওয়ান এলিভেন" নামে বাঙ্গালীর অন্যতম গৌরবময় অধ্যায়। অন্য সবার মত আমারও তখন মনে হয়েছিল যে, দেশের স্বার্থে রাজনৈতিক দলগুলোর মধ্যে গণতন্ত্র দরকার। সে কারণে যার যা সম্ভব কিছু করা প্রত্যেকের জন্য তখনই ছিল বিশেষ সময়। কিন্তু ওয়ান এলিভেন, টু এলিভেন, থ্রি এলিভেন ইত্যাদি ইত্যাদি ভাবে যখন মাসের পর মাস কেটে যাচ্ছিল তখন আমি ধরে নিয়েছিলাম যে, আসলে আমাদের দেশের সম্পদ রাজনৈতিক দলগুলো ধ্বংস করার প্রক্রিয়া চলছে। সে অবস্থায় আমি ‟এঞযব ঈযধহমব, জবভড়ৎস ধহফ চৎড়ঢ়ড়ংধষংচ নামে একটি আর্টিকেল লিখেছিলাম যা ৯/৯/২০০৭ তারিখে একটি ইংরেজি দৈনিকে প্রকাশিত হয়েছিল। ঐ আর্টিকেলে আমি জরুরী অবস্থায় নেয়া বাংলাদেশ সেনাবাহিনীর পদক্ষেপগুলোর প্রশংসা করে বলেছিলাম অবিলম্বে রাজনৈতিক দলগুলোর সাথে সংলাপ শুরু করার জন্য। কারণ ভবিষ্যতে

দেশ পরিচালনার জন্য রাজনৈতিক এবং গণতান্ত্রিক পদ্ধতি ছাড়া অন্য কোন পথ খোলা নেই। সে সাথে বলি যে, রাজনৈতিক দলগুলোতে গণতন্ত্রায়নের নামে আতঙ্ক সৃষ্টি করে জোর করে উপর থেকে নেতৃত্ব পরিবর্তন করার কোন দরকার নেই। বরং পদ্ধতিগতভাবে তৃণমূল থেকে পর্যায়ক্রমে গণতান্ত্রিকভাবে নেতৃত্ব নির্বাচন এবং পরিবর্তন করে সর্বোচ্চ পর্যায়ে তা বাস্তবায়ন করার জন্য পদক্ষেপ নেওয়া। সে সময় স্থানীয় সরকার নির্বাচনের জন্য সরকারের একটি অংশের গোপন পরিকল্পনার সমালোচনা করি। একই সাথে সংবিধানে রাষ্ট্রপতির ক্ষমতা বাড়ানো এবং প্রধানমন্ত্রীর দুটি টার্ম বেঁধে দেওয়ার জন্য দেশের প্রথম শ্রেণীর রাজনৈতিক নেতাদের, বিশিষ্ট বুদ্ধিজীবীদের এবং অন্যান্য বিভিন্ন জনদের প্রস্তাবগুলোকে আমি ব্যাখ্যাপূর্বক প্রত্যাখ্যান করেছিলাম। ঐ আর্টিকেলে আমি বাংলাদেশের ইতিহাসে সর্বপ্রথম বাংলাদেশের সংবিধানের আলোকে রাষ্ট্রপতির ক্ষমতা সংক্রান্ত বিষয়ে একটি গুরুত্বপূর্ণ পর্যবেক্ষণ প্রদান করেছিলাম। তাতে আমি বলেছিলাম যে, রাষ্ট্রের এবং জাতির অভিভাবক হিসাবে রাষ্ট্রপতির ক্ষমতার যে কমতি অনুভূত হচ্ছে বা দৃশ্যমান হচ্ছে তা সাংবিধানিক কারণে নয় বরং মনস্তাত্ত্বিক কারণে হচ্ছে। এর জন্য বিশেষভাবে দায়ী বর্তমান রাষ্ট্রপতি নির্বাচন পদ্ধতি। বর্তমানে জাতীয় সংসদের মাধ্যমে ক্ষমতাসীন সংখ্যাগরিষ্ঠ দল এবং দলের নেতা প্রধানমন্ত্রী রাষ্ট্র এবং জাতির অভিভাবক রাষ্ট্রপতি নির্বাচনের চাইতে সর্বাধিক গুরুত্ব দেন নিজেদের একান্ত অনুগত রাষ্ট্রপতি নামক একজন সরকারী কর্মচারী নির্বাচনের উপর। এ অবস্থার বিশেষ পরিবর্তনের জন্য যা প্রয়োজন তা হচ্ছে জনগণের সরাসরি ভোটে রাষ্ট্র এবং জাতির অভিভাবক হিসাবে রাষ্ট্রপতি নির্বাচিত করা।

আমার লিখা আর্টিকেলের কারণে হোক বা অন্য কোন কারণে হোক তার দুদিন পরে সরকার এবং সেনাবাহিনী রাজনৈতিক দল ও অন্যান্যদের সাথে সংলাপ শুরু করার জন্য রাজনৈতিক দলগুলোর স্বাভাবিক কার্যক্রমের উপর বিধি নিষেধ তুলে নেন। এতে রাজনৈতিক দলগুলোর সংস্কারবাদীরা খুশি হন। আরও দুদিন পর দুপুর বেলায় আওয়ামী লীগের সংস্কারবাদী কোন কোন নেতারা প্রথমবারের মত বঙ্গবন্ধু এভিনিউর আওয়ামী লীগ অফিসে এলে আমি তাদেরকে উচ্চস্বরে জিজ্ঞেস করেছিলাম কেন তারা গত কয়েকদিনে আওয়ামী লীগ সভানেত্রী হাসিনার মুক্তি দাবী করেননি। আমার ধমক এবং মারমুখী আচরণে আওয়ামী লীগের সে সময়ের সহ-

সাধারণ সম্পাদক মুকুল বোস সহ কয়েকজন দৌড়ে গাড়িতে করে পালিয়ে যান। এমনকী আওয়ামী লীগ অফিসের সামনের রাস্তায় অল্প দূরে দুদিকে গোয়েন্দা সংস্থার দুটি গাড়ির অবস্থান থাকা সত্ত্বেও। ঐ ঘটনার পর থেকে দলের সংস্কারবাদীরা সংযত হয়ে যান এবং প্রকাশ্যে সংস্কারের আর কোন আলাপ, আলোচনা বা দাবী কেউ উত্থাপন করেননি। আজ যখন দেখি খুব সামান্য এবং গুরুত্বহীন ভুলের জন্য একটি দৈনিক পত্রিকার সম্পাদককে আওয়ামী লীগ সভানেত্রী এবং প্রধানমন্ত্রী হাসিনা যেভাবে তিরস্কার করলেন এবং দলীয় নেতা কর্মীরা যেভাবে একের পর এক মামলা দিয়ে তাকে অযথা হয়রানি করে যাচ্ছে তখন মনে হল যে, আমার ঐ অসামান্য এবং সাহসী পদক্ষেপগুলোর জন্য তিনিতো আমাকে কোন পুরস্কৃত করলেন না। আর পার্টি নেতা-কর্মীদের আদেশ দিলেন না আমাকে ফুলের মালা দেওয়ার জন্য। ক্ষমতায় আসার পর পার্টির কেন্দ্রীয় কমিটির এবং সরকারের কোথাও কোন অবস্থানে তিনি আমাকে জায়গা দেননি। অথচ আজ তিনি সরকারের এবং পার্টির গুরুত্বপূর্ণ জায়গায় যাদের বসিয়েছেন তাদের কেউ তার জন্য কিছু করেনি যখন গ্রেফতার হয়ে অসহায় অবস্থায় তিনি সর্বক্ষণ চোখের পানি ফেলতেন। বরং তারা সে সময় তাকে বাতিলের খাতায় ধরে নিয়ে অপেক্ষায় ছিল কখন তার বিরুদ্ধে চুড়ান্ত ব্যবস্থা নেওয়া হবে।

তবে হ্যাঁ, ক্ষমতায় আসার পর আমি চাটুকারী করে ও একে তাকে ধরে লুটপাট করে অবৈধভাবে অনেক টাকা পয়সা কামিয়ে নিজের ভাগ্য পরিবর্তন করতে পারতাম। কিন্তু তা করার কোন চেষ্টা আমি কখনও করিনি। কারণ রাজনীতি শুরু করেছিলাম অবৈধভাবে নিজের ভাগ্য পরিবর্তনের জন্য নয় বরং এদেশের সাধারণ জনগণের ভাগ্য পরিবর্তনের জন্য। খাদ্য, বাসস্থান, শিক্ষায়-চিকিৎসায় যতদূর সম্ভব বৈষম্য নিরসনের জন্য। এদেশের এক শ্রেণির মানুষ এদেশের অর্থ সম্পদ লুটপাট করে বড় বড় কথা বলবে আর তার দায় এদেশের সাধারণ মানুষ সারা জীবন ধরে বয়ে বেড়াবে, এ কেমন স্বাধীনতা? কেমন রাজনীতি এবং গণতন্ত্র? আমি যেমন আমার রাজনৈতিক অধিকার চাই তেমনি চাই আমার দেশের জনগণের ভোটের অধিকার। ভোটের অধিকার ছাড়া জবাবদিহীতা হয় না। আর জবাবদিহীতা ছাড়া কোন উন্নয়ন সঠিক হয় না। উন্নয়নের নামে লুটপাট হয়। দেশ লোভী, ধোঁকাবাজ এবং মিথ্যাবাদীদের স্বর্গরাজ্যে পরিণত হয়। বর্তমান বাংলাদেশ তারই একটি লাইভ উদাহরণ। এ অবস্থার পরিবর্তন দরকার।

১০ই মার্চ ২০১৬।

দ্য বেঙ্গল কেমিস্ট্রি

পাঠকদের প্রতি সবিনয় অনুরোধ রইলো বইটি প্রথম পাতা থেকে পড়ার জন্য। কারণ বইটির সব প্রবন্ধগুলো মনস্তাত্ত্বিক বিশ্লেষণ করে পর পর সাজানো হয়েছে। —লেখক

দ্য বেঙ্গল কেমিস্ট্রি

সুবিশাল এবং সুউচ্চ হিমালয় পর্বতমালা এবং বঙ্গোপসাগরের মধ্যে একটি কেমিস্ট্রি বিদ্যমান আছে। এ কেমিস্ট্রির কারণে আজকের বাংলাদেশের বেশির ভাগ ভূখণ্ডের সৃষ্টি হয়েছিল। যখন থেকে দুটি বিশাল ভূখণ্ডের মুখোমুখি সংঘর্ষে হিমালয় পর্বতমালা তৈরি হয় তখন থেকে এ বিশেষ কেমিস্ট্রির যাত্রা শুরু হয়েছিল। এ কেমিস্ট্রি হচ্ছে বঙ্গোপসাগর এবং হিমালয়ের মধ্যে বিদ্যমান একটি বিশেষ দেওয়া-নেওয়ার সম্পর্ক– যা এ উর্বর ভূখণ্ডের উৎপত্তিসহ এদেশের বিশেষ আবহাওয়া এবং উদ্ভিদ সহ সমস্ত জীব বৈচিত্রের একমাত্র রহস্য।

আপাতদৃষ্টিতে এ দেওয়া নেওয়ার সম্পর্ক হচ্ছে বঙ্গোপসাগর থেকে জলীয় বাষ্প পূর্ণ মেঘমালা হিমালয়ের দিকে ধাবিত হওয়া এবং তারপরে ঐ মেঘমালা থেকে পরিবর্তিত পানি স্রোত হয়ে নদ-নদী দিয়ে হিমালয় থেকে বঙ্গোপসাগরে ফিরে আসা। পানির এ আকাশপথে হিমালয়ের দিকে ধাবিত হওয়া এবং নদীপথে ফিরে আসার কারণ হচ্ছে উভয় ডেসটিনেশনে বিশেষ বিশেষ ধরনের ডিমান্ড তৈরি হওয়া। হিমালয় এবং বঙ্গোপসাগরের এ বিশেষ ডিমান্ড নিয়ে গবেষণা হলে পৃথিবীর জলবায়ু সম্পর্কিত অনেক রহস্য যেমন বৃষ্টি-অনাবৃষ্টি সহ বিভিন্ন বিষয়ে অনেক কিছু উৎঘাটন হতে পারে। এমনকী পৃথিবীর বিভিন্ন মরুভূমিতেও আগের কোন এক কালের মত স্বাভাবিক বৃষ্টিপাতের ব্যবস্থা করা যেতে পারে।

এখন কথা হচ্ছে, বঙ্গোপসাগর সে শুরু থেকে কী চায় হিমালয়ের কাছে? কেন বঙ্গোপসাগর থেকে পানি জলীয়বাষ্প পূর্ণ মেঘমালা হয়ে হিমালয় পর্যন্ত গিয়ে হিমালয়কে এবং হিমালয় ও সাগরের মধ্যস্থিত স্থলভূমিকে ধুয়ে আবার বঙ্গোপসাগরে ফিরে আসে? নিশ্চয় এমন এক বা একাধিক উপাদানের জন্য যা সাগরের আভ্যন্তরীণ ক্রিয়া-কলাপের জন্য বিশেষ প্রয়োজন। এক সময় হিমালয় পর্বতমালা নিশ্চয় সাগরের অংশ ছিল এবং সাগর থেকে বেরিয়ে যাবার কারণে স্বাভাবিকভাবে সাগরে একটি শূন্যতা বা ঘাটতির সৃষ্টি হয়। আবার যেহেতু হিমালয় পর্বতমালা এখন সাগরের অংশ নয় সেহেতু হিমালয় পর্বতমালার গায়ে বা পরতে পরতে লেগে থাকা কতক উপাদানগুলো বর্তমানে অপ্রাসঙ্গিক বা অপ্রয়োজনীয়। সাগর ফিরে পেতে চায় তার দরকারী নিজস্ব উপাদানগুলো আর হিমালয় ঝেড়ে ফেলতে বা ধুয়ে ফেলতে চায় তার গায়ে লেগে থাকা অপ্রয়োজনীয় উপাদানগুলো। এ কারণে উভয় জায়গায় বিশেষ বিশেষ ডিমান্ডের সৃষ্টি হয়। এ ডিমান্ডের কারণে পানির আকাশপথে সাগর থেকে হিমালয়ের দিকে যাওয়ার এবং হিমালয় থেকে নদীপথে সাগরে ফিরে আসার মধ্যে প্রকৃতির একটি আশ্চর্যজনক বিষয় লক্ষ্য করা যায়। আকাশপথে একই ধরনের জলীয় বাষ্প হিমালয়ের দিকে ধাবিত হলেও হিমালয় থেকে সমুদ্রে ফিরে আসা পানি ভিন্ন ভিন্ন পথে ভিন্ন ভিন্ন উপাদান নিয়ে ফিরে আসে।

এ কারণে হিমালয় থেকে আসা সিন্ধু, গঙ্গা, ব্রহ্মপুত্র এবং ইরাবতী নদীগুলোর পানি এক রকম নয়। বিশেষ করে বেঙ্গল কনকেভ পয়েন্টের বা মেঘনা নদীর মোহনার দিকে ধাবিত হিমালয়ের পশ্চিম প্রান্ত থেকে আসা গঙ্গা-পদ্মা এবং হিমালয়ের পূর্ব প্রান্ত থেকে আসা ব্রহ্মপুত্র-যমুনার ও ব্রহ্মপুত্র-মেঘনার পানির মধ্যে এ পার্থক্য সুস্পষ্টভাবে দৃশ্যমান হয়। আবার প্রকৃতির বিশেষ প্রয়োজনে এ দুটি ধারার পানি এক বা একাধিক পয়েন্টে পরস্পরে মিশ্রিত হয়ে তারপর বেঙ্গল কনকেভ দিয়ে বঙ্গোপসাগরে পতিত হয়। সে সাথে প্রকৃতির বিশেষ প্রয়োজনে পরস্পরে মিশ্রিত হওয়ার জন্যই এ দুটি ধারার পানির নদীগুলো হিমালয়ের দু-প্রান্তে উৎপত্তি হয়েও এদের গতিপথ একে অন্যের দিকে অনেক পথ অতিক্রম করে বেকে ধাবিত হয়েছে।

কিন্তু ঐ নদীগুলোর উপর ফারাক্কা ব্যারাজ সহ বিভিন্ন বাঁধ বা ব্যারাজ নির্মাণ করার ফলে প্রকৃতির এ অতি জরুরী স্বাভাবিক প্রক্রিয়াটি বহুলাংশে ব্যাহত হচ্ছে এবং পুরাপুরি ব্যাহত হতে যাচ্ছে ক্রমান্বয়ে। কাজেই ফারাক্কা ব্যারাজ নির্মাণ করাটি হচ্ছে পৃথিবীতে এ যাবৎকালের পরিবেশের বিরুদ্ধে যতগুলো বৃহৎ আকারের ক্রাইম হয়েছে তার মধ্যে সর্বকালের সবচেয়ে বড় ক্রাইম। যা শুধু হিমালয় এবং বঙ্গোপসাগরের মধ্যস্থিত ভূমির ক্ষতি করছে না, হিমালয় এবং বঙ্গোপসাগরেরও সীমাহীন ক্ষতি করে যাচ্ছে গত অর্ধ শতাব্দী ধরে। গত পাঁচ হাজার বছর বা তারও অধিক সময় ধরে উপর উল্লেখিত ডিমান্ডের কারণে হিমালয় ও হিমালয় সংলগ্ন এলাকায় যে পরিমাণ ভূমিক্ষয় হয়েছে এবং যে পরিমাণ ডিপোজিশান বেঙ্গল কনকেভ দিয়ে বঙ্গোপসাগরে পতিত হয়েছে তার সমপরিমাণ কিংবা তার কাছাকাছি কিংবা তার চাইতে বেশি পরিমাণ ভূমিক্ষয় হয়েছে গত পঞ্চাশ বছরে হিমালয়সহ বিভিন্ন জায়গায় ডিফরেস্টেশানের কারণে। কিন্তু সে পরিমাণ ডিপোজিশান ফারাক্কা ব্যারেজসহ উজানে বিভিন্ন বাঁধ ব্যারেজ নির্মাণের কারণে স্বাভাবিক প্রক্রিয়ায় বেঙ্গল কনকেভ দিয়ে বঙ্গোপসাগরে যেতে না পারায় সাগর সহ সামগ্রিক পরিবেশের যে ক্ষতি হয়েছে তা এ পৃথিবীতে অন্য যে কোন পরিবেশ সংক্রান্ত ক্ষতির তুলনায় অনেক বড়।

আসলে ভারত তৈরি ফারাক্কার কারণে বাংলাদেশের সামগ্রিক পরিবেশের যে ক্ষতি হয়েছে তা সীমাহীন। গত পঞ্চাশ বছরের উপরোল্লিখিত ভূমিক্ষয়ের ডিপোজিশানগুলো এদেশে স্বাভাবিক প্রক্রিয়ায় আসতে না পারার কারণে বাংলাদেশের বিভিন্ন অঞ্চলের ভূমির স্বাভাবিক উচ্চতা বৃদ্ধি সহ বিভিন্ন প্রক্রিয়া ব্যাহত হয়েছে। ব্যাহত হয়েছে তীরবর্তী সমুদ্র অঞ্চল থেকে মহী-সোপান পর্যন্ত সমুদ্রতলের ভূমি গঠন সহ বিভিন্ন প্রক্রিয়া।

আবার যে উপাদানগুলো বঙ্গোপসাগরের নিজস্ব আভ্যন্তরীণ কার্যকলাপের জন্য অতি জরুরী তা ফারাক্কা ব্যারেজের কারণে স্বাভাবিক প্রক্রিয়ায় বেঙ্গল কনকেভ দিয়ে সাগরে আসতে না পারার কারণে সাগরের প্রয়োজনে সাগরের দুধের স্বাদ

ঘোলে মিটানোর জন্য বাংলাদেশের বিভিন্ন নদীগুলোর তীরবর্তী অঞ্চলে ভাঙ্গন প্রক্রিয়া চলছে জোরেশোরে। এমনকী কোন কোন বছর শীতকালেও এ রকম নদী ভাঙন হতে দেখা যায়। এতে গত পঞ্চাশ বছরে মানবিক বিপর্যয় সহ বাংলাদেশের যে সামগ্রিক ক্ষতি হয়েছে এবং হয়ে আসছে তা নির্ণয় করা পৃথিবীর কোন ক্যালকুলেটর দিয়ে সম্ভব নয়।

বাংলাদেশের সমুদ্র দাবীর পক্ষে জাতিসঙ্ঘের সমুদ্র আদালতে যে ভলিউমের পর ভলিউমগুলো উপস্থাপন করা হয়েছে তাতে হিমালয় থেকে বেঙ্গল কনকেভ এবং বেঙ্গল কনকেভ থেকে বেঙ্গল ফ্যান সহ বঙ্গোপসাগরের শেষ সীমা পর্যন্ত অনেক কিছু মুখস্থ বিদ্যার মত বর্ণনা করা হলেও সূক্ষ্ম কারচুপির মত এড়িয়ে যাওয়া হয়েছে বেঙ্গল কেমিস্ট্রিসহ ফারাক্কার মত মহা-গুরুত্বপূর্ণ ইস্যুগুলো। অথচ ভারতের সাথে বাংলাদেশের সমুদ্রসীমা নির্ধারণে এ বেঙ্গল কেমিস্ট্রি ও ফারাক্কা ব্যারাজ হচ্ছে আন্তর্জাতিক সমুদ্র আদালতে উপস্থাপন করার জন্য বাংলাদেশের পক্ষের সমস্ত যুক্তিগুলোর মুল ভিত্তি।

১৪ই আগস্ট ২০১৪।

সমুদ্র আদালতে বাংলাদেশের সমুদ্র পরাজয় এবং কিছু সোজা কথা

যেভাবে আন্তর্জাতিক সমুদ্র আদালতে বাংলাদেশের সমুদ্রসীমা নির্ধারণের বিষয়টি বাংলাদেশের বর্তমান সরকার পরিচালনা করেছিলো তাতে সুস্পষ্টভাবে প্রতীয়মান হয় যে, সরকার পরিকল্পিতভাবে ষড়যন্ত্র করে দক্ষিণ তালপট্টি এরিয়া ভারতকে হস্তান্তর করেছে বা ভারত যাতে উক্ত এরিয়া পেয়ে যায় ঠিক সেভাবে কাজ করেছে। তা না হলে সরকার এ ধরনের একটি মহাগুরুত্বপুর্ণ বিষয়ে দলমত নির্বিশেষে খুব উচ্চ পর্যায়ের কমিটি গঠন করতেন। সে সাথে কোন কিছু গোপন না রেখে সমুদ্রসীমা নির্ধারণের আইনি লড়াইয়ে আমাদের ন্যায্য দাবী সংক্রান্ত সমস্ত বিষয়গুলো জনসম্মুখে আলোচনায় নিয়ে আসতেন। তাহলে সরকারের স্ট্রাটেজি সঠিক না হলে সঠিক সাজেশন দেওয়া যেত।

সমুদ্রসীমা নির্ধারণ সংক্রান্ত বিষয়ে এদেশের কারো কোন জ্ঞান নেই, সরকারের এ দাবী বোধহয় ঠিক নয়। কিন্তু উদ্দেশ্যমুলকভাবে সমস্ত কিছু গোপন রেখে যেভাবে সমস্ত কিছু ডিল করা হয়েছে তাতে শুধু ভারত লাভবান হয়েছে। কারণ যা এদেশের মানুষদের কাছে গোপন রাখা হয় তার কোন কিছু ভারতের কাছে কোন দিন গোপন থাকে না। আর সত্যি বলতে কী, আন্তর্জাতিক সমুদ্র আদালতের মাধ্যমে দক্ষিণ তালপট্টি সমুদ্র এরিয়া ভারতকে এমনভাবে হস্তান্তর করা হয়েছে যে, তাতে দেখে মনে হচ্ছে, অনেকের মুখ বন্ধ হয়ে গিয়েছে। যদিও ঐসব বিতর্কিত অনেকের যারা সবাই নিজ স্বার্থে বা গোষ্ঠী স্বার্থে এদেশের রাজনীতি–অর্থনীতি–পররাষ্ট্রনীতি–শিক্ষা–মিডিয়াসহ সমস্ত কিছুতে দাপিয়ে বেড়ায়

তাদের কাজ থেকে জাতীয় স্বার্থের জন্য কিছু আশা করা অর্থহীন। তা না হলে ষড়যন্ত্রকারীরা ইতিমধ্যেই রাষ্ট্রদ্রোহিতার অপরাধে ঢাকা কেন্দ্রীয় কারাগারের নিজেদের আবিষ্কার করতো।

আন্তর্জাতিক সমুদ্র আদালতের মাধ্যমে ভারতকে তালপট্টি দ্বীপ দিয়ে দেওয়ার পর যেভাবে সরকারের বিভিন্ন জন সাফাই গেয়ে যাচ্ছিল তাতে অনেক প্রশ্ন উঠে আসে স্বাভাবিক কারণে। তাহলে কী "জিওলজিক্যাল সার্ভে অফ ইন্ডিয়ার" সার্ভে ভুল, ভারত সরকারের সব মাপ-যোগ ভুল, ভুল ভারতের মিলিটারি সার্ভের? যেখানে কোথাও বলা হয়নি যে ওটি দ্বীপ নয়, ওটি শুধুই এলুভিয়াল ল্যান্ড। যেখানে কোথাও বলা হয়নি যে, ওটি শুধু ভারতের, বাংলাদেশের নয়। যে কথাটা বারবার উল্লেখ করা হয়েছে তা হচ্ছে, ঐ দ্বীপের জন্য ভারতের নিরাপত্তা বিঘ্নিত হতে পারে, আবার নাকি ভারত বিভক্তি ঘটতে পারে। এর জন্য যথাযথ ব্যবস্থা নেওয়ার কথা বলা হয়েছে। ঐ কথিত যথাযথ ব্যবস্থার জন্য কয়েকটি স্ট্রাটেজি ঠিক করা হয়েছিল। সত্যি বলতে কী, ভারতকে ঐসব ষ্ট্রাটেজির কোন কিছুই ইউজ করতে হয়নি কষ্ট করে নিজের স্বার্থে। খুব সহজে বাংলাদেশে ভারতের তাবেদার সরকারের সহযোগিতায় বাংলাদেশের জায়গা আজ ভারতের চির-দখলে চলে গিয়েছে। যদিও ঐসব ষ্ট্রাটেজিগুলো ঠিক করা হয়েছিল দক্ষিণ তালপট্টি দ্বীপকে বাংলাদেশের দ্বীপ হিসেবে ধরে নিয়েই। অথচ যে কোন আন্তর্জাতিক আদালতে এবং আন্তর্জাতিক সমুদ্র আদালতে বাংলাদেশের সবচেয়ে জোরালো দাবী হওয়া উচিত ছিল আন্দামান-নিকোবর আইল্যান্ডসের মালিকানা দাবী করা। কারণ ১৯৪৭ সালের ভারত বিভক্তির সময় ঐ আইল্যান্ডস ছিল বেঙ্গল প্রেসিডেন্সির আওতাভুক্ত নোম্যান ল্যান্ডস। আর নোম্যান ল্যান্ডস ছিল বলেই ঐ দ্বীপপুঞ্জে সে সময় কোন ধরনের নির্বাচন অনুষ্ঠিত হয়নি। ফলে বাংলা বিভক্তিকরণ ম্যান্ডেট দ্বারা কিংবা অন্যভাবে ঐ দ্বীপপুঞ্জের বিভক্তি কিংবা মালিকানা আজও নির্ধারিত হয়নি, যেভাবে সুন্দরবনের বিষয়টি নিষ্পত্তি হয়েছিল। সে কারণে ঐ দ্বীপপুঞ্জের একচেটিয়া অধিকার শুধু ভারতের নয় বাংলাদেশেরও। এ সংক্রান্ত বিষয়ে অতীতের আন্তর্জাতিক আদালতে যত রায় হয়েছে সে অনুসারে সবকিছুই বাংলাদেশের দাবীর পক্ষে ছিল এবং এখনও আছে। তবে এজন্য বাংলাদেশ সরকারকে অবশ্যই আন্দামান-নিকোবরে বসবাসকারী আদিম অধিবাসীদের মত একদম উলঙ্গ না থেকে অন্তত কিছু একটা গায়ে চাপানো খুব দরকার ছিল। সত্যি বলতে কী, পৃথিবীর অন্যান্য দেশের চাইতে আন্তর্জাতিক সমুদ্র আদালতের মাধ্যমে বাংলাদেশের সমুদ্রসীমা নির্ধারণ করা ছিল পানির মত সহজ। তার কারণ হল, বাংলাদেশের দক্ষিণ-পূর্ব সীমান্তে নাফ নদীর অবস্থান এবং দক্ষিণ-পশ্চিম সীমান্তে হাড়িভাংগা নদীর অবস্থান। মিয়ানমারের সাথে সীমানায় অবস্থিত নাফ নদীর বঙ্গোপসাগর মোহানায় সীমা নির্ধারণ সংক্রান্ত সমস্ত হিসেব-নিকেশ এবং ভারতের সাথে সীমানায় অবস্থিত হাড়িভাংগা নদীর বঙ্গোপসাগর মোহানায় সীমা নির্ধারণ সংক্রান্ত সমস্ত হিসেব নিকেশ প্রায় একই রকম। কিন্তু সে হিসেব-নিকেশ

ইচ্ছাকৃতভাবে সঠিকভাবে অনুসরণ না করায় আমরা যেমন মিয়ানমারের সাথে অনেক জায়গা হারিয়েছি ঠিক তেমনি ভারতের সাথে আমরা হারিয়েছি দক্ষিণ তালপট্টির মত আমাদের সবচেয়ে মূল্যবান সমুদ্র এরিয়া। এ জায়গা হারানোর বিষয়টির সমস্ত দায়দায়িত্ব বাংলাদেশের বর্তমান সরকারের। কারণ মিয়ানমারের সাথে সমুদ্র-সীমা নির্ধারণে নাফ নদীর সঠিক হিসেব শক্তভাবে আন্তর্জাতিক সমুদ্র-আদালতে উপস্থাপন করা হয়নি দৃশ্যত ভারতের গোপন হস্তক্ষেপে। সে সাথে ভারতের গোপন মধ্যস্থতার ফল হচ্ছে মিয়ানমারের সাথে সমুদ্র জায়গা হারিয়ে আন্তর্জাতিক সমুদ্র আদালতের মাধ্যমে আমাদের কথিত সমুদ্র বিজয়। যা ভারতের জন্য আমাদের দক্ষিণ তালপট্টি ছিনিয়ে নেওয়ার ঘৃণ্য পরিকল্পনার বিশাল সাফল্য হিসাবে কাজ করেছে। যেহেতু আমাদের সরকার মিয়ানমারের সাথে কথিত সমুদ্র বিজয় নিয়ে মিথ্যে আনন্দে মাতোয়ারা হয়ে থাকার ভান করেছিল। সে অনুযায়ী ইচ্ছাকৃত-ভাবে খুবই ডাস্টবিন কোয়ালিটির ব্যক্তিবর্গ দিয়ে আবারও একই কায়দায় ভারতের সাথে আমাদের দাবী আন্তর্জাতিক সমুদ্র-আদালতে উপস্থাপন করে ভারতকে আমাদের দক্ষিণ তালপট্টি বিজয়ের পথ সুগম করে দেয়। এক্ষেত্রে সবচেয়ে মজার বিষয় হচ্ছে যে, আশির দশকের মাঝামাঝি এবং তার পরের দিকে ভারত সরকারের সংশ্লিষ্ট কিছু লোক এবং কিছু কট্টর মৌলবাদী লোক বিভিন্ন যুক্তি উপস্থাপন করে বই লিখে এবং চিঠি লিখে ভারত সরকারকে পরামর্শ দিয়েছিল যাতে দক্ষিণ তালপট্টি দ্বীপসহ উক্ত এরিয়া অবিলম্বে জোর করে ভারত-ভুক্তি করার জন্য। এমনকী ঐ সমস্ত জায়গা সম্পূর্ণ বা আংশিকভাবে বাংলাদেশের সীমানায় অবস্থিত হলেও। কারণ তারা এবং ভারত সরকারের সংশ্লিষ্ট অনেকে ধারনা করে যে, ১৯৮২ সালের আন্তর্জাতিক সমুদ্র আইন অনুসারে দক্ষিণ তালপট্টি দ্বীপ বা এরিয়া অধিকারে বাংলাদেশ সবচেয়ে বেশি সুবিধাজনক অবস্থায় আছে। কিন্তু দৃশ্যত ভারত সরকারকে ঐসব কিছু করতে হয়নি। বরং ধৈর্য সহকারে গত তিন সাড়ে তিন দশকের বাংলাদেশের সমস্ত ক্ষমতাসীন ডাইরেক্ট এবং ইন-ডাইরেক্ট পা-চাটা কুকুরদের ব্যবহার করে ভারত আজ বাগিয়ে নিয়েছে ঐ দক্ষিণ তালপট্টি এরিয়া, যা কোনভাবে ভারতের অংশ ছিল না।

কিন্তু মিয়ানমারের সাথে সমুদ্রসীমা নির্ধারণে যে সমূহ পরাজয় হয়েছে তা স্বীকার করে যদি বিষয়টি গভীরভাবে পর্যালোচনা করা হতো তা হলে আজ ভারতের বিরুদ্ধে সমুদ্র-সীমা নির্ধারণে এমন কঠিন পরাজয় বরণ করতে হতো না। আসলে উভয় ক্ষেত্রেই পরাজয়গুলো ইচ্ছাকৃত এবং ষড়যন্ত্রমুলক। তাই প্রতিটি ক্ষেত্রে ঢাকঢোল পিটিয়ে বিজয় দাবী করে উল্লাস করা হয়েছে যাতে এদেশের মানুষকে বোকা বানানো যায়। সেই ১৯৯৬ সালে দিল্লীতে পানি ভাগাভাগি চুক্তির পর ঢাকায় যেমন উল্লাস করা হয়েছিলো ঠিক তেমনি। অথচ ঐ পানি ভাগাভাগির চুক্তি দ্বারা সমস্ত অভিন্ন নদীতে তৈরি হয়ে যাওয়া বাঁধগুলোর এবং ভবিষ্যতে আরও বাঁধ তৈরি করার লিখিত এবং অলিখিত ক্ষমতা ভারতকে প্রধান করা হয়। ভারত বাঁধ দেবে আর এদেশে ভারতের তাবেদার সরকাররা ভারতের সাথে কথিত পানি

ভাগাভাগির চুক্তি করে ফুর্তি করবে। আর একারণেই ফারাক্কা তৈরির জন্য যেমন ভারত দায়ী তেমনি ফারাক্কাকে ভারতের ইচ্ছেমত চলতে দেওয়ার জন্য মুজিব-জিয়া-এরশাদ-খালেদা-হাসিনা দায়ী। সে সাথে বাংলাদেশ প্রধানমন্ত্রীর কয়েক বছর ধরে দেওয়া "সমুদ্রসীমা নির্ধারণ সংক্রান্ত বিষয়ে আমাদের দেশের কারো কিছু জানা নেই বা জ্ঞান নেই"– এ জাতীয় বক্তব্য আসলে যে কত ভয়াবহ এবং কত হতাশাজনক একটি স্বাধীন দেশের নিরাপত্তার জন্য। এ উপলব্ধি জ্ঞান যাদের নেই তারা কেন আসেন সরকার প্রধান হতে, রাষ্ট্রপ্রধান হতে, প্রতিরক্ষা মন্ত্রণালয়ের দায়িত্ব নিতে। ধরেই নিচ্ছি প্রধানমন্ত্রীর বক্তব্য অনুযায়ী সমুদ্র আইন বা সমুদ্রসীমা নির্ধারণ সংক্রান্ত বিষয়ে "এদেশের কারো কিছু জানা নেই, জ্ঞান নেই"। তাহলে গত চল্লিশ বছরে আমাদের নৌবাহিনী কী করলো সমুদ্রে? কী করলো আমাদের সশস্ত্র বাহিনী আমাদের দেশের সার্বিক নিরাপত্তায়? কিসের কমতি ছিল? সমুদ্র আদালতে আমাদের ন্যায্য দাবী নির্ভুলভাবে উপস্থাপনের জন্য মারাত্মক মরনাস্ত্র থাকা না থাকার বিষয়টি সম্পূর্ণ অপ্রাসঙ্গিক। দরকার ছিল একটু কমনসেন্সের, দরকার ছিল দেশপ্রেমের, দরকার ছিল দেশের প্রতি-দেশের নিরাপত্তার প্রতি শপথের দৃঢ়তার।

সরকারের দাবী অনুযায়ী নৌবাহিনীর সবচেয়ে জ্ঞানী এবং চৌকস অফিসারকে পররাষ্ট্র মন্ত্রণালয়ে নিয়োগ দেয়া হয়েছিলো এবং বিদেশ থেকে বিশেষ ট্রেনিং দিয়ে প্রস্তুত করা হয়েছিলো আন্তর্জাতিক সমুদ্র আদালতে বাংলাদেশের পক্ষে সমুদ্র দাবীর বিষয়টি তত্বাবধনের জন্য। কিন্তু সমস্ত বিষয়গুলো সে যেভাবে হ্যান্ডেলিং করেছে তাতে অনেক প্রশ্ন উঠা স্বাভাবিক। এ কমনসেন্সহীন ব্যক্তিকে যদি বলা হয় সবচেয়ে জ্ঞানী ও চৌকশ অফিসার তাহলে অন্যান্যদের অবস্থা কী? আর কীভাবে চলছে এদেশের নিরাপত্তা। আমরা কী ঘুমের মধ্যে আছি নাকি আমাদের ঘুমিয়ে রাখা হয়েছে? এদেশের যে সরকার দেশের নিরাপত্তার সবচেয়ে বড় স্তম্ভ, দেশের সার্বিক নিরাপত্তার সমস্ত অস্ত্রের সবচেয়ে বড় এবং সর্বকালীন গুপ্ত অস্ত্র "সামরিক গোয়েন্দা বিভাগের কর্মকর্তাদের" টেলিভিশনের পর্দায় একজন একজন করে ঠাণ্ডা মাথায় প্রধানমন্ত্রীর উপস্থিতিতে এবং তত্ত্বাবধনে গোয়েন্দা কার্যালয়ে ডেকে এনে সবাইকে দেখিয়ে দেয় তাদের কাছ থেকে আমরা কখনও আশা করতে পারি না যে তারা আমাদের দেশের স্বার্থ দেখবে। সত্যি বলতে কী তাদের কর্মকাণ্ডে আমার কখনও মনে হয়নি যে তারা আমাদের দেশের স্বার্থ দেখছে।

দৃশ্যত বর্তমান বাংলাদেশ সরকার আন্তর্জাতিক সমুদ্র আদালতে হাড়িভাংগা নদীর স্রোতধারার সঠিক হিসেব এবং মোহনার সঠিক হিসেব উপস্থাপনে সম্পূর্ণ ব্যর্থ হয়েছে অনেকটা ইচ্ছাকৃতভাবে। কারণ সরকারের একথা ভালো করে জানা আছে যে, হাড়িভাংগা নদী সহ অনেক নদীগুলোর স্রোতধারা ভারত নিয়ন্ত্রণ করে ফারাক্কা ব্যারেজের মাধ্যমে। অথচ এ স্রোতধারার সঠিক হিসেব আন্তর্জাতিক সমুদ্র আদালতে উপস্থাপনের উপরেই বাংলাদেশ ভারতের সমুদ্রসীমা নির্ধারণ বা চিহ্নিতকরণ বহুলাংশে নির্ভর করে। আগস্ট ২০১৪।

সমুদ্র আদালতে বাংলাদেশ এবং একটি গুরুত্বপূর্ণ বিশ্লেষণ

১৯৮২ সালে আন্তর্জাতিক সমুদ্র আইন প্রণয়নের পর পরই বাংলাদেশের উচিত ছিল তা অনতিবিলম্বে ভাল করে বিশ্লেষণ করে রেটিফাই করা এবং আন্তর্জাতিক আদালতের মাধ্যমে বাংলাদেশের সমুদ্রসীমা নির্ধারণের জন্য সব ধরনের পদক্ষেপ নেওয়া। কারণ বাস্তবিকভাবে বাংলাদেশের সমুদ্রসীমা সুনির্ধারণের সবচেয়ে মোক্ষম সময় ছিল ১৯৯০ সালের আগে এবং কতকটি ১৯৯৬ সালের আগে। আর সবচেয়ে নাজুক সময় দাঁড়িয়ে যায় ২০০১ সালের পর থেকে আজতক। ক্লোল্ড ওয়্যার পরবর্তী এবং সেপ্টেম্বর এলিভেন ২০০১ পরবর্তী বিশ্ব-রাজনীতিতে চলমান বিশেষ পোলারাইজেসানের কারণে। তারপরেও এ নাজুক সময়ে নিজেদের অনুকূলে সমুদ্রসীমা সুনির্ধারণের জন্য যে দেশপ্রেম, যে দূরদৃষ্টি এবং যে দৃঢ়তার দরকার ছিল তা দৃশ্যত এদেশের এ পর্যন্ত শাসন ক্ষমতায় আসা এবং শাসন ক্ষমতার বিভিন্ন দায়িত্বে থাকা বেসামরিক এবং সামরিক ব্যক্তিবর্গের নেই। যেমনটি ছিল না ১৯৯০ বা ১৯৯৫-এর আগে কিংবা তারও আগে স্বাধীনতার পর থেকে। ফলে বাংলাদেশের দক্ষিণ তালপট্টি সমুদ্র অঞ্চল তালপট্টি দ্বীপ সহযোগে আজ ভারতের পুরপুরি দখলে চলে গিয়েছে। একই কারণে অদূর ভবিষ্যতে আরও একটি জটিল অবস্থা তৈরির সম্ভাবনা সৃষ্টি করেছে যাতে বাংলাদেশ আরও বেশি সমুদ্র অঞ্চল হারাবে ভারতের কাছে। এমনকী আন্তর্জাতিক সমুদ্র আদালতের দেয়া বাংলাদেশ-ভারতের মধ্যকার সমুদ্রসীমা সংক্রান্ত বর্তমানের রায় বহাল থাকা সত্ত্বেও। এ উপর উল্লেখিত সমুদ্র অঞ্চল হারানোর সম্ভাবনা ছাড়াও অন্য যে বিষয়টি আজ বাস্তবিকভাবে অনুধাবন যোগ্য তা হচ্ছে আন্তর্জাতিক সমুদ্র আদালতে পৃথকভাবে উপস্থাপিত বাংলাদেশ ও ভারতের সমুদ্রসীমা সংক্রান্ত উভয় দেশের দাবীগুলোর মধ্যে খুব একটি পার্থক্য প্রায় নেই বললেই চলে। তা এ কারণে যে, বাংলাদেশের দাবী অনুযায়ী কিংবা আন্তর্জাতিক সমুদ্র আদালতের রায়ে নির্ধারিত সীমানা পর্যন্ত সমুদ্র অঞ্চল ব্যবহার করার মত রাজনৈতিক, সামরিক এবং কূটনৈতিক ইচ্ছা, শক্তি এবং দক্ষতা মনে হচ্ছে বাংলাদেশের একদম নেই। ভবিষ্যতে আর কোনদিন হবে বলেও সম্ভাবনা নেই। বিশেষ করে যতদিন এদেশের শাসন ক্ষমতার বিভিন্ন স্তরে দায়িত্বজ্ঞানহীন হীনপ্রকৃতির রাজনৈতিক, সামরিক এবং আমলাতান্ত্রিক নেতৃত্ব বহাল থাকবে। ফলে আন্তর্জাতিক সমুদ্র আদালতে উপস্থাপিত “ভারতের দাবী” অনুযায়ী তীর থেকে গভীর সমুদ্রের দিকে যাওয়া দক্ষিণমুখি ভার্টিক্যাল লাইনটি বাস্তবিকভাবে হয়ে যাবে দুদেশের মধ্যকার এক প্রকার ডি ফেকটো সমুদ্র-সীমা। অর্থাৎ হাড়িভাঙ্গা নদীর কথিত বেস পয়েন্ট থেকে গভীর সমুদ্রসীমা পর্যন্ত আন্তর্জাতিক সমুদ্র আদালতের রায়ে নির্ধারিত সীমারেখাটির অদূর ভবিষ্যতে কোন এক সময় অন্তত আরও দশ/বিশ ডিগ্রি

দক্ষিণ-পূর্ব দিকে হেলে যাওয়ার সমূহ সম্ভাবনা থেকে যাচ্ছে। এর ফলে আন্তর্জাতিক সমুদ্র আদালতের রায়ে বাংলাদেশ গভীর সমুদ্রে "বিয়োন্ড টু হান্ড্রেড মাইল আউটার কন্টিনেন্টাল শেলফ" নামে অপেক্ষাকৃত কম গুরুত্বপূর্ণ যে অংশটির ভাগ পেয়েছে বলে বর্তমান বাংলাদেশ সরকার অতিমাত্রায় উল্লাসিত হয়েছে, তার অবস্থান পশ্চিম দিক থেকে ক্রমান্বয়ে সংকোচিত হয়ে একটি হাস্যকর অবস্থায় গিয়ে দাঁড়াবে। তবে বাংলাদেশ সরকার যদি বাংলাদেশের নিজস্ব জায়গা "দক্ষিণ তালপট্টি দ্বীপ" নিজেদের অধিকারে রাখতে পারতো তাহলে "ইন দ্য ভ্যাসিনিটি অফ সাউথ তালপট্টি আইল্যান্ড" সহযোগে যে সমুদ্রসীমা আন্তর্জাতিক সমুদ্র আদালতের মাধ্যমে নির্ধারিত হত তার মধ্যে টেরিটোরিয়াল সমুদ্র এরিয়া এবং টেরিটোরিয়াল সমুদ্র এরিয়া থেকে আরও গভীর সমুদ্র অঞ্চল পর্যন্ত বাংলাদেশের একশত ভাগ ব্যবহারের ক্ষেত্রে "দক্ষিণ তালপট্টি দ্বীপ" অবশ্যই একটি শক্ত ঢাল হিসাবে অবস্থান নিত। সেক্ষেত্রে কন্টিনেন্টাল সেলফ এবং আউটার কন্টিনেন্টাল সেলফ ইত্যাদির উপর বাংলাদেশের যথেষ্ট সার্বভৌমত্ব বজায় রাখার ক্ষেত্রে বাংলাদেশ অবশ্যই এর একটি বিশেষ সুবিধা পেয়ে যেত স্বাভাবিক কারণে।

কিন্তু যেহেতু দক্ষিণ তালপট্টি ভারতকে দিয়ে দেওয়া হয়েছে আন্তর্জাতিক সমুদ্র আদালতের মাধ্যমে আইনগতভাবে। সেক্ষেত্রে দক্ষিণ তালপট্টি দ্বীপের অবস্থানগত সমস্ত সুবিধা ভৌগলিক অবস্থানগত কারণে আইনগত প্রাপ্যের চাইতেও অনেক বেশি ভোগ করবে ভারত। বাস্তবে ভারতের "ভবিষ্যতের এ ভোগ করা সুবিধাটি" এক সময় বাংলাদেশের জন্য খুব যন্ত্রণাকর হয়ে দাঁড়াবে বিভিন্ন কারণে।

সে কারণে সবচেয়ে রহস্যজনক বিষয় হচ্ছে যে, বর্তমান বাংলাদেশ সরকার "দক্ষিণ তালপট্টি" অঞ্চল এবং দ্বীপ নিজেদের বলে দাবী করার ক্ষেত্রে বা নিজেদের অধিকারে রাখার ক্ষেত্রে আন্তর্জাতিক সমুদ্র আদালতে কোন জোরালো ভূমিকা রাখেনি বা কোন জোরালো অবস্থান নেয়নি। বরং দৃশ্যত বাংলাদেশ সরকারের অতি মনোযোগ ছিল "বিয়োন্ড টু হানড্রেড মাইল আউটার কন্টিনেন্টাল শেলফ" সমুদ্র এরিয়া ব্যবহারের অধিকার অর্জনের দিকে। এক্ষেত্রে এ অতি মনোযোগ একটি চরম স্ট্রাটেজিক ভুল সিদ্ধান্ত হতে পারে আবার অন্য কিছু হতে পারে। তবে আন্তর্জাতিক সমুদ্র আদালতে উপস্থাপিত বাংলাদেশ এবং ভারতের যুক্তিগুলোসহ অন্যান্য বিভিন্ন বিষয়গুলো গভীরভাবে পর্যালোচনা করলে এ "অন্যকিছু" বিষয়টি খুব বেশি অনুভূত হয়।

"বিয়োন্ড টু হানড্রেড মাইল আউটার কন্টিনেন্টাল শেলফ" সমুদ্রসীমা ব্যবহারের দাবী এবং অধিকার যেমন বাংলাদেশের তেমনি বাংলাদেশের সাথে সমুদ্র সীমা নির্ধারণে আন্তর্জাতিক সমুদ্র আদালতে আসা অন্য দু স্টেক হোল্ডার মিয়ানমার এবং ভারতেরও। এক দেশের "বিয়োন্ড টু হানড্রেড মাইল আউটার কন্টিনেন্টাল শেলফ" ব্যবহারের সুবিধা অন্য স্টেক হোল্ডারদের প্রাপ্য ২০০ মাইল পর্যন্ত

সীমার সমুদ্র অঞ্চলের মধ্যে থেকে দেওয়া হয় না কখনও। বরং অনেক ক্ষেত্রে সব স্টেক হোল্ডারদের মধ্যে ২০০ মাইল পর্যন্ত সমুদ্রসীমা ভাগ করে দেওয়ার পর বাইরের দিকের অবশিষ্ট কিছু অংশে "বিয়োন্ড টু হানড্রেড মাইল আউটার কন্টিনেন্টাল শেলফ" ব্যবহারের জন্য ভাগাভাগি হয়। বাংলাদেশ, মিয়ানমার এবং ভারতকে ২০০ মাইল সমুদ্রসীমা ভাগ করে দেওয়ার পর আউটার সমুদ্রে যে অমীমাংসিত প্যাসেজ থেকে যায় সেখান থেকে "২০০ মাইল পর্যন্ত সমুদ্র অঞ্চল" প্রাপ্যতা অনুযায়ী "বিয়োন্ড টু হানড্রেড মাইল আউটার কন্টিনেন্টাল শেলফ" ভাগ করে নেওয়া বা দেওয়ার বিষয়টি আদালতের বিবেচনায় আসে। এক্ষেত্রে বাংলাদেশ সরকারের উচিত ছিল মিয়ানমার এবং ভারতের বিরুদ্ধে সমুদ্র আদালতে যাওয়ার সময় "আন্তর্জাতিক সমুদ্র আদালতকে" একটি বিশেষ রিকোয়েস্ট করা। যাতে মিয়ানমার এবং ভারতের সাথে ভিন্ন ভিন্ন আন্তর্জাতিক সমুদ্র আদালতের মাধ্যমে পৃথকভাবে ২০০ মাইল পর্যন্ত সমুদ্রসীমা নির্ধারিত হওয়ার পরই একটি "তৃতীয় আন্তর্জাতিক সমুদ্র আদালতের" মাধ্যমে এক সাথে তিন দেশের "বিয়োন্ড টু হানড্রেড মাইল আউটার কন্টিনেন্টাল শেলফ" ব্যবহারের বা অধিকারের বিষয়টি নিষ্পত্তি করা হোক। সে অনুযায়ী আন্তর্জাতিক সমুদ্র আদালত যদি সিদ্ধান্ত নিত তাহলে নির্দ্বিধায় বলা যায় যে, তাতে বিশাল কনকেভের অধিকারী দেশ হিসাবে বাংলাদেশ অনেক বেশি লাভবান হতে পারতো। এক্ষেত্রে কনসিডারেশানের ক্ষেত্রগুলো কমে গিয়ে মূল বিষয়গুলোর উপর কনসেনট্রেশন হতো অনেক বেশি। ফলে সমুদ্রসীমা নির্ধারণে আন্তর্জাতিক সমুদ্র আদালতের ফাইনাল সিদ্ধান্তে আসার ক্ষেত্রে বিভিন্ন বিষয়ে কনসোলিডেশন করার সুযোগ অনেকখানি হ্রাস পেয়ে যেত। দৃশ্যত আন্তর্জাতিক সমুদ্র আদালতের উভয় রায়ে কোন কোন বিষয়ের উপর কনসোলিডেশন হওয়ার কারণে বাংলাদেশ সবচেয়ে বেশি ক্ষতিগ্রস্ত হয়েছে– বিশেষ করে টেরিটোরিয়াল সমুদ্র এরিয়ার ন্যায্য অধিকার পাওয়ার ক্ষেত্রে।

আন্তর্জাতিক সমুদ্র আদালতে বাংলাদেশ এবং ভারতের উপস্থাপিত বিষয়গুলো পর্যালোচনা করলেই মনে হয় বাংলাদেশ আন্তর্জাতিক সমুদ্র আদালতে যাওয়ার আগ মুহূর্তের ভারত-বাংলাদেশের মধ্যে দ্বিপাক্ষিক আলোচনায় সময় অথবা আন্তর্জাতিক সমুদ্র আদালতে যাওয়ার পরে অথবা ২০০৮ সালের এর পরে অথবা তারও আগে কোন এক সময় বাংলাদেশের দক্ষিণ তালপট্টি দ্বীপ গোপনে ভারতকে হস্তান্তর করেছিল কিংবা ঐ দ্বীপের উপর ভারতের অধিকার মেনে নিয়েছিল। আর এ কারণে বাংলাদেশ দক্ষিণ তালপট্টি দ্বীপ নিজেদের অধিকারে রাখার বিষয়ে আন্তর্জাতিক সমুদ্র আদালতে কোন ধরনের যুক্তিসঙ্গত শক্ত অবস্থান নেয়নি। আবার যতটুকু নেওয়া হয়েছে তা ছিল খুবই ডিফেন্সিভ ধরনের এবং তা দৃশ্যত ভারতের সাথে যোগসাজশ করে। যেন আন্তর্জাতিক সমুদ্র আদালতে বাংলাদেশের যাওয়ার একমাত্র কারণ ছিল দক্ষিণ তালপট্টি দ্বীপ সহযোগে দক্ষিণ তালপট্টি সমুদ্র

অঞ্চল অধিকার সংক্রান্ত বিষয়ে ভারতকে সমস্ত রকম আইনগত বৈধতা দেওয়া। সবচেয়ে ধোঁয়াটে বিষয় হচ্ছে যে, কেন বাংলাদেশ আন্তর্জাতিক সমুদ্র আদালতে "কোস্টাল ইনস্টাবিলিটি" নিয়ে অনেক কথা বলল অথচ "কোস্টাল বিশেষ গঠন প্রক্রিয়ার" বিষয়ে কেন একদম নীরব ছিল? এবং কী কারণে ভারত সৃষ্ট "পরিবেশ মহাবিপর্যয়ের" বিষয়টি চেপে গিয়ে হাস্যকরভাবে "বৈশ্বিক উষ্ণতার" কারণ দেখিয়ে আন্তর্জাতিক সমুদ্র আদালতের রায়ে "স্পেশাল কনসিডারেশান" দাবী করলো? "বৈশ্বিক উষ্ণতার" কারণে বর্তমানে বাংলাদেশ ক্ষতিগ্রস্ত তার কোন প্রমাণ নেই। আন্তর্জাতিক সমুদ্র আদালতে এ বিষয়ে দাবী করেও এ প্রসঙ্গে কোন যুক্তিসঙ্গত প্রমাণ দেখাতে বাংলাদেশ সরকার সম্পূর্ণ ব্যর্থ হয়েছে। আসলে বাংলাদেশ ক্ষতিগ্রস্ত হয়েছে ভারত সৃষ্ট পরিবেশ বিপর্যয়ের কারণে। বিশেষ করে বিভিন্ন অভিন্ন নদীগুলোর উপরে ভারত কর্তৃক বাঁধ এবং ব্যারেজ তৈরি করার ফলে বাংলাদেশের অভ্যন্তরে স্বাভাবিকভাবে পলি মাটি আসতে না পারার কারণে বাংলাদেশের বিভিন্ন নিম্ন অঞ্চলের ভূমির উচ্চতা বৃদ্ধির স্বাভাবিক প্রক্রিয়া থেমে গিয়েছে।

ফলে ভবিষ্যতে বৈশ্বিক উষ্ণতার কারণে যদি সমুদ্র পৃষ্টের উচ্চতা বৃদ্ধি পায় তাহলে বাংলাদেশের ক্ষতিগ্রস্ত হওয়ার সমূহ সম্ভাবনা থেকে যাচ্ছে। কাজেই আসল ক্ষতির বিষয়ে মনোযোগ না দিয়ে কথায় কথায় দেশীয় এবং আন্তর্জাতিক বিভিন্ন অবস্থানে যুক্তিহীনভাবে "বৈশ্বিক উষ্ণতার" কারণে "স্পেশাল কনসিডারেশান" কিংবা "ক্ষতিপূরণ" দাবী করার বিষয়টি যেমন হাস্যকর তেমনি জাতির জন্য বিব্রতকর।

আসলে "বৈশ্বিক উষ্ণতার" নামে আগাম ক্ষতিপূরণের অর্থ লোভী বাংলাদেশ সহ আরও কয়েকটি দেশের কাণ্ডজ্ঞানহীন আচরণের জন্যই "বৈশ্বিক উষ্ণতা" রোধে "কার্বন এমিসান কাট" বিষয়ে ঐক্যমত্য তৈরিতে পৃথিবীর বিভিন্ন উন্নত দেশগুলো পিছিয়ে যাচ্ছে। কারণ "কার্বন এমিসান কাটে" বিভিন্ন ব্যবস্থা নিতে এমনিতেই বিভিন্ন উন্নত দেশগুলোকে তাদের নিজ নিজ দেশে বিলিয়ন বিলিয়ন ডলার পরিমাণ অর্থ খরচ করতে হবে। তার উপর বৈশ্বিক উষ্ণতার জন্য "ক্ষতিপূরণ দাবী করা বা চাওয়া" বিষয়টি তাদের উপর আসলেই একটি মানতে না পারা কঠিন এবং জটিল শর্ত। বস্তুত এ ক্ষতিপূরণের অর্থ পাওয়ার লোভের কারণে এবং ক্ষতিপূরণের অর্থ পাইয়ে দেবার লোভ দেখিয়ে "কার্বন এমিসান কাট" বিষয়ে একটি বিশেষ ঐক্যমত্য সৃষ্টি করে একযোগে সর্বাত্মক পদক্ষেপ নেওয়ার বিষয়টিকে একটি জটিল আন্তর্জাতিক রাজনৈতিক ঘূর্ণি আবর্তে ফেলে দেওয়া হয়েছে বিশেষ উদ্দেশ্যে। এ কারণেই "কার্বন এমিসান কাটের" বিষয়ে ঐক্যমত্য তৈরি করে যে আসল কাজটি আজ থেকে ১৪/১৫ বছর আগে শুরু হয়ে আজ প্রত্যাশা অনুযায়ী অনেক দূর অগ্রসর হয়ে যেত তা এখনও "শুধুমাত্র কোন রকমের ঐক্যমত্য প্রতিষ্ঠায় এখনও অনেক দূর বাকি" এমন একটি অবস্থায় আটকে আছে।

এমতাবস্থায় বৈশ্বিক উষ্ণতা নিয়ে সৃষ্ট জটিল আন্তর্জাতিক রাজনীতির দিকে সবার

মনোযোগ থাকায় ঢাকা পরে যাচ্ছে কোন এক বা একাধিক দেশ কর্তৃক সৃষ্ট বিভিন্ন ধরনের পরিবেশ বিপর্যয়ের বিষয়টি। সে হিসেবে ভারত-বাংলাদেশের মধ্যকার সমুদ্রসীমা নির্ধারণে আন্তর্জাতিক সমুদ্র আদালতের বিচারে যেখানে বাংলাদেশের একমাত্র প্রতিপক্ষ ভারত সেখানে ভারত সৃষ্ট পরিবেশ মহাক্ষতির কথা চেপে গিয়ে শুধুই "বৈশ্বিক উষ্ণতার" কথা তুলে আন্তর্জাতিক সমুদ্র আদালতের রায়ে "স্পেশাল কনসিডারেশান" দাবী করার বিষয়টি সমুদ্র আদালতে কেন উঠানো হয়েছে এবং কার বুদ্ধিতে উঠানো হয়েছে তা অবশ্যই বিশেষ তদন্তের দাবী রাখে। অথচ হাজার হাজার বা শত শত বছর ধরে সুন্দরবন যেমনি ভূমি এরিয়ার দিকে থেকে ক্রমান্বয়ে সংকোচনশীল তেমনি সমুদ্র এরিয়ার দিকে ক্রমান্বয়ে সম্প্রসারণশীল। সুন্দরবনকে ঘিরে এবং সুন্দরবনের মধ্যে দিয়ে প্রবহমান নদীগুলো দিয়ে আসা ব্যাপক পরিমাণ পলিমাটি ধীরে ধীরে সুন্দরবন সংলগ্ন সমুদ্রতলের উচ্চতা বৃদ্ধি করে জোয়ার ভাটায় এমন একটি বিশেষ অবস্থায় নিয়ে আসে যাতে ঐ অঞ্চলের সমগ্র জায়গা ম্যানগ্রোভ বনের গাছপালার জন্মানোর এবং বেড়ে উঠার জন্য উপযোগী হয়। এভাবে খুব ধীরে ধীরে হলেও সুন্দরবনের প্রসার ঘটে সমুদ্রের দিকে এবং এটি প্রকৃতির সুনির্ধারিত কাজ যা চলে আসছে সে শুরু থেকে। আর এজন্য সুন্দরবন সংলগ্ন সমুদ্র এরিয়ার জোয়ার ভাটার হিসেব পৃথিবীর অন্যান্য দেশের সমুদ্রকুলের মত মিটারে দিয়ে হয় না, কিলোমিটারে হয়। কিন্তু সুন্দরবন সংলগ্ন সমুদ্রপৃষ্ঠের এ উচ্চতা বৃদ্ধির প্রক্রিয়া একদম থেমে গিয়েছে বাংলাদেশের নদীগুলো উপরে উজানে ভারতের তৈরি ব্যারেজ এবং বাঁধ নির্মাণ করার ফলে। এ কারণে আন্তর্জাতিক সমুদ্র আদালতে বাংলাদেশ এবং ভারতের মধ্যে সমুদ্রসীমা নির্ধারণে সবচেয়ে গুরুত্বপূর্ণ বিষয় "হাড়িভাংগা" নদীর মোহনায় "বেস পয়েন্ট" চিহ্নিত করার বিষয়ে দৃশ্যত "ভারতের প্ররোচনায়" এবং "বাংলাদেশের সম্মতিতে এবং সক্রিয় অংশগ্রহণে" যে "জালিয়াতি" করা হয়েছে তা সম্ভব হয়েছে শুধুমাত্র ভারত তৈরি ফারাক্কা ব্যারেজের কারণে বাংলাদেশ যে চরম ক্ষয়ক্ষতির সম্মুখীন হয়েছে, তার জন্য। বস্তুত বাংলাদেশ সরকার এবং আন্তর্জাতিক সমুদ্র আদালতে বাংলাদেশের প্রতিনিধিদের কাছে এটি অজানা থাকার কথা নয় যে, ভারত তৈরি ফারাক্কা ব্যারেজের কারণে বাংলাদেশের দক্ষিণ এবং দক্ষিণ পশ্চিম অঞ্চলের সমুদ্র সংলগ্ন ভূমির গঠন প্রক্রিয়া এবং স্বাভাবিক উচ্চতা বৃদ্ধির প্রক্রিয়া থেমে গিয়েছে পুরোপুরিভাবে। যদি এ বিষয়টি আন্তর্জাতিক সমুদ্র আদালতে উত্থাপন করে আদালতকে কনভিন্স করা যেত তাহলে সমুদ্রসীমা নির্ধারণে হাঁড়ি-ভাঙ্গা নদীর মোহনায় "বেস পয়েন্ট" চিহ্নিতকরণ সংক্রান্ত ভারতীয় সব দাবীগুলো একদম ভিত্তিহীন হয়ে পড়ত এবং সেক্ষেত্রে বাংলাদেশ অকল্পনীয় বাড়তি সুবিধা পেয়ে যেত আন্তর্জাতিক সমুদ্র আদালতের রায়ে। আবার যেহেতু ১৯৮২ সালের আন্তর্জাতিক সমুদ্র আইনে "বৈশ্বিক উষ্ণতার" কারণে ক্ষতিগ্রস্ত পক্ষকে "স্পেশাল

কনসিডারেশান" দেওয়ার যে বিশেষ ক্ষমতা আন্তর্জাতিক সমুদ্র আদালতকে দেওয়া হয়েছে তাও বাংলাদেশ নিজের পক্ষ নিয়ে যেতে পারতো। যদি বাংলাদেশ সমুদ্র আদালতকে বোঝাতে পারতো ভারত সৃষ্ট বাংলাদেশের উপর বর্তমানের পরিবেশ মহাক্ষতির কথা। কারণ বাংলাদেশের উপর ভারত সৃষ্ট পরিবেশ ক্ষতির বিষয়টি আন্তর্জাতিক সমুদ্র আদালতে প্রমাণ করা হলেই খুব স্বাভাবিকভাবে বৈশ্বিক উষ্ণতার কারণে বাংলাদেশের ক্ষতির বিষয়টি আন্তর্জাতিক সমুদ্র আদালতের আমলে চলে আসতো। তাতে খুব স্বাভাবিকভাবে ধারনা করা যায় যে, আন্তর্জাতিক সমুদ্র আদালতের রায়ে বাংলাদেশের দক্ষিণ তালপট্টি দ্বীপ সহযোগে সমগ্র দক্ষিণ তালপট্টি সমুদ্র অঞ্চল বাংলাদেশের অধিকারে থেকে যেত সব সময়ের জন্য। ফলে আন্তর্জাতিক সমুদ্র আদালতের রায়ে বাংলাদেশের ইচ্ছাকৃত বঞ্চনার কারণে বাংলাদেশের জ্ঞানী এবং দেশপ্রেমিক জনগণের যে অংশটি আজ হায় হায় করে অনুতাপ করছেন তা কিন্তু আজ উলটো ভারতের করার বেশির ভাগ সম্ভাবনা ছিল। যদি বাংলাদেশ সরকার আন্তর্জাতিক সমুদ্র আদালতে এদেশের ন্যায্য সমুদ্র অঞ্চল পাওয়ার ক্ষেত্রে সর্বাত্মক চেষ্টা করতো। গুরুত্বপূর্ণ পয়েন্টগুলো ষড়যন্ত্রমূলকভাবে চেপে না গিয়ে আন্তর্জাতিক সমুদ্র আদালতে সাহসের সাথে উপস্থাপন করতো। তাহলে বাংলাদেশ আন্তর্জাতিক সমুদ্র আদালতের রায়ে যেমন বিশেষ সুবিধা পেয়ে যেত তেমনি ভারত কর্তৃক অভিন্ন এবং গুরুত্বপূর্ণ নদীর উপর ফারাক্কা ব্যারাজ তৈরি করায় ভারত নিজেও যে বিশেষ ক্ষতির সম্মুখীন হয়েছে সে বার্তা ভারতের সর্বত্র পৌঁছে যেত। কিন্তু সে রকম কিছু করা হয়নি। যেন বাংলাদেশ পণ করে আন্তর্জাতিক সমুদ্র আদালতে গিয়েছিল যাতে দক্ষিণ তালপট্টি দ্বীপ সহযোগে সমগ্র দক্ষিণ তালপট্টি সমুদ্র অঞ্চল ভারত পেয়ে যায়। যেন নিজেদের ন্যায্য অধিকার এবং যুক্তিসঙ্গত ক্ষতিপূরণ নয় বরং ভারত সৃষ্ট পরিবেশ ক্ষতিই বাংলাদেশের এবং বাংলাদেশের জনগণের ন্যায্য প্রাপ্য।

ফলে স্বাভাবিকভাবে কথা উঠছে, আন্তর্জাতিক সমুদ্র আদালতে উপস্থাপন করা বাংলাদেশের দাবী অনুযায়ী বাংলাদেশের "ঐ অঞ্চলের জোয়ার-ভাটার ঐ কিলোমিটারে হিসেব নিকেশ" থেকে সত্যিকার অর্থে "দক্ষিণ তালপট্টি দ্বীপ" কতটুকু দূরে? আসলে বাংলাদেশের দক্ষিণ তালপট্টি দ্বীপ বাংলাদেশের মানচিত্র থেকে হারিয়ে গেছে চিরতরে বাংলাদেশ-ভারতের যৌথভাবে রেডক্লিফ এওয়ার্ড এবং স্যাটেলাইট ইমেজ জালিয়াতিতে। কথিত চাটার দলের কাণ্ডজ্ঞানহীন আচরণে ও বিবেকহীন স্বার্থপরতায়। এদেশের ইঞ্চি ইঞ্চি মাটি রক্ষায় শপথ গ্রহণকারীদের নীরবতায় এবং সীমাহীন অবহেলায়। কিন্তু একদিন অদূর ভবিষ্যতে ঐ কথিত অস্তিত্বহীন তালপট্টি দ্বীপ যদি জেগে উঠে কিংবা ভারত যদি কোনদিন কৃত্রিমভাবে ঐ দ্বীপটিকে আরো জাগিয়ে তোলে তাহলেই শুরু হয়ে যাবে বাংলাদেশের কান্না। কারণ ঐ জেগে উঠা দ্বীপের কারণে যখন "ইন দ্য ভ্যাসিনিটি

অফ সাউথ তালপট্টি অর নিউ মুর আইল্যান্ড" কথাটির বিষয় অদূর ভবিষ্যতে উত্থাপিত হবে দ্বিপাক্ষিকভাবে তখন বাংলাদেশের সমুদ্র অঞ্চলের একটি গুরুত্বপূর্ণ অংশ ভারতের অধিকারে চলে যাবে খুব সহজে। অথবা নিজেদের সমুদ্র অঞ্চলের একটি গুরুত্বপূর্ণ অংশ বাংলাদেশ কোন দিন ব্যবহার করতে পারবে না। সে সাথে দক্ষিণ তালপট্টি দ্বীপ অঞ্চলের খনিজ সম্পদের বিষয়টি সব সময় হয়ে থাকবে এদেশের মানুষদের সীমাহীন আফসোসের কারণ। আসলে আন্তর্জাতিক সমুদ্র আদালতে যাওয়ার মাধ্যমে অহেতুক আমলা নির্ভর বাংলাদেশের অগণতান্ত্রিক রাজনৈতিক নেতৃত্ব এবং তাদের সব ধরনের সহযোগীরা বাংলাদেশের স্বার্থ রক্ষায় কতটা উদাসীন এবং কতটা দেশপ্রেম বিবর্জিত তা প্রমাণিত হয়েছে।
১০ই সেপ্টেম্বর ২০১৪।

বাংলা ভাষা এবং ভাষা আন্দোলনের সবচেয়ে গোপন কথা

ভারতের রাষ্ট্রভাষা হিন্দি ভাষা হওয়ার কারণে পশ্চিম বঙ্গ, আসাম এবং ত্রিপুরা সহ সমস্ত বাংলা ভাষাভাষী ভারতীয় অঞ্চলগুলোর বাঙ্গালীদের কী কী ক্ষতি হয়েছে, সে বিষয়টি দৃশ্যত তাদের কাছে এখন পর্যন্ত পরিস্কার নয়। তেমনি পরিস্কার নয় আমাদের কাছে– আমরা যারা বাংলাদেশ নামক স্বাধীন দেশের অধিবাসী এবং আমাদের রাষ্ট্রভাষা যখন বাংলা। তবে যে বিষয়টি সব বাংলার বাঙ্গালীদের ভাষা জীবনে কখনও ঘটেনি তা ঘটে যাচ্ছে আজ প্রায় দু-দশক ধরে– স্যাটেলাইট টিভি চ্যানেলগুলোর দৌরাত্ম্যে। আমাদের সব বাংলায় ঘরের শিশুরা বাংলা ভাষা ভালো করে বলতে পারার আগে এবং বাংলা ভাষা বলতে শেখার সাথে সাথে হিন্দি ভাষা বলা শিখে যাচ্ছে। আমাদের সব বাংলায় ঘরে ঘরে মুখের ভাষা বাংলা হলেও দৈনন্দিন সংস্কৃতি উপভোগের ভাষা অনেকটা হিন্দি ভাষা হয়ে যাচ্ছে এবং ইতিমধ্যে হয়ে গিয়েছে।

সে সাথে অবাঙ্গালী ভারতীয় লোকজনদের সাথে মনের ভাব প্রকাশে আমরা হিন্দি ভাষাতে কতটা কেতা দুরস্ত তা প্রকাশ করা আমাদের এখন জাতীয় অভ্যাস হয়ে দাঁড়িয়েছে। আমাদের ভাষা জীবনের এ বিশেষ পরিস্থিতিটি আমাদের জাতীয় জীবনের উপর কী রকম প্রভাব ফেলছে এবং আমাদের মন মানসিকতার কী পরিবর্তন এনেছে তা নিয়ে আলোচনায় বসলে বুঝা যায়, আমরা কখনও একমত হতে পারি না। সর্বদা ভারত পাকিস্তানে বিভক্ত হয়ে পড়ি। আসলে ঠিক এখানেই আমরা হেরে যাচ্ছি। সে সাথে আমাদের ভাষার রাজকীয় রাজনৈতিক চরিত্রটি চাপা

পড়ে যাচ্ছে দিনকে দিন। কারণ রাজনীতি যখন সব সময়ে প্রভাব প্রতিপত্তি বিস্তারে কুট-কৌশলের বিষয় তখন নিজস্ব স্বার্থে ঐ কুট-কৌশল ব্যবহারে অনীহা হলে কিংবা দৃষ্টিভঙ্গির বিভিন্নতা হলে যে অবস্থা হয় বর্তমানে বাংলা ভাষা ঠিক তেমনি এক হেলা-ফেলা অবস্থায় আটকে আছে বলে মনে হচ্ছে। বিশেষ করে এমন এক সময় যখন এদেশে বাংলা ভাষার স্বঘোষিত এবং অঘোষিত রক্ষাকর্তাদের যত্রতত্র ছড়াছড়ি। অথচ শত শত বছর ধরে বাংলা ভাষা যখন সত্যিকারের স্বাধীন ছিল মানে আজকের মত কথিত রক্ষাকারীদের মত কেউ ছিল না তখন এর বিস্তার এবং প্রভাব ছিল ফারাক্কা পূর্ব পদ্মার মত দুর্বার, উচ্ছল এবং বাধাঁহীন।

তবে বাংলা ভাষার জীবনে সবচেয়ে গুরুত্বপূর্ণ বিষয় হচ্ছে ৪৭ এর দেশভাগ। যা বাংলা ভাষার এবং বাংলা ভাষাভাষীদের জন্য রাহুর দশা কেটে যাওয়ার মত একটি ভালো ঘটনা। তা না হলে বাংলা ভাষাভাষী মোট জনগোষ্ঠীর মধ্যে ৬৫% থেকে ৭০% ভাগ মুসলমান বাঙ্গালীর সাথে ৩০% থেকে ৩৫% ভাগ হিন্দু বাঙ্গালীর বিভিন্ন বিষয়ে মারামারি কাটাকাটিতে রক্ত ঝরা প্রতিদিনের বিষয় হয়ে দাঁড়াত। কারণ আর্থ-সামাজিক এবং ধর্মীয় কারণে তখন অভিন্ন বাংলা ভূমিতে একই ভাষার এ দুটি জনগোষ্ঠীর সহাবস্থানে উভয় পক্ষের কাছে ক্ষেত্র বিশেষে ত্যাগ স্বীকার করা প্রায় অসম্ভব হয়ে দাঁড়িয়েছিল। আসলে বাঙ্গালীদের শত শত বছর একে অন্যের সাথে পাশাপাশি সার্বসাম্প্রদায়িক বসবাসের কারণ ছিল সংখ্যাগরিষ্ঠ মুসলমান বাঙ্গালীদের নিজেদের উপর দীর্ঘদিন ধরে চলা অর্থনৈতিক ও রাজনৈতিক বৈষম্যকে প্রায় নীরবে মেনে নেওয়া। কিন্তু দিন বদলের পালায় যখন ঐ বৈষম্য নিরসনের দাবী উঠে তখন হিন্দু বাঙ্গালীরা তাকে ধর্তব্যের মধ্যে না নিয়ে বিরোধিতা করেছিল। এ বিরোধিতা জোরালো ভাবে শুরু হয়েছিল ব্রিটিশ বাংলায় গত শতাব্দীর প্রথম দিকে। শুধুমাত্র কোলকাতা থেকে ঢাকায় প্রশাসন বিকেন্দ্রীকরণের উদ্দেশ্যে বাংলা ভাগ করার দাবী নিয়ে। ফলে এর পক্ষে এবং বিপক্ষের রাজনৈতিক আন্দোলনটি ঘটনাক্রমে পরে ধর্মের ভিত্তিতে ১৯৪৭ সালে একই সাথে ভারতকে এবং বাংলাকে ভাগ করার মধ্যে দিয়ে সমাপ্তি হয়।

৪৭ পরবর্তী ভারত বাংলার বাঙ্গালীদের হিন্দি ভাষাকে ভারতের রাষ্ট্রভাষা হওয়ার বিরোধিতা না করার কারণ ছিল- ভারতের অন্যান্য জাতিগুলোর তুলনায় ভারত বাংলার বাঙ্গালীরা শিক্ষায় তখন অপেক্ষাকৃত এগিয়ে ছিল। সে হিসেবে হিন্দি ভাষা রাষ্ট্রভাষা হিসেবে প্রস্তাবিত হওয়ার সময়ে শিক্ষিত বাঙ্গালীদের কাছে চাকুরী লাভের ক্ষেত্রে প্রতিবন্ধকতা সৃষ্টির কোন আভাস পরিলক্ষিত হয়নি। অন্যদিকে

পাকিস্তান বাংলার বাঙ্গালীদের উর্দু ভাষাকে রাষ্ট্রভাষা হিসাবে ঘোষণার বিরোধিতা করার কারণ ছিল- তখন সবে শিক্ষিত হতে যাওয়া মধ্যবিত্ত ও উঠতি মধ্যবিত্ত পরিবারগুলোর তরুণ যুবকদের সরকারী চাকুরী লাভের একমাত্র আশায় ব্যাপক প্রতিবন্ধকতা পরিলক্ষিত হওয়া। যা স্বাভাবিকভাবে তাদের মাথায় আকাশ ভেঙ্গে পড়ার মত অবস্থা হয়ে দাঁড়িয়েছিল। তাদের মনে এমন আশঙ্কা জন্মায় যে, উর্দু ভাষা পাকিস্তান রাষ্ট্রের রাষ্ট্রভাষা হলে উর্দু ভাষা ভালো করে লিখতে-পড়তে না জানার কারণে চাকরী নামক সোনার হরিণটি বেশিরভাগ ক্ষেত্রে নাগালের বাইরে থেকে যাবে।

একদিকে বিশাল বাঙালী জনসংখ্যার পূর্ব পাকিস্তানে যে অল্প সংখ্যক শিক্ষিত বাঙ্গালী ছিল তাদের জন্য এমনিতে তখন সরকারী চাকুরীর সুযোগ খুব কম ছিল। তার উপর ভারতের বিভিন্ন প্রদেশ থেকে স্বাধীন মুসলিম রাষ্ট্র পাকিস্তানের সমর্থক মুসলমানরা ভারত ত্যাগ করে পশ্চিম পাকিস্তানের ন্যায় পূর্ব পাকিস্তানে বসবাসের জন্য আসতে শুরু করায় স্থানীয় বাঙ্গালী শিক্ষিত এবং শিক্ষার্থী জনগোষ্ঠী চাপের মধ্যে পড়ে গিয়েছিল। ফলে উর্দু ভাষাকে সমগ্র পাকিস্তানের রাষ্ট্রভাষা হিসাবে বিবেচনার ইচ্ছা প্রকাশ করার পক্ষে এবং বিপক্ষে বিভিন্ন জনের অতিরঞ্জিত প্রচার প্রচারণায় তারা নিজেদের উপর আরও বেশি চাপ অনুভব করতে থাকেন।

ভারত থেকে আগত অভিবাসী অবাঙ্গালী মুসলমানরা অনেকে স্থানীয় বাঙ্গালীদের তুলনায় শিক্ষিত ছিল এবং সরকারী ও টেকনিক্যাল কাজকর্মে দক্ষতা থাকার কারণে এমনিতেই নূতন রাষ্ট্রে চাকুরী ক্ষেত্রে তাদের প্রায়োরিটি বেশি ছিল। তার উপর উর্দু ভাষা পাকিস্তানের রাষ্ট্রভাষা হলে স্থানীয় বাঙ্গালীদের সরকারী চাকুরী পাওয়ার ক্ষেত্রে সামান্যতম সুযোগ সুবিধা থাকবে না, এ কথা ভেবে শুধুমাত্র "ভবিষ্যতে উর্দু ভাষাকে পাকিস্তানের একমাত্র রাষ্ট্রভাষা করা হবে" এমন বক্তব্যে সরকারী চাকুরী প্রত্যাশাকারী শিক্ষিত বাঙ্গালীদের অনেকে হতাশাগ্রস্ত হয়ে পড়েছিল। ঢাকা বিশ্ববিদ্যালয়সহ ঢাকার বিভিন্ন শিক্ষা প্রতিষ্ঠানগুলোর শিক্ষার্থীদের মনেও আস্তে আস্তে একই অনুভূতি চলে আসে। যদিও বাস্তবতার বিচারে পাকিস্তান বাংলার বাঙ্গালীদের ঐ আশংকা অমূলক ছিল। কারণ ১৯৫২ সালের আগে এবং পরে হাজার হাজার শিক্ষিত বাঙ্গালী পাকিস্তানের করাচী সহ বিভিন্ন শহরে সরকারী এবং বেসরকারী চাকুরীতে যোগ দিয়েছিলেন। তার জন্য উর্দু ভাষা জানা না জানা কোন ধরনের শর্ত ছিল না। কিন্তু সবাই চাকুরী পেয়েছিল শুধুমাত্র কম-বেশি ইংরেজি ভাষা জানার কারণে। কারণ ১৯৭২ সালের আগ পর্যন্ত খোদ পশ্চিম পাকিস্তানের অফিশিয়াল ভাষা কখনও উর্দু ভাষা ছিল না, ছিল ইংরেজি

ভাষা। বাংলাদেশ স্বাধীন হয়ে আলাদা হয়ে যাওয়ার পর থেকে পশ্চিম পাকিস্তানের অফিশিয়াল ভাষা হিসাবে ইংরেজীর পাশাপাশি উর্দু ভাষার প্রচলন খুব ধীরে ধীরে শুরু হয়েছিল।

অন্য দিকে এদেশের যারা আগে থেকে উর্দু ভাষা জানতেন বিশেষ করে মাদ্রাসায় পড়ুয়া একদম সাধারণ মুসলমান বাঙ্গালী পরিবারের ছেলেরা যাদের লেখাপড়ার করার জন্য ব্রিটিশ-হিন্দু শাসিত বাংলায় অন্য কোন উপায় বা সুযোগ ছিল না, তাদের কাছে উর্দু ভাষাকে রাষ্ট্রভাষা হিসাবে গণ্য করাকে অস্বাভাবিক কিছু মনে হয়নি। তেমনি অস্বাভাবিক মনে হয়নি সে সময়ের নেতৃত্ব স্থানীয় বাঙ্গালী মুসলমান উচ্চবিত্ত প্রভাবশালীদের কাছে যারা বাঙ্গালীয়ানার সাথে সাথে উর্দুয়ানা এবং ফার্সিয়ানা বজায় রেখেছিল পারিবারিক এবং ধর্মীয় ঐতিহ্য অনুযায়ী। ভারতবর্ষে মুসলমানদের জন্য আলাদা রাষ্ট্র প্রতিষ্ঠার আন্দোলনে এ দুটি শ্রেণির মুসলমান বাঙ্গালীরা সব সময় সবচেয়ে বেশি জোরালো ভূমিকা পালন করে যাচ্ছিল।

বস্তুত অভিন্ন বাংলা ভূ-খণ্ড ধর্মীয় কারণে মুসলমান বাংলা এবং হিন্দু বাংলায় বিভক্ত হয়ে যাবার পরপরই মুসলমান বাংলার বাঙ্গালীদের মধ্যে বিভাজন চলে আসে রাজনৈতিক এবং অর্থনৈতিক স্বার্থে। এক্ষেত্রে উর্দুয়ানা বাঙ্গালীরা স্বাভাবিক-ভাবে খুব দ্রুত পশ্চিম পাকিস্তানী রাজনৈতিক নেতৃবৃন্দের আরও কাছাকাছি চলে আসেন। যেহেতু পশ্চিম পাকিস্তানী রাজনৈতিক নেতৃবৃন্দ এদেশ সম্বন্ধে খুব কম ওয়াকেফাল ছিলেন সে কারণে উর্দুয়ানা বাঙ্গালীদের উপর পূর্ব পাকিস্তান এবং সমগ্র পাকিস্তান শাসন বিষয়ে তাদের নির্ভরতা অনেকখানি বেড়ে যায়। কায়েদে আযম জিন্নাহ সাহেব বঙ্গভঙ্গ আন্দোলনকালীন সময়ে ১৯০৬ সালে ঢাকায় প্রতিষ্ঠিত বাংলার তথা ভারতীয় মুসলমানদের সর্বপ্রথম রাজনৈতিক দল মুসলিম লীগের মাধ্যমে বাঙ্গালী মুসলমানদের ইচ্ছা অনুযায়ী এবং বহুলাংশে বাঙ্গালী মুসলমানদের অনমনীয় সমর্থনের উপর ভিত্তি করে ১৯৪৭ সালে পাকিস্তান নামক রাষ্ট্রটি প্রতিষ্ঠা করেছিলেন। কিন্তু বাঙ্গালীদের নিজস্ব বিষয়ের উপর তার ধারনা খুব কম ছিল।

সে সাথে সবচেয়ে গুরুত্বপূর্ণ বিষয় ছিল যে, ৪৭-এর আগে পাকিস্তান রাষ্ট্র প্রতিষ্ঠার বিষয়ে বেশির ভাগ বিষয়গুলো বিভিন্ন কারণে খুব অনিশ্চয়তার মধ্যে ছিল। সে কারণে কিছু প্রধান প্রধান বিষয়গুলো সহ অনেক গুরুত্বপূর্ণ বিষয়গুলো ঠিক কী রকম হবে কীভাবে হবে ইত্যাদি আগে থেকে চিন্তা ভাবনা করে এবং আলোচনা করে ঠিক করে রাখা হয়নি। ফলে পাকিস্তান স্বাধীনতার ঠিক পরে এসব বিষয়ে কিছুটা তালগোল পাকিয়ে যায়। এমনিতে রাষ্ট্র এবং সরকার পরিচালনার জন্য কোলকাতা দিল্লী যেখানে অনেক কিছু রেডিমেড পেয়ে গিয়েছিল সে অনুযায়ী

ঢাকা-করাচী সে ধরনের প্রায় কিছুই পায়নি। সত্যি বলতে কী, একদম নূতন রাষ্ট্র পাকিস্তান রাষ্ট্র এবংসরকার পরিচালনার জন্য সে রকম প্রয়োজনীয় অবকাঠামোগত সুবিধাগুলোর কোন কিছু রেডিমেড পায়নি বলেই গান্ধী নেহেরু পেটেল গংরা পাকিস্তান স্বাধীন হওয়ার সময়ে ঘোষণা দিয়েছিল যে, পাকিস্তান বেশি দিন টিকতে পারবে না এবং অল্প সময়ের মধ্যেই ভারতের সাথে যুক্ত হবে। এমনি অবস্থায় দীর্ঘদিন ধরে ব্রিটিশ উপনিবেশ এবং হিন্দু জমিদারদের দ্বারা শোষণ-বঞ্চনায় থেকে স্বাধীনতা লাভের পর স্বাধীন পাকিস্তানের উভয় অংশের কেউ কেউ সব সমস্যার রাতারাতি সমাধানের জন্য ব্যস্ত এবং অধৈর্য হয়ে উঠে। ফলে সমস্যা সমাধানের জন্য যে বিষয়গুলোর আগে আসার কথা ছিল সেগুলো না এসে তখনকার জন্য কিছু অপ্রাসঙ্গিক বিষয়গুলোর সামনে চলে আসে।

সত্যি বলতে কী, রাষ্ট্রভাষা নির্ধারণ করার মত তখনকার জন্য অপ্রাসঙ্গিক বিষয়টি নির্দিষ্ট সময়ের অনেক আগে সামনে চলে আসে। যদিও তখন রাষ্ট্র এবং সরকারের সব কর্মকাণ্ডগুলো ইংরেজি ভাষায় চলছিলো।পাকিস্তান আন্দোলনে নেতৃত্বদানকারী কায়েদে আযম জিন্নাহ সাহেব সহ মুসলিম লীগের সব গুরুত্বপূর্ণ নেতারা ছিলেন অবস্থাপন্ন ঘরের সন্তান, উচ্চ শিক্ষিত, নিজ নিজ পেশায় সুপ্রতিষ্ঠিত এবং স্বাভাবিকভাবে ছিলেন ইংরেজি ভাষায় সুপণ্ডিত। মাওলানা মোহাম্মদ আলী এবং মাওলানা শওকত আলি সহ মুসলিম লীগ নেতৃবৃন্দের অনেক যুক্তিবাদী তুখোড় বক্তারা ইংরেজি ভাষায় তাদের সুগভীর দখলের জন্য সুখ্যাত ছিলেন। এ কারণে পাকিস্তান আন্দোলনের সময় সবকিছু এবং পাকিস্তান হওয়ার পর অনেক কিছু ইংরেজি ভাষার মাধ্যমে সম্পন্ন হয়েছিল। মুসলিম লীগ নেতৃবৃন্দরা বিভিন্ন ভাষার ভাষাভাষী হলেও কখনো ভাষা সমস্যা নিয়ে অন্য কোন পরিস্থিতির সৃষ্টি হয়নি। তাই ইংরেজি ভাষা বাদে অন্য কোন ভাষা ব্যবহারের বিষয় কখনও উঠেনি। পাকিস্তান স্বাধীন হওয়ার পরে করাচী এবং ঢাকায় নূতন রাষ্ট্রের সমস্ত কর্মকাণ্ডগুলো ইংরেজি ভাষায় সম্পন্ন হতে ছিল। অন্য কোন ভাষা ব্যবহারের কোন প্রয়োজন মনে করা হয়নি।

বাস্তবে ইংরেজি ভাষা বাদে বাংলা, উর্দু, পাঞ্জাবী, সিন্ধী অথবা অন্য কোন দেশীয় ভাষাকে একদম নূতন রাষ্ট্র পাকিস্তানের রাষ্ট্রভাষা হিসাবে ব্যবহার করার মত অবকাঠামো পাকিস্তান রাষ্ট্রের কোথাও ছিল না বললেই চলে। যদিও তখন উর্দু ভাষা এক প্রকার মৌখিকভাবে প্রধান ভাষার দায়িত্ব পালন করে যাচ্ছিলো। কারণ পশ্চিম পাকিস্তানের পাঞ্জাবী, সিন্ধী এবং পশতু ভাষাভাষীরা প্রায় সবাই উর্দু ভাষা বুঝতেন। কিন্তু সেখানে বাংলা ভাষা বলা বা বুঝার মত প্রায় কেউ ছিল না। সে

সাথে পূর্ব পাকিস্তানে মানে বর্তমান বাংলাদেশের মুসলমান শিক্ষিত বাঙ্গালীদের মধ্যে অনেকে উর্দু ভাষা বুঝতেন এবং বলতে পারতেন। তার কারণ ছিল অবিভক্ত ভারতবর্ষে মোগল আমল ছাড়াও বৃটিশ আমলেও উর্দুভাষা অফিস আদালতের ভাষা হিসেবে প্রচলিত ছিল। ১৮৫০ সালে বৃটিশরা ঈংরেজির পাশাপাশি ফার্সির পরিবর্তে উর্দুকে ভারতবর্ষের অফিশিয়াল ভাষা হিসেবে ঘোষণা করেছিল যা দেশ বিভাগের সময়কাল পর্যন্ত বলবত ছিল। ফলে ধর্ম-বর্ণ নির্বিশেষে ভারতবর্ষের প্রায় সব শিক্ষিত জনেরা কমবেশি উর্দুভাষা লিখতে ও পড়তে জানতেন। এমনকী এদেশের সর্বত্র আশেপাশে কাউকে না কাউকে পাওয়া যেত যারা উর্দু ভাষা লিখতে ও পড়তে জানতেন। যেহেতু পৃথিবীর সব দেশের মুসলমানদের মত বাংলাদেশের মুসলমানরাও ধর্মীয় বাধ্যবাধকতার কারণে এবং ঐতিহ্য অনুযায়ী আরবি ভাষায় পবিত্র কোরআন শরিফ পড়তে জানতেন সে কারণে আরবি হরফের আরবি ফার্সি ও তুর্কি শব্দ ভাণ্ডারে সমৃদ্ধ উর্দু ভাষা পড়তে এবং বুঝতে পারা কারো কাছে খুব একটি জটিল ছিল না।

অন্যদিকে তখনকার ভারতবর্ষের সবচেয়ে ঐতিহ্যময় সাহিত্য-সংস্কৃতি সমৃদ্ধ ভাষা ছিল বাংলা ভাষা।পাকিস্তান রাষ্ট্রে যার ভাষাভাষীদের সংখ্যা ছিল সমগ্র পাকিস্তানের অন্য সব ভাষাভাষীদের মোট জনসংখ্যার চাইতেও বেশি। তবে বাংলা ভাষায় কথা বলা এবং সাহিত্য-সংস্কৃতি চর্চা সবই ছিল বাংলা সীমান্তের মধ্যে। বাংলা ভাষার নিজ অঞ্চলের সীমান্ত পার হয়ে অন্য ভাষাভাষীদের অঞ্চলে বাংলা ভাষা তেমন কোন প্রভাব বিস্তার করতে পারেনি। কিংবা বাংলা বাদে অন্য কোন দেশে ঢুকে অন্য ভাষাভাষী মানুষদের আকৃষ্ট করে তাদেরকে বাংলা ভাষা শিখিয়ে বাংলা ভাষায় কথা বলাতে কখনও সামর্থ্য হয়নি। কারণ সে ধরনের বড় কোন রাজনৈতিক, অর্থনৈতিক এবং অন্য কোন প্রভাব কখনও সৃষ্টি হয়নি বাংলায়। অন্তত বাংলার উপর তিন হাজার বছরের বেশি সময় ধরে অন্য ভাষাভাষী শাসকদের শাসন কালীন সময়ে। এক্ষেত্রে যে বিষয়টি সবচেয়ে উল্লেখযোগ্য তা হল, বাংলা ভাষা সব সময় বাংলা অঞ্চলের সাধারণ জনগণের মুখের এবং সাহিত্য-সংস্কৃতির ভাষা হলেও অতি দীর্ঘকাল ধরে অন্য ভাষাভাষী শাসকদের দ্বারা শাসিত হওয়ার কারণে বাংলা ভাষাভাষীরা জাতীয়ভাবে এক প্রকার বদভ্যাসে আক্রান্ত হয়ে পড়ে।

তা হচ্ছে অন্য ভাষাভাষী লোকদের সাথে মনের ভাব প্রকাশে সব সময় কারণে অকারণে নিজের ভাষা বাংলা ভাষা বাদে অন্য কোন ভাষা ব্যবহার করা। এ কারণে বঙ্কিম-রবীন্দ্র থেকে শুরু করে প্রায় সব বাংলা সাহিত্যে দেখা যায় যে, নিজ

দেশে হিন্দুস্থানী পাচক, ভৃত্য, দারোয়ান-গাড়োয়ান, কাবুলীওয়ালাদের সাথে এবং দেশের বাইরে হিন্দুস্থানে গিয়ে হিন্দুস্থানীদের সাথে মোটা গলায় হিন্দি ভাষা না বললে বাঙ্গালী বাবুগিরি তথা বাঙ্গালীর বাঙ্গালী-গিরি যেন গাম্ভীর্যময় হয়ে উঠে না। তারপরও বাংলায় বিভিন্ন কারণে বসবাস করতেআসা ধর্ম বর্ণ নির্বিশেষে অবাঙ্গালী ভারতীয়রা দৃশ্যত বাঙ্গালীদের অসহযোগিতা সত্ত্বেও দ্রুত বাংলা ভাষা শিখে সবাইকে চমকে দিত। ঢাকা-কোলকাতায় দেখা যায় অবাঙ্গালীদের বাংলা ভাষায় কথা বলার মিষ্টতা যেন বাঙ্গালীদের হার মানায়।

এক্ষেত্রে একটি বিষয় সব বঙ্গে সহজে লক্ষণীয় তা হচ্ছে, ধর্ম বর্ণ নির্বিশেষে সব শ্রেণির বাংলা ভাষাভাষীরা "বাঙ্গালী"র সার্বজনীন সংজ্ঞা নির্ধারণে সর্বদা সংকীর্ণতার পরিচয় দিয়ে এসেছে এবং যাচ্ছে। একথা তারা সর্বদা ভুলে যান যে, যিনি যেই হোন এবং যেখান থেকেই আসুন বাংলা ভাষায় তার মনের ভাব আদানপ্রদান করতে পারলেই তিনি স্বাভাবিকভাবেই বাঙ্গালী বলে বিবেচিত হয়ে যাবেন। স্বাভাবিকভাবেই বাঙ্গালী হিসেবে এদেশে বা এজাতির উপর তার অধিকার প্রতিষ্ঠিত হয়ে যাবে। তা তিনি স্বেচ্ছায় গ্রহণ করতে চান আরা না চান। কিন্তু বাঙ্গালীরা স্বেচ্ছায় তাকে নিজেদের হিসেবে মেনে নেবে। আসলে এ বিষয়টি এদেশের কারো কারো মন মানসিকতায় না থাকলেও এটিই বাংলা ভাষার অকৃতিম স্বভাবজাত বিষয়। এ কারণেই এদেশের যারা নিজেদের বাঙ্গালী বলে পরিচয় দেন তাদের কারো কারো কিংবা অনেকের পূর্বপুরুষদের কেহ কেহ কিংবা অনেকে ভিন দেশ থেকে এদেশে এসে এদেশি হয়ে গিয়েছিলেন।

তবে বাংলা ভাষাভাষী অঞ্চলের মধ্যে এবং তার বাইরে বাংলা থেকে অনেক অনেক দুরবর্তী অঞ্চলে অবাঙ্গালীদের তাদের নিজ ইচ্ছায় বাংলা ভাষায় কথা বলতে শেখার সুবিধা ভারত বাংলার চাইতে পাকিস্তান বাংলায় অনেক অনেক বেশি ছিল। কারণ সমগ্র পাকিস্তানের জনসংখ্যার অর্ধেকের বেশি লোকদের ভাষা হিসেবে পাকিস্তান রাষ্ট্রের উভয় অংশে বাংলা ভাষার প্রভাব এবং বিস্তার ধীরে ধীরে এমনিতেই বাড়তে থাকত। এর সাহিত্য-সংস্কৃতি, অর্থনৈতিক এবং রাজনৈতিক কারণ সহ বিভিন্ন বিষয়ের আকর্ষণে। কিন্তু বাংলা ভাষার চরম দুর্ভাগ্য যে, বাংলা ভাষা তার নিজ এলাকার মধ্যে এবং বাংলা থেকে অনেক দূরে অবাঙ্গালী এলাকায় নিজের বিস্তার বাড়াতে বাংলা ভাষা তার ভাষা জীবনের প্রথমবারের মত সে সুযোগটি হারিয়ে ফেলে। পাকিস্তান বাংলার সব শ্রেণির বাঙ্গালী নেতৃবৃন্দের ধৈর্যহীনতা, অদূরদর্শিতা, অনৈক্য এবং স্বার্থপরতার কারণে। আসলে সব শ্রেণির বাঙ্গালী নেতৃবৃন্দরা সর্বদা একমত হতে ব্যার্থ হন যে, জাতীয় স্বার্থে কোন বিষয়টিতে কতটুকু

ত্যাগ স্বীকার করতে হয় আর কোন বিষয়টিতে কতটুকু অর্জন করতে হয় এবং কিভাবে। ১৯৪৮ সালে ঢাকা বিশ্ববিদ্যালয়ের কার্জন হলে আলোচনা সভায় কায়েদে আযম জিন্নাহ সাহেবের "উর্দু এবং উর্দুই হবে পাকিস্তানের একমাত্র রাষ্ট্রভাষা" বক্তব্যের পেছনে ছিল তৎকালীন পূর্ব পাকিস্তান বা বাংলাদেশের নেতৃত্বদানকারী এবং সরকারী ক্ষমতায় থাকা উর্দুয়ানা বাঙ্গালীদের পরামর্শ। বস্তুত, কায়েদে আযম জিন্নাহ সাহেবকে দিয়ে উর্দুয়ানা বাঙ্গালীরা সর্বপ্রথম উর্দু ভাষাকে ভবিষ্যতে সমগ্র পাকিস্তানের একক রাষ্ট্রভাষা বা অফিসিয়াল ভাষা হিসাবে গণ্য করার কথা প্রকাশ করেছিল। এ সিদ্ধান্ত নেওয়ার পেছনে উর্দুয়ানা বাঙ্গালীদের যেমন নিজেদের রাজনৈতিক স্বার্থের বিষয় ছিল তেমনি ছিল বাস্তবতা এবং সদ্য গঠিত মুসলিম রাষ্ট্রের ইন্টিগ্রেশনের বিষয়। তবে বাস্তবতা এবং ইন্টিগ্রেশনের বিষয়টি ছাপিয়ে বাঙ্গালীদের উভয় পক্ষের রাজনৈতিক এবং অর্থনৈতিক স্বার্থ সংশ্লিষ্ট বিষয়গুলো সামনে চলে আসে এবং এক প্রকার ঝগড়ায় রূপ নেয়।

উর্দু ভাষাকে সমগ্র পাকিস্তান রাষ্ট্রের অফিসিয়াল ভাষা হিসাবে গ্রহণ করতে যারা বিরোধিতা করেছিল তাদেরকে ইংরেজিয়ানা বাঙ্গালী বলা যেতে পারে। কারণ ইংরেজি ভাষা অফিস আদালতের ভাষা থাকার কারণে তারা কোন ধরনের সমস্যা অনুভব করেনি। বরং ইংরেজি ভাষা শিখে তারা চাকুরী পাওয়ার জন্য এবং অন্যান্য ক্ষেত্রে প্রতিষ্ঠিত হওয়ার জন্য নিজেদের তৈরি করেছিল বা করে যাচ্ছিল। কিন্তু যখনি উর্দুয়ানা বাঙ্গালীরা উর্দু ভাষাকে সমগ্র পাকিস্তানের অফিশিয়াল ভাষা হিসাবে বিবেচনার কথা উঠিয়েছিল তখন তারা তার বিরোধিতা করতে শুরু করে। সে সাথে উর্দুয়ানা বাঙ্গালীদেরকে রাজনৈতিকভাবে চাপে ফেলার জন্য বাংলা ভাষাকে তারা সামনে নিয়ে আসেন সমগ্র পাকিস্তানের অন্যতম অফিশিয়াল ভাষা হিসাবে বিবেচনার জন্য। ফলে স্বভাবত ভাষা আন্দোলন নামে আন্দোলনটি যত না ভাষা নিয়ে আন্দোলন ছিল তার চাইতে অনেক বেশি ছিল রাজনৈতিক এবং অর্থনৈতিক স্বার্থ নিয়ে এদেশের উর্দুয়ানা বাঙ্গালী এবং ইংরেজিয়ানা বাঙ্গালীদের মধ্যকার ঠাণ্ডা লড়াই। যে লড়াইতে বাংলা ভাষাকে বহুলাংশে ব্যবহার করা হয়েছিল রাজনৈতিক এবং অর্থনৈতিক স্বার্থ আদায়ের হাতিয়ার হিসেবে। এর প্রধান কারণ ছিল যে, পাকিস্তান স্বাধীন হওয়ার সময়ে এবং পর পর ইংরেজিয়ানা বাঙ্গালীদের একটি গুরুত্বপূর্ণ অংশ রাষ্ট্রের এবং সরকারের গুরুত্বপূর্ণ দায়িত্বে আসার এবং নূতন রাষ্ট্রের সার্বিক রাজনীতির নূতন মেরুকরণে নিজেদেরকে প্রথম সারিতে আবিষ্কার করার প্রথম সুযোগটি মিস করে ফেলেন। কোলকাতা কেন্দ্রিক বাংলার প্রভাবশালী দুজন রাজনৈতিক ব্যক্তিত্ব ফজলুল হক-সোহরাওয়ার্দী

সাহেবদের সিদ্ধান্তহীনতা, ইতস্ততা এবং অনেকটা অদূরদর্শিতার কারণে।

এ পরিস্থিতির সৃষ্টি হতে শুরু করে ১৯৩৬ সালের দিকে যখন শেরে বাংলা ফজলুল হক সাহেব তার কৃষক প্রজা পার্টি নির্বাচনে জয়লাভ করার পরে প্রথমে কোলকাতার মেয়র ও পরে বাংলার মুখ্যমন্ত্রী হিসাবে দায়িত্ব নেন। বস্তুত হক সাহেব দায়িত্ব নেওয়ার পর থেকে পূর্ব বাংলা থেকে শিক্ষিত উচ্চ ও মধ্যবিত্তের মুসলমান পরিবারদের কেউ কেউ শিক্ষা, পেশা এবং রাজনীতির কারণে আগের চাইতেও অনেক বেশি হারে কোলকাতা কেন্দ্রিক হতে থাকেন। ফলে অল্পকাল পরে সেখানকার রাজনৈতিক, অর্থনৈতিক এবং সাংস্কৃতিক জীবন যাত্রায় হিন্দুদের পাশাপাশি নিজেদের অবস্থান তারা শক্ত করে ফেলতে থাকেন। এ পর্যায়ে হক সাহেব ১৯৪০ সালের লাহোর বৈঠকে আসাম-বাংলাকে ভারত থেকে আলাদা স্বাধীন রাষ্ট্র হিসাবে প্রতিষ্ঠার দাবী না করে পাকিস্তান প্রস্তাব উত্থাপন করলেন। এর পক্ষে বিপক্ষে অনেক যুক্তি থাকতে পারে। তবে সে সময়ে ঐ প্রস্তাবকে বিভিন্ন কারণে সবশ্রেণির বাঙ্গালী মুসলমানরা স্বাগত জানিয়েছিল। তার মধ্যে প্রধান যে কারণটি ছিল তা হল, তারা যত শীঘ্র সম্ভব এবং যেভাবে সম্ভব হিন্দু বাঙ্গালী প্রভাবিত অর্থনৈতিক ও রাজনৈতিক বৈষম্য এবং নির্যাতন থেকে মুক্তি পেতে চাচ্ছিল। সে অনুযায়ী পরবর্তীতে ঢাকা এবং কোলকাতা কেন্দ্রিক আন্দোলন গড়ে উঠে। বস্তুত সে সময় শেরে বাংলা ফজলুল হক সাহেব তার লাহোর প্রস্তাবের মাধ্যমে বাঙ্গালী মুসলমানদের একচেটিয়া রাজনৈতিক নেতৃত্ব এবং রাজনৈতিক অভিভাবকত্ব দৃশ্যত নিখিল ভারত মুসলিম লীগের অবিসংবাদিত অবাঙ্গালী রাজনৈতিক নেতা কায়েদে আযম জিন্নাহর হাতে পাকাপাকিভাবে তুলে দেন।

এর প্রধান কারণ ছিল-হক সাহেব তার লাহোর প্রস্তাব অনুযায়ী ভারতবর্ষের অন্যতম মুসলমান সংখ্যাগরিষ্ঠ অঞ্চল হিসেবে আমাদের আসাম-বাংলার অবস্থান কী হবে তা তিনি পরিষ্কারভাবে ব্যাখ্যা করেননি। এমনকী হক সাহেবের লাহোর প্রস্তাব অনুসারে আমাদের আসাম বাংলার অভিন্ন ভবিষ্যৎ নির্ধারণে সে ধরনের রাজনৈতিক যোগ্যতা, প্রজ্ঞা এবং দূরদৃষ্টি সে সময়ের অভিন্ন বাংলার কোন মুসলমান রাজনীতিবিদের ছিল না। বস্তুত নবাব স্যার সলিমূল্ল্যাহর অকাল মৃত্যুর পরে এদেশের সাহসী এবং বিচক্ষণ রাজনৈতিক নেতৃত্বের ক্ষেত্রে যে শূন্যতার সৃষ্টি হয় তা তার মৃত্যুর পর থেকে সাতচল্লিশের আগে কিংবা তার পরে এবং আজতক পূরণ হয়নি। ফলে বাস্তব অবস্থার কারণে বাঙ্গালী মুসলমানদের কাছে কায়েদে আযম জিন্নাহর নেতৃত্বে পাকিস্তান আন্দোলন করে, পাকিস্তান স্বাধীন করে এবং পাকিস্তানের অংশ হয়ে স্বাধীনতার স্বাদ গ্রহণ করা ছাড়া তেমন কোন সহজ উপায়

খোলা ছিল না। এমতাবস্থায় পাকিস্তান আন্দোলনের শেষদিকে বিশেষ করে ১৯৪৭ সালের ঠিক দেশভাগের সময়ে বাংলার আরেক জন জনপ্রিয় মুখ্যমন্ত্রী হোসেন শহীদ সোহরাওয়ার্দি সাহেব এবং তার সহকর্মীরা তেমন কোন গুরুত্বপূর্ণ রাজনৈতিক ভূমিকা রাখতে পারেননি।

সে সাথে দেশভাগকে মেনে নিয়ে সাথে সাথে কোলকাতা ছেড়ে ঢাকায় চলে আসেননি। বস্তুত দেশভাগের একদম শেষ সময়ে পাকিস্তান বাদে অন্য কিছু নিয়ে চিন্তা করা এবং দেশভাগ হয়ে যাওয়ার সাথে সাথে ঢাকায় না এসে কলকাতায় বিভিন্ন বিষয়ে ব্যস্ত থাকার কারণে তিনি এবং তার সহকর্মীরা নিজেদের শক্ত রাজনৈতিক অবস্থানকে অনেকখানি দুর্বল করে ফেলেছিলেন। শুধু তাই নয়, দেশ ভাগাভাগির ক্ষেত্রে অভিন্ন বাংলার মুখ্যমন্ত্রী হিসেবে পূর্ব বাংলা বা পূর্ব পাকিস্তান বা বাংলাদেশের জন্য আরও ভোগলিক সুবিধা আদায়ে তার যে গুরুত্বপূর্ণ ভূমিকা থাকার প্রয়োজন ছিল তা থেকে তিনি বঞ্চিত করেছিলেন। উদাহরণস্বরূপ বলা যায় যে, নিজাম শাসিত হায়দ্রাবাদকে অযৌক্তিকভাবে পাকিস্তান ভুক্তির দাবীর বদলে হিন্দু রাজা শাসিত ত্রিপুরা রাজ্যকে পুরোপুরি পূর্ব বাংলা বা পূর্ব পাকিস্তানভুক্ত করার চেষ্টা করা এবং তারজন্য জোর যুক্তিসঙ্গত দাবী উঠানো। ফলে সবচেয়ে গুরুত্বপূর্ণ সময়ে যখন ঢাকায় এবং করাচীতে পাকিস্তান রাষ্ট্রের এবং সরকার ব্যবস্থার সবকিছু প্রায় শূন্য অবস্থা থেকে গড়ে উঠেছিল তখন তিনি ও তার সহকর্মীরা তার নেতৃত্ব দিতে কিংবা সার্বিক সহযোগিতা করতে পেছনে পড়ে যান। ফলে পাকিস্তান স্বাধীন হওয়ার পর পর ঢাকায় এবং করাচীতে উর্দুয়ানা বাঙ্গালীদের সাথে পশ্চিম পাকিস্তানী রাজনৈতিক নেতৃত্বের সাথে স্বাভাবিকভাবে ভাল বোঝাপড়া গড়ে উঠে। কিন্তু ইংরেজিয়ানা বাঙ্গালীরা যারা কোলকাতায় ক্ষমতার সাথে সাথে অপেক্ষাকৃত এডভান্স রাজনীতির সাথে সম্পৃক্ত ছিলেন তারা অপেক্ষাকৃত দেরিতে ঢাকায় আসার পর একই দলের লোক হয়েও কোন ফাঁক ফোঁকর পাচ্ছিলেন না, সরকার এবং রাষ্ট্র পরিচালনায় দায়িত্বশীল ভূমিকা রাখতে। ফলে তারা ক্রমে বিক্ষুব্ধ হয়ে উঠেছিলেন এবং সরকারের বিভিন্ন সিদ্ধান্তের বিরোধিতা করতে থাকেন। কিন্তু যদি তারা নিজ দলের ক্ষমতাসীন লোকদের সাথে রাষ্ট্র এবং সরকার পরিচালনায় ভূমিকা রাখতে পারতেন তাহলে তারা অবশ্যই রাষ্ট্রভাষা হিসাবে উর্দু ভাষার বিরোধিতা করতেন না। কারণ কোলকাতায় দীর্ঘদিন অবস্থান করার কারণে তারাও ভালো উর্দু ভাষা বলতে এবং পড়তে পারতেন।

যদিও ইংরেজি ভাষা বাদে উর্দু ভাষা কিংবা বাংলা ভাষা বা অন্য কোন পাকিস্তানী ভাষাকে অফিশিয়াল ভাষা করার মত সে ধরণের মানসিকতাও অনেকদিন পর্যন্ত

পাকিস্তানে ছিল না। কারণ পাকিস্তানের উভয় অংশের রাজনীতি, সরকার এবং রাষ্ট্র কাঠামোর সর্বত্র যাদের দখলে ছিল তারা প্রায় সবাই ছিল সামন্তশ্রেণীর এবং পুরোমাত্রায় ইংরেজি ভাষা ঘেঁষা সাহেবী মন মানসিকতার মানুষ। এমনকী ১৯৭১ সালে বাংলাদেশ স্বাধীন হয়ে যাবার পর থেকে আজতক যারা এদেশের রাষ্ট্র বা সরকারী ক্ষমতায় এসেছেন তারাও দৃশ্যত উত্তরাধিকার সূত্রে প্রাপ্ত হওয়ার মত সে ধরনের মন মানসিকতা বজায় রেখেছেন বা অনুসরণ করে যাচ্ছেন কমবেশি।

ফলে একদিকে স্বাভাবিকভাবেই যেমন পাকিস্তানের একক রাষ্ট্রভাষা হিসাবে বাংলা ভাষা বিবেচিত হওয়ার কোন কারণ ছিল না। সে সাথে উর্দু ভাষাকে একক রাষ্ট্রভাষা হিসাবে গ্রহণ করা হলে বাংলা ভাষার কোন ক্ষতি কিংবা অবমাননা হওয়ার কোন সম্ভাবনা একদম ছিল না। কারণ উর্দু ভাষাকে একক রাষ্ট্রভাষা করার অর্থ এমন ছিল না যে বাংলা ভাষাকে উঠিয়ে দিয়ে উর্দু ভাষাকে বাঙ্গালীর মুখের ভাষা করা হবে। বরং পাকিস্তান রাষ্ট্রের সব প্রদেশের বিভিন্ন ভাষাভাষী মানুষদের ভাবের আদান প্রদান এবং যোগাযোগের মাধ্যম হিসাবে উর্দুকে বিবেচনা করা। সে সাথে প্রাদেশিক ভাষাকে প্রদেশের ভাষা হিসাবে প্রাধান্য দেওয়া। সে অনুযায়ী পূর্ব পাকিস্তানের ভাষা হিসাবে বাংলা ভাষার অবস্থান আগে যা ছিল পরেও তাই থাকতো। এটিই ছিল কায়েদে আজম জিন্নাহ সহ অন্যান্য নেতৃবৃন্দের বক্তব্য। কিন্তু সে সময় এসবের বিপক্ষে যা বলা হয়েছিল কিংবা প্রচার প্রোপাগান্ডা চালানো হয়েছিল তা দৃশ্যত ছিল সংকীর্ণতায় নিমজ্জিত, অতিরঞ্জিত এবং সত্যের অপলাপ। যদি সে রকম ক্ষতিকর কিছু হওয়ার সম্ভাবনা থাকত তাহলে পাকিস্তান রাষ্ট্রের সিন্ধী, পাঞ্জাবী, বালুচ এবং পাঠান ভাষাভাষীরা সে সময় পাকিস্তানের রাষ্ট্রভাষা হিসেবে উর্দু ভাষার বিরোধিতা করতো। এতে স্বাধীন রাষ্ট্র হওয়ার সাথে সাথে পাকিস্তান ভেঙ্গে যাওয়ার সম্ভাবনা ছিল। এটি মনে করার কোন কারণ নেই যে, পাকিস্তান রাষ্ট্রের শুধুমাত্র বাংলা ভাষার লোকদের নিজেদের ভাষার জন্য দরদ আছে কিন্তু অন্য ভাষার লোকদের নেই।

আসলে পাকিস্তান রাষ্ট্রে উর্দুভাষাকে রাষ্ট্রভাষা রাখা সংক্রান্ত বিষয়টি ছিল প্রতীকী, ম্যান্ডাটরি ছিল না। যেমনটি ভারতে রাষ্ট্রভাষা হিন্দিভাষার ক্ষেত্রে বজায় আছে। কোন অহিন্দি ভাষী ভারতীয় নাগরিককে তার নিজ রাজ্যে এবং কেন্দ্রিয় সরকারি চাকুরীর বা অন্যান্য ক্ষেত্রে হিন্দিভাষা জানতে হবে বা বলতে হবে এমন কোন শর্ত ভারতীয় রাষ্ট্র কাঠামোর মধ্যে কোথাও নেই। আবার ভারত-পাকিস্তানে রাষ্ট্রভাষা যথাক্রমে হিন্দি-উর্দু ভাষা হলেও উভয় দেশে নাগরিকদের নিজেদের মধ্যে আলোচনায়, পার্লামেন্টে, বিচার বিভাগে বা অন্যত্র বেশির ভাগ ক্ষেত্রেই

ইংরেজি ভাষা কিংবা হিন্দি বা উর্দু ভাষার সাথে ইংরেজি ভাষার খিচুড়ি অহরহ ব্যবহার করতে দেখা যায়। ফলে অন্য কোন ভাষাকে রাষ্ট্রভাষা হিসেবে গ্রহণ করা হলেই ঐ ভাষাই সব ভাষাকে বিদেয় করে একমাত্র ভাষা হয়ে যাবে কিংবা ৯৯% লোকের মাতৃভাষাকে তাদের মুখ থেকে কেঁড়ে নেবে এমন কিছু ভাবা অতি আতঙ্কিত লোকদের পক্ষেই সম্ভব ছিল।

বস্তুত উর্দুকে পাকিস্তানের রাষ্ট্রভাষা করার ইচ্ছা প্রকাশের সাথে সাথে এর বিরুদ্ধে প্রচার প্রচারণা শুরু হয়েছিল কোলকাতা থেকে। এর কারণ ছিল হিন্দুত্ববাদী মানসিকতা যার শুরু হয়েছিল দেশ বিভাগের অনেক আগে। এমনকী বঙ্গভঙ্গ বিরোধী আন্দোলনেরও পনের বিশ বছর আগে যখন কোন কোন হিন্দু নেতা উর্দু ভাষাকে বৃটিশ ভারতের রাষ্ট্রভাষা মানতে অস্বীকার করেছিল এবং উর্দুর সাথে সাথে হিন্দিভাষাকেও ভারতবর্ষের রাষ্ট্রভাষা হিসেবে গ্রহন করতে বৃটিশদের কাছে জোর দাবি জানিয়ে আসছিল বিরামহীনভাবে। এরই ধারাবাহিকতায় ১৯৪৭ সাল পরবর্তী পাকিস্তানে প্রথম থেকে উর্দু বিরোধী বিশেষ প্রচেষ্টার সাথে জড়িত ছিল কোলকাতার কোন কোন হিন্দু বাঙ্গালীরা। যারা একদিকে উর্দুকে পাকিস্তানের একমাত্র রাষ্ট্রভাষা হতে যাওয়ার বিরোধিতা করতে থাকে অন্যদিকে হিন্দি ভাষাকে ভারতের একমাত্র রাষ্ট্রভাষা হওয়ার পক্ষে জোরালো সমর্থন দিতে থাকে। যদিও ব্রিটিশ বাংলায় শিক্ষিত হিন্দু বাঙ্গালীরা "বাংলা ভাষা", "বাঙ্গালী" এবং "বাংলা" ইত্যাদিকে হিন্দুদের নিজস্ব বিষয় বলে মনে করত এবং এসব বিষয়ে মুসলমান বাঙ্গালীদের কোন অধিকার স্বীকার করত না। অথচ অভিন্ন বাংলায় মুসলমান বাঙ্গালীদের জনসংখ্যা ছিল হিন্দু বাঙ্গালীদের মোট জনসংখ্যার দ্বিগুণের চাইতেও বেশি। জনসংখ্যার এ তারতম্যের কারণে শিক্ষিত হিন্দু বাঙ্গালীরা কখনও "স্বাধীন বাংলা রাষ্ট্র" বিষয়টি ইচ্ছে করে কোথাও উত্থাপন করত না। সবসময় প্রাধান্য দিত "স্বাধীন ভারত রাষ্ট্রের" বিষয়টি। এ কারণে রবীন্দ্রনাথ থেকে শুরু করে সমস্ত হিন্দু বুদ্ধিজীবীদের মুখে এবং লিখায় কখনও বাঙ্গালী জাতীয়তাবাদ আসেনি, এসেছিল ভারতীয় আন্তর্জাতিকতাবাদ যেখানে হিন্দুরা সংখ্যাগরিষ্ঠ। সূর্যসেনের মত সমস্ত সন্ত্রাসবাদী নেতারা এবং সব ধরনের হিন্দু রাজনৈতিক নেতারাও সব সময় বাংলাকে বাদ দিয়ে প্রাধান্য দিয়েছিল হিন্দু সংখ্যাগরিষ্ঠ ভারতকে। "স্বাধীন অহম বাংলা" বিষয়ে ব্যক্তিগত আলাপ প্রসঙ্গে কোলকাতায় একজন বিখ্যাত লেখক বলেছিলেন যে, "স্বাধীন পূর্ব পাকিস্তান গঠন হওয়ার কারণে বাঙ্গালী হিন্দুদের পূর্ববঙ্গ ছেড়ে বসবাস করার জন্য ভারতের পশ্চিমবঙ্গে চলে আসতে হয়েছে আর যদি "স্বাধীন অহম বাংলা" গঠিত হত তাহলে অহম বাংলার বেশির ভাগ হিন্দু বাঙ্গালীদেরকে অহম

বাংলা ছেড়ে উড়িষ্যা-বিহারে এসে বসবাস করতে হত"।

বস্তুত শত শত বছর ধরে বাংলার সামন্তপ্রভু হিসেবে থাকার কারণে হিন্দু বাঙ্গালীরা ভালভাবেই জানত বাঙ্গালী মুসলমানদের শোষণ বঞ্চনায় দাবিয়ে রেখে কীভাবে শাসন করতে হয় বা নিজেদের নিয়ন্ত্রনে রাখতে হয়। কিন্তু তাদের এ ধরণের সংকীর্ণ রাজনৈতিক এবং অর্থনৈতিক নীতির সর্বদা বাঁধা হয়ে দাঁড়াত অবাঙ্গালী মুসলমান রাজনৈতিক এবং সামরিক নেতৃত্ব। ধর্মীয়, সামাজিক, অর্থনৈতিক, রাজনৈতিক এবং সামরিক উদার নীতির কারণে অবাঙ্গালী মুসলমান নেতৃত্ব খুব সহজে বাংলার বিপুল সংখ্যক জনগোষ্ঠীর সমর্থন পেয়ে যেত। কিন্তু সে অবস্থায় হিন্দু বাঙ্গালী সামন্ততান্ত্রিক নেতৃত্ব জনবিচ্ছিন্ন হয়ে নিজেদেরকে ক্ষমতাহীন এবং অসহায় অনুভব করত। এ কারণে ইখতিয়ার উদ্দিন বিন বখতিয়ার খিলজীর বাংলা আগমনে বাংলার অত্যাচারিত হিন্দু রাজা লক্ষণ সেন পেছনের দরজা দিয়ে পালিয়ে গিয়েছিল। ঠিক তেমনি উর্দুয়ানা বাঙ্গালীদের নেতৃত্বে স্বাধীন পাকিস্তানের অংশ হিসেবে স্বাধীন পূর্ব পাকিস্তান প্রতিষ্ঠিত হওয়ার পরে সে সব হিন্দু সামন্ততান্ত্রিক নেতৃত্ব যাদের দাপটে বাংলায় বাঘে-মহিষে এক ঘাটে জল খেত বলে বলা হত, তারা রাতের অন্ধকারে পরিবার পরিজন নিয়ে অসহায় অবস্থায় পালিয়ে গিয়েছিল ভারতের পশ্চিমবঙ্গে। বাঙ্গালী হিন্দু সামন্ততান্তিক নেতৃত্ব এ বাস্তব অবস্থাটি বুঝেও সব সময় না বুঝার ভান করতো ফলে অভিন্ন বাংলা স্বার্থে কখনও কোন ধরনের ত্যাগ স্বীকার করতে তারা প্রস্তুত ছিল না। কিন্তু বাংলা ভাগ হয়ে যাওয়ার পরে কোলকাতার নিরাপদ অবস্থান থেকে তাদের কেউ কেউ আবার সুযোগ খুঁজতে থাকে বাঙ্গালী মুসলমানদের যে কোনভাবে নিয়ন্ত্রণের জন্য। পাকিস্তানের রাষ্ট্রভাষা নিয়ে উর্দুয়ানা এবং ইংরেজীয়ানা বাঙ্গালীদের মধ্যকার রাজনৈতিক এবং অর্থনৈতিক দ্বন্দ্ব তাদের জন্য সেক্ষেত্র প্রস্তুত করে দেয়। এক্ষেত্রে বাঙ্গালী হিন্দুরা তাদের শত শত বছরের সামন্ততান্তিক অভিজ্ঞতা কাজে লাগায় এবং শেষ পর্যন্ত কোন এক ধরনের সফলতা অর্জন করে ফেলে।

১৯৪৮ সালের রাষ্ট্রভাষা বিষয়টি উত্থাপিত হওয়ার পর থেকে কোলকাতা থেকে প্রকাশিত যে সব সংবাদপত্রগুলো সর্বদা বাংলাদেশে আসত তাতে উর্দু ভাষাকে পাকিস্তানের রাষ্ট্রভাষা হিসেবে পেতে চাওয়ার বিরুদ্ধে প্রচার প্রচারণা হতে থাকত বিভিন্নভাবে। এ জন্যই কোলকাতা থেকে প্রকাশিত ঐসব সংবাদপত্রগুলো সে সময় এবং পরে বাংলাদেশে আসার জন্য নিষিদ্ধ ঘোষণা করার দাবী উঠিয়েছিলেন অনেকে। আসলে সে সময়ে বাংলাদেশে প্রকাশিত তেমন কোন সংবাদপত্র ও

সাহিত্য সাংস্কৃতিক সাময়িকী না থাকায় এদেশের শিক্ষিত, সাংস্কৃতিক মনা ব্যক্তিদের কাছে এবং অনেকে যারা বিভিন্ন সামাজিক, সাংস্কৃতিক ও রাজনৈতিক সংগঠনের সাথে জড়িত ছিলেন তাদের কাছে কোলকাতা থেকে প্রকাশিত হওয়া সংবাদপত্র ও সাময়িকীগুলো বিশেষ সমাদর পেত। বাস্তবে কোলকাতা থেকে আসা সংবাদপত্র ও বিভিন্ন সাময়িকীগুলো পড়তে থাকা বাংলাদেশের বিভিন্ন অবস্থানের ব্যক্তিবর্গরাই প্রথম থেকে শেষ পর্যন্ত উর্দু ভাষাকে পাকিস্তানের রাষ্ট্রভাষা হওয়ার বিরুদ্ধে বিভিন্নভাবে অবস্থান নিয়েছিলেন। এ কারণেই এটি স্বীকার করতেই হবে যে, ভাষা আন্দোলনের পিছনে কোলকাতা থেকে এদেশে আসা সংবাদপত্র এবং সাময়িকীগুলো খুব গুরুত্বপূর্ণ ভূমিকা পালন করেছিল। তা না হলে উর্দু ভাষার বিরোধিতা সরূপ যারা ভাষা আন্দোলনের নেতৃত্ব দিয়েছিল তারা সে পদক্ষেপ নিতেন কী না সন্দেহ করার অনেক অবকাশ আছে।

যদিও পাকিস্তান রাষ্ট্রের রাষ্ট্রভাষা নিয়ে বাইরে থেকে আসা বিভিন্ন ধরনের উস্কানিমূলক প্রচার-প্রোপাগান্ডা এবং দেশের অভ্যন্তরে চলতে থাকা বিভিন্ন জনের ভুল বুঝাবুঝির চাইতে এদেশের বেশির ভাগ মানুষের কাছে আসল পরিস্থিতিটি ছিল খুব ভিন্ন ধরনের। তার কারণ ছিল ১৯৪৮ সালে ঢাকা বিশ্ববিদ্যালয়ে কায়েদে আযম জিন্নাহ সাহেব "ভবিষ্যতে উর্দু ভাষাকে পাকিস্তানের একমাত্র রাষ্ট্রভাষা করা হবে" এমন বক্তব্যে দেওয়ার পর ঢাকায় অনুষ্ঠিত কয়েকটি ঘরোয়া বৈঠকে এবং আরও অন্যান্য জনসভায় প্রাদেশিক ভাষা হিসাবে পাকিস্তানের অন্যান্য অঞ্চলের ভাষার মত বাংলা ভাষার অবস্থান পূর্ব পাকিস্তানে কী রকম হবে তা পরিষ্কারভাবে ব্যাখ্যা করেছিলেন। তা সমস্ত অবস্থার বিচারে সত্যিকার অর্থে যৌক্তিক ছিল। কিন্তু তারপরেও এদেশের কেউ কেউ বিষয়টি গভীরভাবে অনুধাবন না করে, বিচার বিশ্লেষণ না করে উর্দুয়ানা বাঙ্গালীদের বিরোধিতা সরূপ রাষ্ট্রভাষা সংক্রান্ত বিরোধটি জিইয়ে রাখেন। এদের সংখ্যা অত্যন্ত নগণ্য হলেও এরা ভুতের ভয়ের মত আশঙ্কার কথা বলে বলে কিছু শিক্ষার্থীদের আতঙ্কিত করে রাখেন। ফলে খুব নগণ্য হলেও একটি চাপা অসন্তোষ থেকে যায়।

বিশেষ করে কায়েদে আযম জিন্নাহ সাহেবের দীর্ঘদিন ধরে অসুস্থতার কারণে শয্যাশায়ী থাকা এবং মৃত্যু হওয়া পর্যন্ত বিষয়টি নিয়ে আরও আলোচনা না হওয়ায় ঐ আশঙ্কা-অসন্তোষের বিষয়টি দূর করা যায়নি। অন্যদিকে তিনি অসুস্থ হয়ে যাওয়ার পর থেকে পাকিস্তানের রাজনীতিতে একটু অন্য ধরনের হাওয়া বইতে শুরু করে। রাষ্ট্র ক্ষমতাকে কেন্দ্র করে কেউ কেউ প্রসাদ ষড়যন্ত্রে লিপ্ত হয় এবং বিরোধীতায় জড়িয়ে পড়ে। রাজনীতির এ বিষয়টিতে পূর্ব পাকিস্তানের মানুষেরা

মনঃক্ষুণ্ন এবং কিছুটা আশাহত হয়। কায়েদে আযম জিন্নাহর মৃত্যুর পরে পশ্চিম পাকিস্তান কেন্দ্রিক ক্ষমতার রাজনীতির আচরণে এদেশের মানুষদের মনঃক্ষুন্নতা এবং আশাহত ভাবটি বেড়ে যায়। ফলে এ অবস্থায় ঘটনাক্রমে যখন ঢাকার বিখ্যাত নবাব পরিবারের সবচেয়ে সুশিক্ষিত সদস্য খাজা নাজিমুদ্দিন সাহেব পাকিস্তানের প্রধানমন্ত্রী হন তখন পূর্ব পাকিস্তানের সরকার প্রধান নির্ভেজাল বাঙ্গালী নুরুল আমিন সাহেবের পরামর্শে রাষ্ট্রভাষার বিষয়টি আবারও তিনি সামনে নিয়ে আসেন।

উল্লেখ্য যে, ১৯৪৮ সালে কায়েদে আযম জিন্নাহ সাহেব ঢাকায় এসে ভাষা নিয়ে বক্তব্য দেওয়ার সময়ে খাজা নাজিমুদ্দিন সাহেব ছিলেন পূর্ব পাকিস্তান সরকারের প্রধান। আবার ১৯৫২ সালের ভাষা আন্দোলনের সময় তিনি সমগ্র পাকিস্তান সরকারের প্রধান ছিলেন। কাজেই নাজিমুদ্দিন সাহেব সমগ্র পাকিস্তানের প্রধানমন্ত্রী হওয়ার সাথে সাথে ভাষা বিরোধ নিয়ে ইংরেজিয়ানা বাঙ্গালীরা আবার সক্রিয় হয়ে উঠে। ঢাকার বিভিন্ন শিক্ষালয়গুলির শিক্ষার্থীদের মধ্যে তাদের মতের সমর্থন বাড়তে থাকে। ঢাকার নাজিমুদ্দিন সাহেব পূর্ব পাকিস্তানের সরকার প্রধান থাকা অবস্থায় বুঝে নিয়েছিলেন এদেশের বেশির ভাগ মানুষের কাছে উর্দু ভাষার গ্রহণযোগ্যতার বিষয়ে। তাই ইংরেজিয়ানা বাঙ্গালী ও তার সমর্থকদের বিরোধকে ধর্তব্যের মধ্যে নেননি। সে সাথে কোন ধরনের আলাপ-আলোচনা, সংলাপ, গণভোট ইত্যাদিতে না গিয়ে দরকার-হীনভাবে আবার রাষ্ট্রভাষা সংক্রান্ত বিষয়টি সামনে নিয়ে আসেন। ফলে ২১ ফেব্রুয়ারির মত আন্দোলনের ঘটনাটি ঘটেছিল। সবচেয়ে গুরুত্বপূর্ণ কথা হচ্ছে ২১ শে ফেব্রুয়ারিতে শান্তিপূর্ণ মিছিল সমাবেশে গুলি চালানোর মত তেমন কোন পরিস্থিতির সৃষ্টি হয়নি। গুলি চালানোর মত ঘটনাটি প্রশাসনের অতিউৎসাহী চক্রের কাজ বলে মনে হচ্ছে। সে সাথে গুলি চালানোর আদেশদানকারীরা এবং গুলিচালনাকারীরা খুব সম্ভবত প্রায় সবাই পূর্ব পাকিস্তানী বাঙ্গালী ছিল। আবার, সেদিন যারা গুলিতে নিহত হয়েছিলেন তাদের প্রায় কেউ ভাষা আন্দোলনকারী ছিলেন না। ছিলেন নিরীহ পথচারী এবং আন্দোলন দেখতে যাওয়া কিছু উৎসুক লোকজন।

সত্যি বলতে কী, ১৯৫২ সালের ২১ ফেব্রুয়ারির আন্দোলনের পর বাংলা ভাষাকে পাকিস্তানের অন্যতম রাষ্ট্রভাষা হিসাবে মেনে নেওয়ার সাথে তার আগের অবস্থানের বা উর্দুয়ানা বাঙ্গালীদের অবস্থানের সাথে একদম কোন পার্থক্য ছিল না। কারণ পূর্ব পাকিস্তানের বাইরে বাংলা ভাষার কোন প্রচলন ছিল না। শিক্ষিত বাঙ্গালীরা বাংলা ভাষার প্রসারে কোন দিন কোন ব্যবস্থা নেয়নি। বরং নিজেদের

জাতীয় বদ অভ্যাস অনুযায়ী অন্য ভাষাভাষীদের সাথে উর্দু, হিন্দি এবং ইংরেজিতে ভাব প্রকাশ করে নিজেদের উর্দু-হিন্দি এবং ইংরেজি ভাষায় জ্ঞান জাহির করে যাচ্ছিল আজকের মত। সে হিসেবে সে সময় "উর্দু ভাষাকে ভবিষ্যতে পাকিস্তানের রাষ্ট্রভাষা করা হবে" এমন বক্তব্যে কিংবা উর্দু ভাষাই একমাত্র রাষ্ট্রভাষা হবে এমন কথায় কিংবা উর্দু ভাষাকে সমগ্র পাকিস্তানের রাষ্ট্রভাষা করা হলেই বাঙ্গালীর স্বপ্ন ভঙ্গ হবে, বাংলা ভাষার ক্ষতি হবে, বাংলা ভাষা হারিয়ে যাবে এমন চিন্তা করা যেমন হাস্যকর ছিল তেমনি এমন হাস্যকর চিন্তার জন্য আন্দোলন করাটিও হাস্যকর ছিল।

কারণ বাংলা ভাষা জন্ম থেকে হাজার হাজার বছর এবং শত শত বছর ধরে এ ধরনের অনেক হাজার হাজার সমস্যা এবং বাঁধা কারো সাহায্য ছাড়া বাংলা ভাষা নিজেই মোকাবেলা করে এসেছে। শতাব্দীর পর শতাব্দী ধরে বিভিন্ন ভাষাভাষী লোকেরা এসেছিল এদেশকে শাসন করতে কিন্তু বাংলা ভাষা কোনদিন হারিয়ে যায়নি। হারিয়ে গিয়েছিল ঐসব লোকদের ভাষাগুলো। কারণ যখনই কোন ভাষার কেউ অন্য ভাষার লোকদের কাছে শাসনক্ষমতা হারিয়ে ফেলত তখন তারা বাংলা শিখে বাঙ্গালী হয়ে মিশে গিয়েছিল সাধারণ জনগণের সাথে। এমনকী যারা বিভিন্ন কারণে এদেশে এসে থেকে গিয়েছিল তারাও কালক্রমে নিজের ভাষা বাদ দিয়ে বাংলা ভাষা শিখে বাঙ্গালী হয়ে গিয়েছিলেন। বাংলা ভাষা এবং বাংলা ভাষাভাষীরা কখনও কাউকে ফেরায়নি। সবাইকে আপন করে নিয়েছিল এদেশে থাকার জন্য। এদেশকে এবং এদেশের ভাষাকে নিজের ভাষা হিসাবে নিজের ইচ্ছায় গ্রহণ করার এবং আপন করে নেওয়ার জন্য।

সত্যি বিলতে কী, অতীতে শত শত বছর ধরে বিভিন্ন পরিস্থিতির সম্মুখীন হয়েও এদেশের কোন মানুষকে নিজেদের বাংলা ভাষা নিয়ে কখনও আন্দোলন করতে হয়নি। লড়াই করতে হয়নি। জীবন দিতে হয়নি। যখন বাংলা ভাষা এবং ভাষাভাষীদের অবস্থা আজকের তুলনায় অনেক অনেক নাজুক ছিল। কিন্তু ১৯৫২ সালে ভাষা রক্ষায় নামে এদেশের কিছু মানুষকে লড়াই করতে হয়েছিল, জীবন গিয়েছিল কিছু লোকের যখন বাংলা ভাষার অবস্থা এখনকার চাইতে অনেক মজবুত ছিল।

রাষ্ট্রভাষা নিয়ে উর্দুয়ানা বাঙ্গালী এবং ইংরেজিয়ানা বাঙ্গালীদের বিরোধকে পরে বিশেষ করে বাংলাদেশ স্বাধীন হওয়ার পর থেকে পশ্চিম পাকিস্তানীদেরকে মিথ্যে এবং একচেটিয়া দোষারোপ করা আমাদের একটি জাতীয় বদ অভ্যাস হয়ে দাঁড়িয়ে গিয়েছে। যদিও ভাষা নিয়ে বাঙ্গালীদের দুপক্ষের মধ্যকার বিরোধে তাদের যে

ভূমিকা ছিল তা খুব নগণ্য এবং বাস্তবতার বিচারে অবশ্যই যুক্তিযুক্ত ছিল। কিন্তু বাস্তবতাকে চেপে গিয়ে রাষ্ট্রভাষাকে কেন্দ্র করে নিজেদের রাজনৈতিক দ্বন্দ্বের বিষয়ে বাংলাদেশের বিভিন্ন ইতিহাসে কায়েদে আযম জিন্নাহ সহ অন্যান্য রাজনীতিবিদদের যেভাবে বাংলা ভাষার বিরুদ্ধে ষড়যন্ত্রকারী হিসেবে দেখানো হচ্ছে, তা আসলে পুরোপুরি মিথ্যে।

আবার এদেশে উর্দু ভাষার বিরুদ্ধেও সে সময় অনেক মিথ্যে প্রচারণা চালানো হয়েছিল। এদেশের সাধারণ মানুষদের বিভ্রান্ত করার জন্য। বলা হয়েছিল পশ্চিম পাকিস্তানের ভাষা উর্দু ভাষা এদেশের মানুষদের উপর চাপিয়ে দেয়া হচ্ছে। কিন্তু উর্দু ভাষা পাকিস্তানের ভাষা ছিল না। উর্দু ভাষা ছিল ভারতের ভাষা এবং এর উপত্তি হয়েছিল দিল্লিতে। শত শত বছর ধরে মুসলিম শাসন আমলে। যখন মুসলিম শাসকদের রাজধানী দিল্লিতে স্থানীয় ভাষা হিন্দিতে কথোকপনের সময় অনেক আরবি, ফারসি এবং তুর্কী ভাষার শব্দগুলো ব্যবহার হতে শুরু হয়েছিল। পরে ঘটনাচক্রে যখন লিখার ক্ষেত্রে আরবি বর্ণমালা ব্যবহার হতে শুরু হয়েছিল তখন ঐ অঞ্চলের হিন্দি ভাষা একটি স্বতন্ত্র মর্যাদা লাভ করেছিল।

ফলে দিল্লির হিন্দি ভাষা এবং দুর্ববর্তি অন্যান্য অঞ্চলের হিন্দি ভাষার মধ্যে শব্দ ব্যবহারের ক্ষেত্রে স্বাভাবিকভাবেই একটি সুস্পষ্ট পার্থক্য পরিলক্ষিত হয়। পরবর্তিতে হিন্দি ভাষার ঐ আরবি, ফারসী এবং তুর্কি শব্দ বহুল অংশটি উর্দু ভাষা নামে পরিচিত লাভ করে এবং দ্রুত জনপ্রিয় হয়ে উঠে। প্রথমে মুসলিম শাসনামলে এবং পরে ব্রিটিশ শাসনামলে সারকারী ভাষা হিসেবে সমগ্র ভারতবর্ষে উর্দু ভাষা অন্যান্য দেশিয় ভাষাকে ডিঙিয়ে একটি আন্তর্জাতিক ভাষারুপে শক্ত অবস্থানে পৌছে যায়। এরই ধারাবাহিকতায় ১৯৪৭ সালের দেশ বিভাগের পর মুসলিম রাষ্ট্র পাকিস্তানের উভয় অংশের জন্য ইংরেজির পাশাপাশি উর্দু ভাষাকে রাষ্ট্র ভাষা বা সরকারি ভাষা হিসেবে গ্রহণ করার ইচ্ছা প্রকাশ কারাটি খুবই স্বাভাবিক এবং যুক্তিসঙ্গত ছিল।

তবে রাজনীতির সবচেয়ে মজার বিষয় হচ্ছে যে, যে খাজা নাজিমুদ্দিন সাহেবের সময়গুলোতে রাষ্ট্রভাষা নিয়ে এদেশে এমন কাণ্ডগুলো ঘটে গিয়েছিল সে খাজা নাজিমুদ্দিন সাহেব অল্প কয়েক বছর পরে এদেশের ইংরেজিয়ানা বাঙ্গালীদের প্রাণপ্রিয় নেতায় পরিণত হয়েছিলেন। নাজিমুদ্দিন সাহেবকে তারা শেরেবাংলা-সোহরাওয়ার্দি সাহেবদের মত এদেশের গুরুত্বপূর্ণ জাতীয় নেতার মর্যাদা দেয় এবং এদেশের সর্বশ্রেণীর মানুষ তা মেনে নেয়। আসলে রাষ্ট্রভাষা নিয়ে শুধু শুধুই পানি ঘোলা করা হয়েছিল। রক্তক্ষয় হয়েছিল। তিক্ততা এবং অবিশ্বাস বাড়ানো হয়েছিল। যেন এটুকু প্রমাণ করার জন্য যে, বাঙ্গালী মুসলমানরা হিন্দুদের নির্যাতন নিষ্পেষণে হিন্দুদের সাথে শত শত বছর বসবাস করতে পারলেও নিজেদের ধর্মের

লোকদের সাথে ভাষা বর্ণ নির্বিশেষে স্বাধীন দেশে একসাথে বসবাস করা তাদের পক্ষে অসম্ভব। বস্তুত ঐ আন্দোলনের সাথে সাথে এদেশে অসৎ চৌর্যবৃত্তির রাজনীতি, মিথ্যা প্রতিশ্রুতির এবং প্রতারণার রাজনীতির যাত্রা শুরু হয়। যা এখন বিশেষ মাত্রায় এদেশে চলছে। দুর্নীতি-লুটপাট করে বলা হচ্ছে উন্নয়ন-অগ্রগতি চলছে। গণতন্ত্র ধ্বংস করে স্বৈরতান্ত্রিক মানসিকতার দলগুলো এবং নেতৃত্বরা বলছে তারা গণতন্ত্র রক্ষা করছে। প্রকৃতপক্ষে ১৯৫৪ সালে পাকিস্তানের প্রথম সাধারণ নির্বাচনের মাধ্যমে রাষ্ট্রভাষা সংক্রান্ত আন্দোলনের কারণে জনসমর্থনের উপর ভিত্তি করে ক্ষমতায় আসা যুক্তফ্রন্ট সরকার বেশিদিন পাকিস্তানের ক্ষমতায় থাকতে পারেনি ঐ তিক্ততা এবং অবিশ্বাসের জন্য। সে সাথে প্রথমবারের মত বাঙ্গালী জাতি কলঙ্কিত হয় কিছু বাঙ্গালী রাজনীতিবিদদের জন্য যারা তখন রাষ্ট্র এবং সরকারী ক্ষমতা পেয়ে দুর্নীতিতে নিমজ্জিত হয়ে পড়ে নির্লজ্জের মত।

কিন্তু যে কথাটি আজ সবচেয়ে গুরুত্বপূর্ণ তা হল, বাংলা ভাষা সৃষ্টির পর থেকে হাজার হাজার বছরের ইতিহাসে বাংলা ভাষা এবং বাংলা ভাষাভাষীরা আজ সবচেয়ে খারাপ এবং লজ্জাজনক অবস্থার মধ্যে দিয়ে অতিবাহিত করছে। বাংলাদেশ স্বাধীন হওয়ার পর এবং বাংলা ভাষা বাংলাদেশের একমাত্র রাষ্ট্রভাষা হওয়ার পর থেকে চরম দরিদ্রতা এবং অর্থনৈতিক বৈষম্যের কারণে দুই কোটির উপর মুসলমান বাঙ্গালী বাংলাদেশ ছেড়ে এখন অবৈধভাবে ভারত এবং পাকিস্তানে বসবাস করছে নিজেদের বাঙ্গালী পরিচয়কে গোপন রেখে।

ফলে তারা যেমন নিজেদের প্রিয় মাতৃভাষা বাংলা ভাষায় কথা বলতে পারছে না, তেমনি পারছে না নিজেদের ছেলেমেয়েদের বাংলা ভাষা শেখাতে এবং বলাতে। যেহেতু বাংলাদেশী হিসেবে ভারত-পাকিস্তানে তাদের স্থায়ী বসবাসের কোন আইনগত বৈধতা নেই সে কারণে ভয়ে নিজেদের ভাষা সংস্কৃতি সহ অনেক কিছু পালন করতে তারা বিরত থাকছে। মাসখানেক আগে ভারতের আগ্রায় যারা ভারতের নাগরিকত্ব পাওয়ার লোভে উগ্র হিন্দুদের চাপে পড়ে পরিবারসহ হিন্দু ধর্ম গ্রহণ করতে বাধ্য হয়েছিল তারা আর কেউ নয় বরং বাংলাদেশ থেকে ভারতে যাওয়া অবৈধ বাংলাদেশী মুসলিম অভিবাসীরা। দৃশ্যত বিপুল সংখ্যক বাংলা ভাষাভাষীদের এ দুর্দিনে বাংলাদেশে বাংলাভাষার তথাকথিত ঘোষিত এবং অঘোষিত রক্ষাকর্তারা রহস্যজনকভাবে নীরবতা পালন করে যাচ্ছে। বাংলাদেশে সাধারণত বলা হয়ে থাকে- "বাংলা ভাষা আন্দোলনের মাধ্যমে বাংলাদেশের স্বাধীনতার আন্দোলনের শুরু হয় এবং পরে বাংলাদেশ স্বাধীন হয়ে বাংলা ভাষাকে পৃথিবীতে প্রতিষ্ঠা করা হয়েছে সসম্মানে" কিন্তু বাস্তবে এ বক্তব্য কত বড় মিথ্যে কথা তা গভীরভাবে বিচার করলে জানা যায়।

২১শে ফেব্রুয়ারি ২০১৫।

ছয় দফা এবং স্বায়ত্তশাসন দাবীর কিছু গোপন কথা।

১৯৬৬ সালে পাকিস্তান প্রেসিডেন্ট আইয়ুব খানের ডাকা পশ্চিম পাকিস্তানের লাহোরে অনুষ্ঠিত গোল টেবিল বৈঠকে জননেতা শেখ মুজিবুর রহমান সাহেবই ছয় দফা পেশ করেছিলেন। এ বিষয়ে কোন ভিন্নমত নেই এদেশে। কিন্তু আমার ভিন্নমত হচ্ছে যে, ঐ ছয় দফার মধ্যে কয়টি দফা জননেতা শেখ মুজিবুর রহমান সাহেবের নিজের উদ্ভাবিত বা সংযোজিত ছিল? এদেশের ছেলে বুড়ো যারা তন্ন তন্ন করে ইতিহাস পড়েছেন, যারা গভীর ভাবনা করে ইতিহাস লিখেছেন এবং যারা গভীর যত্ন করে নিজেদের জীবনকালে ঘটে যাওয়া ইতিহাসকে স্মরণ রেখেছেন তারা বলতে পারবেন সঠিক বিষয়টি। ঐ ছয় দফার মধ্যে মাত্র একটি দফা নূতন এবং অভিনব ছিল যা জননেতা শেখ মুজিবুর রহমান সাহেবের নিজের ছিল। সে দফাটি ছিল- পাকিস্তানের দুই অংশের মধ্যে দুটি পৃথক কিন্তু সহজে বিনিময়যোগ্য মুদ্রার প্রচলন করার দাবীটি।

কিন্তু ছয় দফার অন্য পাঁচটি দফাগুলো একদম আনকোরা নতুন ছিল না। ১৯৫৪ সালের নির্বাচনে যুক্তফ্রন্টের নির্বাচনী ইশতেহার এবং সমসাময়িক ছাত্র নেতৃবৃন্দদের সম্মিলিত দাবিগুলোতে ঐ পাঁচটি দফা গুরুত্বপূর্ণ অবস্থানে ছিল। ১৯৫৪ সালের নির্বাচনে যুক্তফ্রন্ট যেসব বিষয়গুলোর উপর যে কথিত গণ রায় পেয়েছিল তারমধ্যে স্বায়ত্তশাসনের দাবীটি অন্যতম ছিল। কিন্তু ক্ষমতায় অধিষ্ঠিত হয়ে যাওয়ার পর বিভিন্ন জটিলতার কারণে স্বায়ত্তশাসনের বিষয়টি যুক্তফ্রন্ট নেতৃবৃন্দের কাছে সেভাবে গুরুত্ব পায়নি। বাস্তবে পাকিস্তানের ক্ষমতায় যে বা যারাই যেতেন তারা পাকিস্তানের দুই অংশের মধ্যে ভিন্ন ভিন্ন স্ট্যাটাসের চাইতে ঐক্যে এবং সৌহার্দের বিষয়টি বেশি গুরুত্ব দিতেন। খুব সম্ভবত ক্ষমতার গুরুদায়িত্ব নিজ কাঁধে নেওয়ার পর ক্ষমতার বাইরে থাকা অবস্থার চিন্তাধারাগুলোর পরিবর্তন ঘটত। তার প্রধান কারণ ছিল যে, পাকিস্তান রাষ্ট্রের সৃষ্টি বাংলাদেশ রাষ্ট্রের মত হঠাৎ করে মার্চ থেকে ডিসেম্বরের মধ্যে হয়ে যায়নি। সাত চল্লিশের আগে প্রায় কয়েক দশকের বিভিন্ন রাজনৈতিক উত্থান-পতন, ত্যাগ-তিতিক্ষা, বঞ্চনা আর কষ্ট-বেদনার ফসল ছিল বাঙ্গালী মুসলিমদের সৃষ্ট দেশ পাকিস্তান। অনেকটা এ কারণেই ১৯৫৪ সালে আওয়ামী লীগের নেতৃত্বাধীন যুক্তফ্রন্ট সরকার ক্ষমতায় এসেই স্বায়ত্তশাসনের নির্বাচনী প্রতিশ্রুতিটি সাথে সাথেই বাস্তবায়ন করার পথে যাননি। আবার ১৯৭০ সালে নির্রাচনে জেতার পর যদি আওয়ামী লীগকে নির্বিঘ্নে ক্ষমতা দেওয়া হত সেক্ষেত্রেও স্বায়ত্তশাসনের বিষয়টি ঝুলে থাকতো। কারণ স্বায়ত্তশাসনের চাইতে পাকিস্তানের ইতিহাসে সর্বপ্রথম একশত ভাগ বাঙ্গালী নেতৃত্বের আওয়ামী লীগের সরকার পাকিস্তান রাষ্ট্রটি “কীভাবে দক্ষতার সাথে

সমগ্র পাকিস্তানের প্রয়োজন অনুসারে পরিচালনা করে যাবেন” সে বিষয়টিই সর্বাধিক গুরুত্ব পেয়ে যেত।

তবে ১৯৫৪ সালের চাইতে ১৯৬৬ সালের ছয় দফার স্বায়ত্তশাসনের বিষয়টির গুরুত্ব অনেক অনেক বেশি ছিল। তার প্রধান কারণ ছিল ১৯৬৫ সালের ভারত-পাকিস্তান যুদ্ধের পর উদ্ভূত পরিস্থিতি। ঐ যুদ্ধকে কেন্দ্র করে বিভিন্ন বিষয় এবং তাশখন্দ চুক্তির কারণে প্রেসিডেন্ট আইয়ুব খানের পাকিস্তানের শাসনকর্তা হিসেবে আইকনিক অবস্থানটি বেশ নড়বড়ে হয়ে পড়ে। অনেকেই রাশিয়ার বন্ধুত্বসুলভ সহায়তায় এবং মধ্যস্থতায় পাকিস্তানের সাথে ভারতের ঐ চুক্তির গুরুত্ব অনুধাবন না করে প্রেসিডেন্ট আইয়ুব খানের তীব্র সমালোচনায় মুখর হয়ে উঠেছিলেন। বাংলাদেশেও ঐ যুদ্ধ এবং যুদ্ধ পরবর্তী প্রভাবটি পড়েছিল একই রকমভাবে। কাঙ্ক্ষিত লক্ষ অর্জিত হওয়া পর্যন্ত যুদ্ধ চলিয়ে না যাওয়ায় প্রায় অনেকেই ব্যথিত, দুঃখিত এবং বিক্ষুব্ধ হয়ে পড়েছিল। কিন্তু বাংলাদেশে থেকে সে সময় প্রতিক্রিয়া হয়েছিল একটু ভিন্নভাবে। অবশ্য এ ভিন্নরকম প্রতিক্রিয়াটির পেছনে ছিল যুদ্ধের ঠিক পর পরই লাহোর থেকে ঢাকায় সফরে আসা পশ্চিম পাকিস্তানের একজন প্রখ্যাত সাংবাদিক। যিনি ঢাকায় এসেই ইত্তেফাকের জনাব মানিক মিয়াঁ সহ যার যার সাথে তার দেখা হয়েছিল কথায় কথায় বেশ কায়দা করে সবাইকে আতংকিত করে ফেলেছিলেন। “যুদ্ধের সময় পূর্ব পাকিস্তান সম্পূর্ণ অরক্ষিত ছিল। যদি ভারত আক্রমণ করে দখল করে নিত তাহলে ভীষণ সর্বনাশ হয়ে যেত”। ইত্যাদি। ইত্যাদি।

তারপর প্রায় সাথে সাথে এদেশে সংবাদপত্রগুলোতে বিষয়টি প্রতিদিনকার নিউজ হয়ে যায়। সাথে সাথে ঢাকার রাজনীতিতে ছড়িয়ে পড়ে সার্বক্ষণিক বক্তব্য, বিবৃতি এবং আলোচনার উত্তাপ। পরিস্থিতি ঠাণ্ডা করার জন্য পরে প্রেসিডেন্ট আইয়ুব খান সমগ্র পাকিস্তানের প্রধান প্রধান রাজনীতিবিদদেরকে পাকিস্তানের লাহোরে গোলটেবিল বৈঠকের জন্য ডাক দেন। ঐ বৈঠকেই জননেতা শেখ মুজিবুর রহমান সাহেব তার ছয় দফা দাবীটি পেশ করেছিলেন। যা বৈঠকে উপস্থিত সবার কাছে অপ্রত্যাশিত ছিল। সবাই ভেবেছিলেন যে, পূর্ব পাকিস্তানের নিরাপত্তাহীনতার বিষয়টি নিয়ে যুদ্ধের পরে আওয়ামী লীগসহ বিভিন্ন দল সরব ছিল তাই তিনি হয়ত সার্বিক নিরাপত্তা ব্যবস্থা নেওয়ার জন্য দাবী জানাবেন। কিন্তু তা না করে একটি জটিল রাজনৈতিক প্রস্তাব উত্থাপন করায় উপস্থিত অনেকেই বিরক্ত হয়েছিলেন। তবে সে সময় প্রেসিডেন্ট আইয়ুব খানের উচিত ছিল পূর্ব পাকিস্তান থেকে গোল টেবিল বৈঠকে যোগ দিতে যাওয়া রাজনৈতিক নেতৃবৃন্দদের সবার সাথে ঐ গোল টেবিল বৈঠকের পরে পৃথকভাবে বৈঠক করা। পূর্ব পাকিস্তানের যে সমস্যাগুলো সম্বন্ধে তিনি প্রথম থেকেই সবচেয়ে বেশি সজাগ ছিলেন এবং তা সমাধানের জন্য

অনেক সীমাবদ্ধতার মধ্যে দিয়ে সব রকমের চেষ্টা করে যাচ্ছিলেন সে সব বিষয়গুলো নিয়ে পূর্ব পাকিস্তানের নেতৃবৃন্দদের সাথে মত বিনিময় করা হলে অনেক ভালো হত। ভালো হত যদি প্রেসিডেন্ট আইয়ুব খান পূর্ব পাকিস্তানের নেতৃবৃন্দদের দেওয়া দাবীগুলো বিশ্লেষণ করার জন্য উচ্চ পর্যায়ের একটি কমিটি গঠন করতেন। তাহলেই উত্থাপিত দাবীগুলোর ভুল-শুদ্ধ এবং গ্রহণ বা প্রত্যাখ্যানের বিষয়টি একটি যুক্তিসঙ্গত উপায়ে উপস্থাপন করা যেত।

বাস্তবে যুক্তিসঙ্গত কারণে পাকিস্তান রাষ্ট্রে বাংলাদেশ বা পূর্ব পাকিস্তান অংশটি সহজ শর্তে স্বায়ত্তশাসন পাওয়ার যোগ্য ছিল। এ বিষয়টি নিয়ে খুব সম্ভবত দুই পাকিস্তানের কারো দ্বিমত ছিল না। থাকার কথাও নয়। কিন্তু পশ্চিম পাকিস্তানে কোন ধরণের আভ্যন্তরীণ জটিলতা সৃষ্টি না করে কী কারণে এবং কীভাবে পূর্ব পাকিস্তানকে স্বায়ত্তশাসন দেওয়া যায়- এ বিষয়টি কখনও সঠিকভাবে বিশ্লেষণ করে বুদ্ধির সাথে উপস্থাপন করা হয়নি। যেমন হয়নি ১৯৫৪ সালের যুক্তফ্রন্টের ইশতেহারে এবং তেমনি হয়নি ১৯৬৬ সালের জননেতা শেখ মুজিবুর রহমান সাহেবের উপস্থাপিত ছয় দফায়। আবার পশ্চিম পাকিস্তান থেকেও "সাপও মরবে কিন্তু লাঠিও ভাঙ্গবে না" এ জাতীয় কোন সংশোধিত প্রস্তাব কখনও দেওয়া হয়নি। তীব্র বিরোধিতার চাইতে সমস্যার সহজ সমাধান হিসেবে। ফলে দুই পাকিস্তানের মধ্যে এবং পূর্ব পাকিস্তানের অভ্যন্তরে স্বায়ত্তশাসনের পক্ষে বিপক্ষে এক প্রকার সংঘাতের সৃষ্টি হয়েছিল। জ্ঞাত এবং অজ্ঞাতসারে এ সংঘাতের একটি মাত্র প্রধান কারণ ছিল- স্বায়ত্তশাসন দাবীর ক্ষেত্রে যুক্তি হিসেবে বারংবার অযথাই ১৯৪০ সালের লাহোর প্রস্তাবকে ভিত্তি হিসেবে দেখানো।

আসলে ১৯৪০ সালের লাহোর প্রস্তাবের উপর কিংবা লাহোর প্রস্তাবের সামান্য সংশোধনীর উপর একটি বিশেষ সময়ে একটি বিশেষ বিবেচনায় বাংলাদেশ এবং পশ্চিম পাকিস্তানের সমন্বয়ে পাকিস্তান নামক রাষ্ট্রটি তৈরি হয়ে যাওয়ার পর আভ্যন্তরীণ সমস্যা সমাধানে পুনরায় ঐ প্রস্তাবকে টেনে আনা সুবিবেচনা প্রসূত ছিল না। কারণ ১৯৪০ সালের লাহোর প্রস্তাবটি উত্থাপিত হয়েছিল ভারতে মুসলমানদের জন্য আলাদা এক বা একাধিক রাষ্ট্র ব্যবস্থার দাবী নিয়ে। অর্থাৎ ভারত ভেঙে মুসলমানদের জন্য আলাদা রাষ্ট্র তৈরি করা যা ১৯৪৭ সালে তৈরি হয়ে গিয়েছিল। কিন্তু তারপরে পূর্ব পাকিস্তানের স্বায়ত্তশাসনের ক্ষেত্রে যদি লাহোর প্রস্তাবকে ভিত্তি হিসেবে দাবীটি মেনে নেওয়া হয় বা গ্রহণ করা হয় তাহলে তা শুধু পাকিস্তান রাষ্ট্রের দুই অংশের মধ্যে সীমাবদ্ধ থাকতো না পশ্চিম পাকিস্তানের বিভিন্ন অংশের মধ্যেও গভীর ক্ষত সৃষ্টি করতো। কারণ পূর্ব এবং পশ্চিম পাকিস্তানের মধ্যে ধর্ম বাদে অনেক বিষয়ে যেমন বিভিন্নতা ছিল তেমনি কমবেশি বিভিন্নতা ছিল পশ্চিম পাকিস্তানের বিভিন্ন অঞ্চলগুলোর জনগণের মধ্যে। আবার

বাংলাদেশ বা পূর্ব পাকিস্তানের মত পশ্চিম পাকিস্তানের অনেক অঞ্চল এবং ভাষাভাষী জনগোষ্ঠীদেরকেও অনেক ত্যাগ স্বীকার করতে হয়েছিল ১৯৪০ সালের লাহোর প্রস্তাবে একমত হয়ে একটি মুসলমান রাষ্ট্র তৈরিতে। ফলে বাংলাদেশকে বা পূর্ব পাকিস্তানকে যদি লাহোর প্রস্তাবের উপর ভিত্তি করে স্বায়ত্তশাসন দেওয়া হত তাহলে ঐ অঞ্চলগুলোরও স্বায়ত্তশাসন পাওয়ার অধিকার দাঁড়িয়ে যেত। যা তখন পাকিস্তান রাষ্ট্রের জন্য সবচেয়ে বিপদজনক ছিল। এমনকী এখনও আছে। কারণ পাকিস্তান নামক মুসলিম রাষ্ট্রটির বহিঃশত্রু তখনো ছিল এবং এখনও আছে। ফলে পূর্ব পাকিস্তানের রাজনীতি এবং বুদ্ধিজীবী অঙ্গনে কিছু অবিবেচক ছাড়া অন্য কেহই পাকিস্তান রাষ্ট্রের ক্ষতি করে পূর্ব পাকিস্তানের স্বায়ত্তশাসনের পক্ষে ছিল না। বরং বেশিরভাগ লোকজন এ বিষয়ে একটি গ্রহণযোগ্য সমাধানের পক্ষে ছিল। কিন্তু সে গ্রহণযোগ্য একমাত্র সমাধানটি প্রদান করার জন্য সুস্থ মানসিকতার যোগ্য লোকের অভাব উভয় পাকিস্তানের উভয় অংশে ছিল।

অথচ ১৯৪০ সালের লাহোর প্রস্তাবকে ভিত্তি করে পূর্ব পাকিস্তানের জন্য স্বায়ত্তশাসন দাবী করার চাইতে পাকিস্তানের দুই অংশের অস্বাভাবিক ভৌগোলিক অবস্থানের কারণে যদি পূর্ব পাকিস্তানের স্বায়ত্তশাসন দাবী করা হত তাহলে সব কিছু যেমন সহজ হয়ে যেত তেমনি অযথা সংঘাত, তিক্ততা এবং রক্তপাত এড়ানো যেত।

সে হিসেবে ১৯৫৪ সালের যুক্তফ্রন্টের স্বায়ত্তশাসন দাবী, সমসাময়িক কালের ছাত্রদের স্বায়ত্তশাসন দাবী এবং পরে ১৯৬৬ সালের জননেতা শেখ মুজিবুর রহমান সাহেবের ছয় দফার স্বায়ত্তশাসন দাবীগুলোর মধ্যে মারাত্মক কৌশলগত ভুল ছিল। ছিল শুভবুদ্ধির অভাব এবং গভীর চিন্তাভাবনা ও বিচার বিশ্লেষণের অনুপস্থিতি। সবচেয়ে মজার কথা হচ্ছে যে, একটি রাষ্ট্রের একটি একক ভাষাভাষী সংখ্যাগরিষ্ঠ জনসংখ্যার ভূখণ্ড থেকে বিভিন্ন ভাষাভাষী জাতিতে বিভক্ত একটি সংখ্যালঘিষ্ঠ জনসংখ্যার ভূখণ্ডের কাছে স্বায়ত্তশাসনের দাবীর বিষয়টি। বিষয়টি নিয়ে এখনও উপহাস এবং হাস্য-রহস্য করার অনেক বিষয় আছে। কারণ নিজেদের যে রাজনৈতিক এবং প্রশাসনিক দুর্বলতার জন্য বাঙ্গালীদের পক্ষ থেকে বারংবার স্বায়ত্তশাসন দাবী করা হচ্ছিল তা যদি ভবিষ্যতে নিরসন করা যেত কিংবা নিরসন হয়ে যেত তাহলে অচিরে এমন একদিন আসতো যে পশ্চিম পাকিস্তানই উলটো পূর্ব পাকিস্তানের কাছে স্বায়ত্তশাসন দাবী করে বসত। আসলে ঠিক ঐ সহজ "এমন একদিনটি" নিয়ে আসার রাজনৈতিক এবং শিক্ষাগত যোগ্যতা, দক্ষতা এবং দূরদর্শিতা বাঙ্গালী জাতির রাজনৈতিক নেতৃবৃন্দের খুব সম্ভবত ছিল না। সে কারণেই বারংবার অযথাই রাজনৈতিক, প্রশাসনিক এবং অর্থনৈতিক বৈষম্যের কথাটি উঠানো হয়েছিল। তা শূন্য অবস্থা থেকে রাষ্ট্র ব্যবস্থায় আসা

পাকিস্তানে কতটুকু যুক্তিসঙ্গত ছিল এবং কতটুকু কৌশলগত ছিল সে বিষয়টি গভীরভাবে বিশ্লেষণ করে দেখা উচিত ছিল। অবশ্যই স্বাধীন পাকিস্তান রাষ্ট্রটি পূর্ব পাকিস্তানের জনগণই তৈরি করেছিল এবং তৈরি করতে অন্য সবার সাথে যথেষ্ট ত্যাগ স্বীকার করেছিল। ফলে পাকিস্তান রাষ্ট্রে পূর্ব পাকিস্তানের জনগণের একটি বড়সড় পাওনা ছিল। তা ছিল নেতৃত্ব দিয়ে নিজেদের তৈরি স্বাধীন দেশ পাকিস্তানকে গড়ে তোলা। কিন্তু ঐ বিশেষ পাওনাটির জন্য একটি যুক্তিসঙ্গত এবং কৌশলগত সময় পর্যন্ত অপেক্ষা করার মত ধৈর্য, বিবেচনা এবং প্রজ্ঞা এদেশের রাজনৈতিক নেতৃবৃন্দের কতটুকু ছিল তা অবশ্যই ভেবে দেখার বিষয়। এটা ঠিক যে, আমাদের দেশের জনগণ স্বাধীন পাকিস্তান তৈরি করেছিলেন চিরকাল পাকিস্তানের অংশ হিসেবে থাকার জন্য নয় তেমনি এটাও ঠিক যে, আমাদের যোগ্য রাজনৈতিক নেতৃত্বের অভাব এবং যথার্থ রাজনৈতিক প্রজ্ঞার অভাব এতো বেশি ছিল যে স্বাধীনতার জন্য পাকিস্তানের অংশ হওয়া ছাড়া আমাদের কাছে সে সময় অন্য কোন সহজ উপায় ছিল না।

এর আগে গত শতাব্দীর প্রথম দশকে ব্রিটিশ আমলেও পূর্ব পাকিস্তানের জন্য এই স্বায়ত্তশাসনের দাবীর ঘটনার মতই একটি ঘটনা ঘটেছিল। বঙ্গভঙ্গ নামক কোলকাতা থেকে ঢাকায় প্রশাসন বিকেন্দ্রীকরণের দাবীটি নিয়ে। কিন্তু বিভিন্ন কারণে কোলকাতা থেকে ঢাকায় প্রশাসন বিকেন্দ্রীকরণের ঐ দাবীটি এবং প্রক্রিয়াটি ব্যর্থ হয়েছিল। এ ব্যর্থতা সম্বন্ধে অনেকে অনেক কিছু বলে গেছেন। কিন্তু আমার আবিষ্কার হচ্ছে যে, যদিও হিন্দু বাঙ্গালী রাজনৈতিক নেতারা এবং বুদ্ধিজীবীরা বঙ্গভঙ্গ নামক ঐ বিকেন্দ্রীকরণের বিষয়টির তীব্র বিরোধিতা করেছিলেন বাঙ্গালী হিন্দুদের স্বার্থের বিরুদ্ধে যাবে এমন মনে করে, কিন্তু কোলকাতা থেকে ঢাকায় প্রশাসন বিকেন্দ্রীকরণ হওয়ার পর যদি তা বজায় থাকত তাহলে তা পরিচালনার ভার আসলে শিক্ষিত হিন্দু বাঙ্গালীদের হাতেই পড়তো। কারণ এদেশের বাঙ্গালী মুসলমানদের শিক্ষার হার এত কম ছিল যে তা দিয়ে সে সময় ঢাকার প্রশাসন এমনকী প্রশাসনের কোন ক্ষুদ্র অংশ পরিচালনা করা কোন মতেই সম্ভব ছিল না। এ বাস্তব অবস্থাটি বুঝতে পেরেই বাংলাদেশের আধুনিক রাজনীতির পিতা নবাব স্যার সলিমুল্লাহ বঙ্গভঙ্গ রদের দুঃখকে চাপা দিয়ে ঢাকা বিশ্ববিদ্যালয় সহ বিভিন্ন উচ্চ শিক্ষা প্রতিষ্ঠান প্রতিষ্ঠার পথে আপ্রাণ চেষ্টা শুরু করেছিলেন। হিন্দু রাজনৈতিক নেতা এবং বুদ্ধিজীবীদের প্রবল বাঁধা সত্ত্বেও। সে হিসেবে আসল অর্থে আমাদের কোন মতে যাত্রা শুরু হয়েছিল পাকিস্তান প্রতিষ্ঠার সময়ে এবং পরে। ১৯৪৭ সালে এবং এর পরবর্তী সময়কালে আমাদের রাজনৈতিক এবং প্রশাসনিক যোগ্যতা ছিল প্রায় প্রাথমিক স্তরের। সেখান থেকে পশ্চিম পাকিস্তানের সাথে থাকা কালে ১৯৭১ সালে আমাদের রাজনৈতিক এবং

প্রশাসনিক যোগ্যতা এসে দাড়ায় সবে বিশ্ববিদ্যালয় পড়ুয়া কিংবা বিশ্ববিদ্যালয় পাশ ছাত্রের অবস্থার মত। ফলে সর্বক্ষেত্রে দক্ষতা অর্জন করে স্বাধীন হয়ে বা স্বায়ত্তশাসন নিয়ে রাষ্ট্র পরিচালনার জন্য আরও একই রকম সময়ের দরকার ছিল। যদি এ ধারণার অন্যথা হত তাহলে ১৯৪০ সালে আমাদের থেকে লাহোর প্রস্তাব উত্থাপিত হতো না, ১৯৪৭ সালে খণ্ডিত বাংলা নিয়ে আমরা পাকিস্তানের অংশ হয়ে স্বাধীন হতাম না এবং ১৯৭১ সালে ভারতের দয়ায় তাঁবেদারি স্বাধীনতা পাওয়ার দরকার পড়তো না। দরকার পড়তো না দশকের পর দশক ধরে লড়াই-ঝগড়া করার এবং অযথা লক্ষ লক্ষ সাধারণ মানুষদের রক্তপাতের।

সবচেয়ে গুরুত্বপূর্ণ বিষয়টি হচ্ছে যে, ১৯৫৪ সালের যুক্তফ্রন্ট এবং ১৯৬৬ সালের আওয়ামী লীগের স্বায়ত্তশাসন দাবীর প্রতি এদেশের জনগণের কতটুকু সমর্থন ছিল তা কখনো পরিষ্কারভাবে নির্ধারিত হয়নি। তার কারণ ১৯৫৪ সালে যুক্তফ্রন্ট নির্বাচনে জিতেছিল ১৯৫২ সালের ভাষা আন্দোলন পরবর্তী ঘোলাটে পরিস্থিতির গণ জোয়ারে। আর ১৯৭০ সালে আওয়ামী লীগ নির্বাচনে জিতেছিল ১৯৬৯ সালের গণআন্দোলন পরবর্তী পরিস্থিতির কারণে এবং নির্বাচন কালীন সময়ে নির্বাচনী ইশতেহারের বাইরে বিপুল সংখ্যক দরিদ্র ভোটারদের একটি প্রলুব্ধ করা প্রতিশ্রুতি দিয়ে। সে সময় মাঠে ময়দানের ভাষণে দরিদ্র ভোটারদের কাছে আওয়ামী লীগের প্রলুব্ধ করা প্রতিশ্রুতিটি ছিল- নির্বাচনে জিতে ক্ষমতায় যেতে পারলে সারা বছর দেশের জনগণকে সর্বোচ্চ এক টাকা সের দরে চাল খাওয়ানো হবে। ফলে বিপুল সংখ্যক দরিদ্র, নিম্নবিত্তের এবং নিম্ন মধ্যবিত্তের ভোটাররা আওয়ামী লীগকে ভোট দিয়েছিল। কিন্তু বেশির ভাগ উচ্চবিত্ত এবং মধ্যবিত্ত ভোটাররা ভোট দিয়েছিল আওয়ামী লীগের বিপক্ষে। ঐ নির্বাচনে আওয়ামী লীগের বিপক্ষে প্রদান কৃত ভোটের সংখ্যা ছিল মোট ভোট-প্রদানকারীর ত্রিশ ভাগের কিছু বেশি। ফলে আওয়ামী লীগের প্রাপ্ত বাদবাকি সত্তর ভাগ ভোটের কত ভাগ স্বায়ত্তশাসনের জন্য দেওয়া হয়েছিল আর কত ভাগ এক টাকা সের দরে চালের আশায় দেওয়া হয়েছিল তা বিশেষ বিবেচনায় বিচার বিশ্লেষণ করা উচিত।

(আসলে চালের দাম এক টাকা সের বা সাধারণ মানুষদের নাগালের মধ্যে রাখার বিষয়টি আওয়ামী লীগ বা জননেতা শেখ মুজিবুর রহমান সাহেবের হাতে ছিল না। ছিল প্রেসিডেন্ট বঙ্গবন্ধু আইয়ুব খানের হাতে। ১৯৪৮ সালে পূর্ব পাকিস্তান সেনাবাহিনীর জিওসি থাকাকালে পূর্ব পাকিস্তানে মাত্র এক বছর অবস্থান করে তিনি এদেশের জনগণের প্রধান প্রধান সমস্যাগুলো খুব সফলভাবে অনুধাবন করেছিলেন। ফলে ১৯৫৮ সালে ক্ষমতায় আসার পর থেকে পূর্ব পাকিস্তানের সমস্যাগুলো সমাধানের জন্য সর্বদা সচেষ্ট ছিলেন। ১৯৫৮ সালে ক্ষমতা আসার দিন থেকে ১৯৬৯ সালে ক্ষমতা যাওয়ার দিন থেকে এমন একটি দিন ছিল না যে,

তিনি তার বক্তব্যে এবং কথায় পূর্ব পাকিস্তানের সমস্যাগুলো এবং সেগুলোর সমাধানের বিষয়টি হাইলাইট করেননি। সে সময়কার প্রতিটি সংবাদপত্রের প্রতিটি সংখ্যায় তার প্রমাণ আছে। কী করতে হবে তিনি বলেছিলেন এবং করে গিয়েছিলেন যতদূর সম্ভব যেভাবে সম্ভব। খাদ্য উৎপাদন বৃদ্ধিতে এবং কৃষিতে আধুনিক ব্যবস্থা প্রচলনে তার সর্বাত্মক প্রচেষ্টার জন্য তিনি বাংলাদেশের ইতিহাসে অমর হয়ে থাকবেন। এদেশে লবণাক্ততা সহিষ্ণু ধান চাষ, সেচ, সার, আলু ও গম চাষ ইত্যাদি প্রেসিডেন্ট আইয়ুব খানের অবদান। কিন্তু এজন্য এদেশে আওয়ামী লীগ সহ বিভিন্ন রাজনৈতিক দলগুলো প্রেসিডেন্ট আইয়ুব খানের তীব্র বিরোধিতায় নেমেছিল। বলা হয়েছিল যে, তিনি বাঙ্গালীর খাদ্য অভ্যাস এবং কৃষির বিরুদ্ধে ষড়যন্ত্র করে যাচ্ছেন। প্রেসিডেন্ট আইয়ুব খানের বিরুদ্ধে ঐ অভিযোগগুলো কতখানি অবাস্তব এবং অজ্ঞানতা প্রসূত ছিল তা সহজে বুঝা যায়।

যদিও বাংলাদেশের তুলনায় পশ্চিম পাকিস্তানে চালের দাম কিছু কম ছিল। ঐ দিকে নির্দেশ করেও বৈষম্যের কথাটি উঠিয়ে স্বায়ত্তশাসনের পক্ষে যুক্তি দেখানো হয়েছিল। কিন্তু সে সময় বাংলাদেশের রাজনৈতিক অঙ্গনে কেহ তখন চালের দামের হেরফেরের বিষয়টি বিশ্লেষণ করে দেখার দরকার মনে করেননি। কিন্তু প্রেসিডেন্ট আইয়ুব খান করেছিলেন। মৌসুমের সময় আজকের ধান-চাল ইত্যাদি সংগ্রহ করে মজুদ করার সরকারী প্রক্রিয়াটি তিনিই শুরু করেছিলেন। সে সময় ভারতের খাদ্য উৎপাদনে ঘাটতি ছিল এবং চালের দাম বাংলাদেশের চাইতে প্রায় দেড়গুণ বেশি থাকায় বাংলাদেশ থেকে সারা বছর ভারতে ধান-চালের চোরাচালান হতে থাকতো। এ কারণে বছরের বিভিন্ন সময় চাহিদা অনুপাতে বাজারে চালের সরবরাহ না থাকায় চালের দাম বেশি থাকতো। যা তখন বিপুল সংখ্যক দরিদ্র এবং নিম্ন ও মধ্য বিত্তদের জন্য কষ্টের কারণ হয়ে দাঁড়াত। এমনকী পশ্চিম পাকিস্তানে উৎপাদিত চাল পূর্ব পাকিস্তানে পাঠিয়েও মূল্য নিয়ন্ত্রণ করা সম্ভব হত না। কারণ পাকিস্তান থেকে আসা সরু চালের চাহিদা ভারতে আরও বেশি ছিল এবং চোরাচালানিদের দেশিয় চালের চাইতে আরও বেশি লাভ হত। ফলে প্রেসিডেন্ট আইয়ুব খান চোরাচালান বন্ধের জন্য ভারত-বাংলাদেশ সীমান্তে সারা বছর অভিযান চালানোর কাজে বিভিন্ন বাহিনীকে নিয়োগ করেছিলেন।

সে তুলনায় বাংলাদেশের স্বাধীনতার পর সরকার প্রধান হিসেবে জননেতা শেখ মুজিবুর রহমান সাহেবের আচরণ ছিল অবুঝ শিশুর মত। বাংলাদেশ থেকে চাল এবং বিদেশ থেকে আসা বিপুল পরিমাণ খাদ্য সাহায্য ভারতে বিনা বাঁধায় পাচার হত সম্পূর্ণ অরক্ষিত সীমান্ত দিয়ে অথচ তিনি কোন ব্যবস্থা নেননি। চোরাচালান

বন্ধের জন্য দেশের সেনাবাহিনীকে কাজে নিয়োগ করেননি। ফলে দেশের জনগণের এক টাকা সের চাল খাওয়ার দেখানো স্বপ্নটি চরম দুঃস্বপ্নে পরিণত হয়েছিল। চালের দাম এদেশে সর্বোচ্চ সের প্রতি দশ টাকা হয়ে গিয়েছিল। এমনকী কোন কোন সময় টাকা দিয়েও চাল পাওয়া যেত না। ফলে পরিণতি হয়েছিল ভয়াবহ। দুর্ভিক্ষ এবং অসংখ্য সাধারণ মানুষের মৃত্যু। স্বাধীনতার পর থেকে আওয়ামী লীগ দল এবং আওয়ামী লীগ সরকারের অনেক অবিবেচনাপ্রসুত সিদ্ধান্ত এবং কর্মকাণ্ডের শেষ পরিণতি ছিল- ১৯৭৫ সালের ১৫ই আগস্ট। অথচ জননেতা শেখ মুজিবুর রহমান সাহেবের মত রাজনীতিবিদের এমন করুণ পরিণতি এদেশের কেহ চাননি। পশ্চিম পাকিস্তানেরও কেহ চাননি। তবে একটি বিষয়ে জননেতা শেখ মুজিবুর রহমান সাহেবকে শেষ বিচারের দিন পর্যন্ত জবাবদিহি করতে হবে তাহলো- কেন তিনি স্বাধীনতার পর আওয়ামী লীগ নেতা গাজী গোলাম মোস্তফার মত একজন ক্রিমিনালকে রেডক্রসের চেয়ারম্যান বানিয়েছিলেন? কেন তিনি নিজে একদিনও না খেয়ে থাকেননি যখন দিনের পর দিন এদেশের ঘরে ঘরে শিশুরা থেকে শুরু করে বৃদ্ধরা দুর্ভিক্ষে না খেয়ে কষ্ট করেছিল?

পাকিস্তান প্রেসিডেন্ট বঙ্গবন্ধু আইয়ুব খানের কথা না হয় বাদ দিলাম। কিন্তু জননেতা শেখ মুজিবুর রহমান সাহেবের ১৯৭২ থেকে ১৯৭৫ সালের তুলনায় পূর্ব পাকিস্তানের গভর্নর জননেতা মোনেম খান সাহেবের ১৯৬২ সাল থেকে ১৯৬৯ সাল পর্যন্ত সময়টি ছিল এদেশের স্বর্ণযুগ। অথচ ১৯৬৯ সালে ক্ষমতা চলে যাওয়ার পর পাকিস্তান প্রেসিডেন্ট জেনারেল ইয়াহিয়া কর্তৃক রাজনীতিতে একঘরে এবং নিষ্ক্রিয় করে রাখা জননেতা মোনেম খান সাহেবকে ১৯৭১ সালে তারই বাসার সিঁড়িতে গুলি করে হত্যা করা হয় স্বাধীনতার বিরোধিতা করার অভিযোগে। কিন্তু জননেতা মোনেম খান সাহেব ক্ষমতায় থাকাকালে রাজনৈতিক কারণে স্বায়ত্তশাসনের বিরোধিতা করেছিলেন- স্বাধীনতার বিরোধিতা করেননি। ১৯৭১ সালে স্বাধীনতার পক্ষে বা বিপক্ষে তার কোন ভূমিকা ছিল না। স্বায়ত্তশাসন দাবীর বিরোধিতা করার সাথে বাংলার জননেতা গর্ভনর মোনেম খান সাহেবের সবচেয়ে সাহসী ভূমিকা ছিল ভারতের ফারাক্কা ব্যারাজ তৈরির অপচেষ্টার বিরুদ্ধে। স্বাধীনতার পর যদি জননেতা গর্ভনর মোনেম খান সাহেব বেচেঁ থাকতেন তাহলে রাষ্ট্র পরিচালনায় জননেতা শেখ মুজিবুর রহমান সাহেব তার অভিজ্ঞ এবং দূরদর্শী পরামর্শ নিতে পারতেন। তাহলে ১৯৭২ সাল থেকে ১৯৭৫ সাল পর্যন্ত এদেশের বড় বড় সর্বনাশগুলো হয়ত ঘটত না।) ১৬/১১/২০১৬

তিস্তার পানি নয়, এখন অন্য কিছু চাই

আমি ভারতে অনেকদিন ছিলাম। তাই আমার আলোচনায় ঘুরে ফিরে প্রায় ভারত প্রসঙ্গ চলে আসে। ভারত আমাদের বিশালতর প্রতিবেশী দেশ। ভারতের আংগুল হেলনে এদেশে সরকার আসে যায়। দেশনীতি, বিদেশনীতি এবং সামরিকনীতি কী রকম হবে তা নাকি ভারত এখন বিশেষ প্রক্রিয়ায় নির্ধারণ করে দেয়। আমি এসবের যত বিরোধিতা করি না কেন। খাদ্য সহ অনেক কিছুতে এদেশ এখন ভারতের উপর নির্ভরশীল। আমি চাই আর না চাই– তাতে কিছুই যায় আসে না। কৃষির উপর বিশাল বিশাল বাজেট, এদেশের কথিত কৃষি মহা-বিপ্লব এবং কথিত খাদ্য স্বয়ংসম্পূর্ণতা সবকিছু অর্থহীন যদি ভারত থেকে বিপুল পরিমাণ খাদ্যসহ কৃষিপণ্য প্রকাশ্যে এবং গোপনে বাংলাদেশে না আসে। অবশ্য বাংলাদেশও কম যায় না। বাংলাদেশ থেকেও প্রকাশ্যে এবং গোপনে সীমান্ত পার হয়ে ভারতে কিছু কিছু যায়। ঐসব কিছু কিছুর মধ্যে সবচেয়ে গুরুত্বপূর্ণ হল মানব পাচার। তবে ভারতীয়রা মুখে যাই বলুক, বাংলাদেশ থেকে অবৈধভাবে ভারতে থাকতে যাওয়া মানুষদের জন্য তারা কিন্তু তেমন অখুশি নয়। অবৈধভাবে ভারতে বসবাস করতে যাওয়া বাংলাদেশী বলতে মুসলমান বাঙ্গালীদের বুঝায়।

হিন্দু বাংলাদেশীদের জন্য ভারতের দুয়ার সব সময় খোলা। শুধু গিয়ে রেজিস্ট্রেশন করলেই হল। সময়মত নাগরিকত্ব হয়ে যায়। কয়েক মাস আগে ভারতের বিভিন্ন রাজ্যে যাদের পূর্ণাঙ্গ নাগরিকত্ব দেওয়া হয়েছে ঢাক ডোল পিটিয়ে তারা সবাই বাংলাদেশ থেকে যাওয়া হিন্দুরা। যারা সময়মত রেজিস্ট্রেশন করেছিল। আবার অনেক বাংলাদেশী হিন্দু ওখানে রেজিস্ট্রেশন করেন না। করার দরকার মনে করেন না। আগে থেকেই নাগরিকত্বের সবকিছু রেডি করে রাখেন। ঘর বাড়ী কিনে রাখেন। যাতে সময় মত এবং দরকার মত চলে গেলে যেন কোন অহেতুক ঝামেলা না হয়। সে হিসেবে এ চলে যাওয়াটি আন-অফিশিয়ালি ঠিক চলে যাওয়া বুঝায় না। বুঝায় ফিরে যাওয়া। কারণ অফিশিয়ালি মানে ওখানে থাকা কাগজপত্র অনুযায়ী বাংলাদেশ থেকে এসেছেন অনেক আগে। মানে একাত্তরের আগে। কিংবা সব সময় ওখানকারই বাসিন্দা। তা যেদিনই বাংলাদেশ থেকে ওখানে পাকাপাকিভাবে বসবাস করতে যান না কেন? এসব নিয়ে ওখানে কেউ ভাবে না। খুব স্বাভাবিক ব্যাপার। কেউ ঘাটায় না এবং ঝামেলা হয় না তেমন। তবে ঝামেলা যা হয় তা শুধু হয় বাংলাদেশ থেকে ওখানে যাওয়া অবৈধভাবে

বসবাসকারী মুসলমান বাংলাদেশীদের নিয়ে। ঝামেলা বলতে রাজনৈতিক দলগুলোর নেতা-কর্মীদের মধ্যে অবৈধ বাংলাদেশীদের কেন্দ্র করে বাকযুদ্ধ। ভোটের হিসেব-নিকেশ নিয়ে। এটুকুই। আইনগত তেমন কিছু হয় না। হলেও খুব সামান্য। তা জনসংখ্যা অনুপাতে গুণতির মধ্যে পড়ে না। আসলে সাধারণ ভারতীয়রা কিন্তু বেশিরভাগ ক্ষেত্রে আমাদের বাংলাদেশীদের চাইতে অনেক অনেক সভ্য এবং সহনশীল। বাংলাদেশীরা যেমন ভারত থেকে বাংলাদেশে বৈধভাবে বসবাস করতে আসা বিহারীদের জীবন-সম্পত্তির উপর দশকের পর দশক ধরে চরম অমানবিক অত্যাচার-আচরণ করে যাচ্ছে- সে রকম কিছু ভারতে প্রায় হয় না বললেই চলে। ওখানে অবৈধভাবে বসবাসকারী বাংলাদেশীদের উপর। দেশভাগের পর ভারত থেকে বাংলাদেশে বসবাস করতে আসা বিহারী মুসলিমরা ক্ষুদ্রশিল্পে এবং ক্ষুদ্র ব্যবসায় স্থানীয় বাঙ্গালীদের চাইতে তুলনামূলক বেশি দক্ষ ছিল। ফলে আয় রোজগার ভালো হওয়ার কারণে তারা প্রতিনিয়ত স্থানীয় বাঙ্গালিদের হিংসার অনলে ঝলসিত হয়েছিলেন এবং হয়ে যাচ্ছেন। অপরদিকে গত সাড়ে তিন দশকের বেশি সময় ধরে বাংলাদেশ থেকে ভারতে অবৈধভাবে বসবাস করতে যাওয়া মুসলমান বাঙ্গালীদের অনেকে খুব দরিদ্র, অদক্ষ এবং দিনমজুর গোছের। ফলে স্বাভাবিকভাবে স্থানীয় প্রভাবশালী এবং সাধারণ ভারতীয়দের কাছে তারা অর্থনৈতিকভাবে প্রতিপক্ষ নয়। বরং কাজে কর্মে সর্বদা সহযোগী। অল্প বেতনে এবং কম ঝামেলায়।

আসলে ভারতের ছোট বড় এমন কোন শহর নেই, এমন কোন ছোট বড় বস্তি নেই যেখানে এ ধরনের অবৈধভাবে বসবাসকারী বাংলাদেশীদের বসবাস নেই। তবে এদের মধ্যে কিছু সংখ্যক লোক সংখ্যায় কম হলেও অর্থনৈতিকভাবে তুলনামূলক ভালো অবস্থায় আছে যারা অন্য নিম্ন-মধ্যবিত্ত বা মধ্যবিত্ত ভারতীয়দের মত জীবন-যাপন করে, তারা বস্তি বাদে অন্যত্র বসবাস করে। তবে সব শ্রেণীর এসব অবৈধভাবে বসবাসকারী বাংলাদেশী মুসলমানরা যারা বাংলা ভাষা অধ্যাসিত রাজ্যগুলোর বাদে ভারতের অন্যান্য সব রাজ্যে বসবাস করে তাদের একটি মাত্র সমস্যা। তা হল বাস্তবিক কারণে আত্মরক্ষার জন্য বাংলা ভাষা এবং বাংলা সংস্কৃতি চর্চা করা থেকে বিরত থাকা। ভারতে অবৈধভাবে বসবাসকারী মুসলমান বাংলাদেশীদের বাংলাভাষা একদম না বলার প্রধান কারণ হচ্ছে নিজেদেরকে প্রাথমিকভাবে অন্যের কাছে সন্দেহমুক্ত রাখা। যদিও যে কোন বাংলাদেশীর কাছে এটি খুব কঠিন কাজ। তবে যেহেতু হিন্দি শুধুমাত্র ভারত রাষ্ট্রের একমাত্র রাষ্ট্রভাষা

এবং ভারতের প্রায় সর্বত্র ব্যাপকভাবে কথিত ভাষা সে অনুসারে সব সময় শুধুমাত্র হিন্দিতে কথা বলে তারা অন্যান্য ভারতীয় নাগরিকদের মত প্রাথমিক সুবিধাগুলোর পেয়ে থেকে।

তবে বাংলাদেশীদের নিয়ে ভারতে কিছু কিছু বিচ্ছিন্ন মারাত্মক ঘটনা যে ঘটে না তা নয়। কয়েক বছর আগে বিহারে এবং উত্তর প্রদেশে কয়েকটি বাড়ির চারপাশে মাটির নিচে পুঁতে রাখা অসংখ্য মানুষের কঙ্কাল আবিষ্কার হয়। অঙ্গ-প্রত্যঙ্গ ব্যবসায়ীরা ঐসব হতভাগ্য মানুষদের অঙ্গ-প্রত্যঙ্গ কেটে রেখে তারপর মাটি চাপা দিয়ে রাখত। এ নিয়ে ভারত জুড়ে ব্যাপক বিতর্কের ঝড় উঠেছিল। কিন্তু তারপর সব বিতর্ক আলোচনা হঠাৎ করে থেমে যায়। ওখানকার সবাই জেনে যায় কিংবা অনুমান করে নেয় ঐসব হতভাগ্যদের আসল পরিচয়। আমি ভারত বিশেষজ্ঞ, তাই ঐ থেমে যাওয়ার কারণ বুঝতে আমার কষ্ট হয়নি ঢাকায় বসে। তবে কষ্ট হয়েছিল ঐসব হতভাগ্য দরিদ্র দেশবাসীর জন্য যারা দুদেশের কিছু পশুতুল্য মানুষদের চরম নির্মমতার শিকারে পরিণত হয়ে প্রাণ হারিয়েছেন। এছাড়া আর কী করার আছে আমার পক্ষে। বাংলাদেশ থেকে ভারতে নারী-শিশু সহ অসংখ্য মানুষ পাচার হয় সীমান্ত দিয়ে অথচ সীমান্তে সীমান্ত রক্ষী আছে। সীমান্ত এলাকায় পুলিশ আছে। আছে দেশের সমস্ত গোয়েন্দা সংস্থার লোকেরা।

তবে ভারতে বাংলাদেশের সবচেয়ে বড় লজ্জা হচ্ছে বাংলাদেশের কিছু অসহায় মেয়েরা। যারা পাচার হয়ে কিংবা বৈধভাবে ঐদেশে গিয়ে স্বেচ্ছায় কিংবা অনিচ্ছায় জোরপূর্বক বাধ্য হয়ে যৌন পেশায় নিয়োজিত আছেন। ১৯৯৩/১৯৯৪ সালে আমার পরিচিত কিছু ভারতীয় সমাজসেবী বন্ধুদের মতে এদের সংখ্যা ছিল অসংখ্য। ভারতের জম্মু থেকে কন্যাকুমারী পর্যন্ত যতগুলো পতিতালয় আছে তার প্রায় সবগুলোতে এরা আছেন কম বেশি। মুসলিম বলে হিন্দু খদ্দেরদের কাছে তাদের যেমন চাহিদা আছে তেমনি নাকি অবৈধ বাংলাদেশী হিসাবে আছে ভারতীয় বেশ্যালয়ের দালাল-মালিকদের কাছে। যৌন শ্রমের বিনিময়ে অল্প রুপিতে সন্তুষ্ট থাকেন বলে। অনুমান করছি, বর্তমানে ভারত জুড়ে এদের সংখ্যা কয়েকগুণ বেড়েছে।

ফলে এটি অস্বীকার করার কোন উপায় নেই যে, বিপুল সংখ্যক মুসলমান বাংলাদেশীরা বর্তমানে ভারতে অবৈধভাবে বসবাস করে যাচ্ছেন দীর্ঘদিন ধরে। ১৯৯৯/২০০০ সালে ভারতের তৎকালীন প্রধানমন্ত্রী বাজপেয়ী বাংলাদেশের তৎকালীন প্রধানমন্ত্রী হাসিনাকে বলেছিলেন এদেরকে বাংলাদেশে ফেরত নেওয়ার

জন্য। কিন্তু প্রধানমন্ত্রী হাসিনা তখন করজোর করে ভারতের সাহায্য চেয়েছিলেন।
যাতে এসব অতি দরিদ্র মানুষদের যেন অতি দরিদ্র দেশে ঠেলে দেওয়া না হয়।
কিন্তু এখন হাসিনা আবারও বাংলাদেশের ক্ষমতায় এবং বাংলাদেশ লাফিয়ে
লাফিয়ে ইউরোপ-আমেরিকার মত উন্নত দেশের মর্যাদা পেতে যাচ্ছে। তাহলে এ
অবস্থায় এদের নিজ দেশ বাংলাদেশে ফেরত নিয়ে আসতে অসুবিধা কোথায়?
যদিও বর্তমানে ভারতে এদের বৈধভাবে বসবাস করার ব্যবস্থা করা ছাড়া অন্য যে
কোন এ্যাকশান অথবা ইনএ্যাকশান একটি বড় ধরনের মানবিক বিপর্যয়ের সৃষ্টি
করবে। তবে ভারতে বৈধভাবে বসবাসের ব্যবস্থা করার জন্য সর্বাগ্রে যে বিষয়টির
উপর জোর দেওয়া উচিত তা হচ্ছে ভারতে এদের চিহ্নিত করণ এবং এদের
সংখ্যা নির্ধারণ করা। এ বিষয়ে বাংলাদেশ-ভারত সরকারগুলির উচিত অবিলম্বে
যৌথভাবে কাজ শুরু করা।
এখানে একটি কথা মনে রাখতে হবে যে, ভারতের সর্বত্র আশেপাশে কেউ না কেউ
আছেন যারা জেনেশুনে এবং মানবিক কারণে এসব অবৈধভাবে বসবাসকারী
বাংলাদেশী নাগরিকদেরকে রেশন কার্ড সহ অন্যান্য নাগরিকত্বের সনদপত্র যোগাড়
করে দেন। এ ধরনের যোগাড় করা সনদপত্রগুলোর তাদের অন্যান্য ভারতীয়
নাগরিকদের মত বিভিন্ন নাগরিক সুবিধা পাওয়ার ক্ষেত্রে এক প্রকার যথেষ্ট সাপোর্ট
দিয়ে থাকে। কিন্তু ভারতীয় সুপ্রিম কোর্টের যুক্তিসঙ্গত রুল অনুযায়ী কারো কাছে
রেশন কার্ড, পাসপোর্ট এবং অন্যান্য নাগরিকত্ব প্রমাণের সনদ বা দলিল পত্র
থাকলেই তার ভারতীয় নাগরিকত্ব সন্দেহাতীতভাবে প্রমাণিত হয় না।
সন্দেহাতীতভাবে নাগরিকত্ব প্রমাণের জন্য জন্মসূত্রে বা অন্যান্য সূত্রে নাগরিক
হওয়ার হিস্ট্রি অফ টার্মস "ছানবিন" করা জরুরী হয়। এ "ছানবিনের" সূক্ষ্ম
চালুনিতে গত প্রায় চার দশক ধরে ভারতে অবৈধভাবে বসবাস করতে যাওয়া
বাংলাদেশী মুসলমানদের নাগরিকত্ব স্ট্যান্ড করার কোন ধরনের সুযোগ নেই।
এ কারণে যারা দুর্ভাগ্যবশত গ্রেফতার হয়ে আইনের আওতায় চলে আসে
তাদেরকে বাংলাদেশে পুশবেকের মত একটি চরম অমানবিক অবস্থার সম্মুখীন
হতে হয়। যদিও প্রতিটি পুশবেকের ক্ষেত্রে পশ্চিমবঙ্গ এবং বাংলাদেশ সরকারের
পক্ষ থেকে তীব্র প্রতিবাদ জানানো হয়। এ বলে যে, ভারতীয় মুসলিম নাগরিকদের
শুধুমাত্র ধর্মীয় কারণে মিথ্যা মামলা দিয়ে আদালতের মাধ্যমে ভারত থেকে বের
করে দেওয়া হচ্ছে। কিন্তু এ কথা মনে না করলে চলবে না যে, কোন বাংলাদেশী
নাগরিকদের যারা ভারতে অবৈধভাবে বসবাস করেন তাদেরকে অবৈধভাবে বিভিন্ন

ডকুমেন্ট বা সনদ পত্র যোগাড় করে দিয়ে ভারতীয় নাগরিক করার কোন উপায় নেই। তেমনি কোন বৈধ ভারতীয় নাগরিককে অবৈধভাবে এবং মিথ্যেভাবে আদালতে মাধ্যমে বাংলাদেশী বানিয়ে বাংলাদেশে পুশবেক করার কোন সুযোগ ভারত রাষ্ট্রে নেই, আমার জানা মতে। ধর্ম-বর্ণ নির্বিশেষে কোন ভারতীয় নাগরিককে অবৈধভাবে বা মিথ্যেভাবে আদালতের মাধ্যমে অভারতীয় নাগরিক হিসাবে ঘোষণা করার কোন সুযোগ ভারতীয় রাষ্ট্র কাঠামোর মধ্যে সত্যিই কোথাও নেই। একমাত্র বিবাহসূত্র বাদে অন্য কোনভাবে কোন বাংলাদেশী মুসলমান নাগরিক যিনি অন্তত ১৯৭২ সালের পর থেকে ভারতে অবৈধভাবে অবস্থান করছেন তিনি আইনগতভাবে ভারতের নাগরিক নন। তা তিনি যেভাবে ভারতে প্রবেশ করেন না কেন। যত ধরনের ডকুমেন্ট যোগাড় করে থাকেন না কেন। যদি না ভারত সরকার ইউরোপ-অ্যামেরিকার দেশগুলোর মত মানবিক কারণে ঢালাওভাবে ঐসব অবৈধভাবে বসবাসকারী বাংলাদেশী সব্বাইকে নাগরিকত্ব প্রদান করেন।

যদি বাংলাদেশ সরকার ভারতে দীর্ঘদিন ধরে অবৈধভাবে বসবাসকারী বাংলাদেশীদের বৈধ নাগরিকত্ব দেওয়ার জন্য ভারত সরকারকে রাজি করাতে পারেন তাহলে এ বিপুল সংখ্যক লোকজন তাদের পরিবার পরিজন নিয়ে আবার নিজেদের মাতৃভাষা বাংলায় নির্ভয়ে কথা বলতে পারবেন। আর এ কাজটিই হবে বাঙ্গালীর হাজার বছরের ইতিহাসের সবচেয়ে মহত্বপূর্ন এবং গুরুত্বপূর্ণ কাজ। যা কয়েকশত ২১শে ফেব্রুয়ারির ভাষা আন্দোলনের চাইতেও অনেক বেশি। কারণ বাংলা ভাষাভাষী বাঙ্গালীদের জাতীয় জীবনের বা ভাষা জীবনের হাজার হাজার বছর ইতিহাসে এমন দুঃসহ যন্ত্রণাকর অবস্থা আর কখনও আসেনি। বাঙ্গালীরা তাদের নিজেদের ভাষা বাংলা ভাষায় কথা বলতে পারবে না এমন কোন বাধা কেউ অতীতে কখনও দেয়নি। অতীতে কখনও এমন কোন পরিস্থিতির সৃষ্টিও হয়নি।

ফলে বর্তমানে স্বাভাবিকভাবে এটি আশা করা যায় যে, যদি ভারতে এসব বিপুল সংখ্যক অবৈধভাবে বসবাসকারী বাংলাদেশীদের আইনগতভাবে বৈধ ভারতীয় নাগরিক করা যায় তাহলে পাকিস্তানেও অবৈধভাবে বসবাসকারী বিপুল সংখ্যক বাংলাদেশীদের বৈধ পাকিস্তানী নাগরিক করার ব্যবস্থা করা যাবে সহজে। কারণ দুদেশে বিষয়টি প্রায় এক রকম। জুলাই ২০১৫।

জয় বাংলা, বঙ্গবন্ধু, বাঙ্গালী, জাতীয় সংগীত এবং পাকিস্তান প্রসঙ্গে

আগে "জয় বাংলা" এবং "জয় বঙ্গবন্ধু" শ্লোগানে গলা ফাটালেও এখন আমি তা করি না। কারণ দীর্ঘদিন ভারতে অবস্থান করে আমি দেখেছিলাম যে, ওখানে রাজনৈতিক অঙ্গনে "জয়" শব্দটি কেউ ব্যবহার করেন না। ব্যবহার করেন "জিন্দাবাদ" শব্দটি। "জয়" শব্দটি ব্যবহার হয় ধর্মীয় ক্ষেত্রে। জয় দুর্গা, জয় কালী, জয় কৃষ্ণ ও জয় রাম ইত্যাদি ইত্যাদি ভাবে। ফলে "জয়" শব্দটি হচ্ছে ধর্মীয় বা সাম্প্রদায়িক শব্দ। কিন্তু "জিন্দাবাদ" শব্দটি হচ্ছে পুরোপুরি সর্বসাম্প্রদায়িক রাজনৈতিক শব্দ। তাছাড়া "জয় বাংলা" শব্দটির ব্যবহার শুরু হয়েছিল বৃটিশ আমলে বঙ্গভঙ্গ বিরোধী আন্দোলনকালীন সময়ে হিন্দু সাম্প্রদায়িক এবং সামন্তবাদী স্বার্থে। কোলকাতা থেকে ঢাকায় প্রশাসন বিকেন্দ্রীকরণের জন্য পূর্ববঙ্গের মুসলমানদের যুক্তিসঙ্গত দাবীর বিরুদ্ধে। আসলে তখনকার বৃটিশ বাংলায় এদেশের শিক্ষিত হিন্দু বাঙ্গালীরা এদেশের সংখ্যাগরিষ্ঠ বাঙ্গালী মুসলমানদের বাঙ্গালী পরিচয়ে স্বীকৃতি দিত না। তারা বাংলা ও বাঙ্গালী ইত্যাদি বিষয়গুলোকে হিন্দুদের নিজস্ব বিষয় বলে মনে করতো। কাজেই গত শতাব্দীর প্রথম দিকে ঢাকায় প্রশাসন বিকেন্দ্রীকরণের জন্য বাঙ্গালী মুসলমানদের দাবীটি ছিল তাদের কাছে বাংলা তথা বাঙ্গালী হিন্দুদের স্বার্থের বিরুদ্ধে একটি ষড়যন্ত্র। ফলে তারা "জয় বাংলা" শ্লোগানটিকে ব্যবহার করেছিল বাঙ্গালী মুসলমানদের দাবীর বিরুদ্ধে বাঙ্গালী হিন্দুদের ঐক্যবদ্ধ করার জন্য।

একই সাথে আমি বাংলাদেশের জননেতা শেখ মুজিবুর রহমান সাহেবকে "বঙ্গবন্ধু" বলতে একদম অনিচ্ছুক। আমার মতে একজন বঙ্গবাসী কখনও বঙ্গবন্ধু হতে পারেন না। কারণ বঙ্গের যিনি বন্ধু তিনিই বঙ্গবন্ধু। বঙ্গের বন্ধু তিনিই হতে পারেন যিনি বঙ্গবাসী নন। কিন্তু একজন বঙ্গবাসী সর্বদা বঙ্গবাসীই থাকেন। আর এটিই হচ্ছে একজন বঙ্গবাসীর সবচেয়ে বড় পরিচয়। এ অর্থে জননেতা শেখ মুজিবুর রহমান সাহেবকে "জাতির পিতা" বা "রাষ্ট্র পিতা" ইত্যাদি বলতে হলে তাকে দেওয়া উপাধি "বঙ্গবন্ধু" বাদ দেওয়াই যুক্তিসঙ্গত। কারণ কোন "বঙ্গবন্ধু" আমাদের বাংলা বা বঙ্গের বা বাংলাদেশের জাতির পিতা হতে পারেন না। আমরা তা হতে দিতে পারি না। তবে আমি মনে করি যে, বাংলার জননেতা শেখ মুজিবুর রহমান সাহেবকে "বঙ্গবন্ধু" উপাধি না দিয়ে যদি "বঙ্গনেতা" উপাধি দেওয়া হত তাহলে তা প্রাসঙ্গিক এবং যুক্তিসঙ্গত হত।

আসলে জননেতা শেখ মুজিবুর রহমান সাহেবকে "বঙ্গনেতা" উপাধি না দিয়ে "বঙ্গবন্ধু" উপাধি দেওয়ায় কারণে এবং স্বাধীন দেশের নাম "বাংলা" বা "বঙ্গ" নামের বদলে "বাংলাদেশ" নামকরণ করার কারণে বাংলার সংখ্যাগরিষ্ঠ অধিবাসী "বাঙ্গালী মুসলমানরা" তাদের আসল জাতীয় পরিচয় "বাঙ্গালী" হিসেবে পরিচিত

হতে পারেনি কিংবা "বাঙ্গালী" পরিচয় দেওয়ার অধিকার থেকে তারা বঞ্চিত হয়েছে। অথচ বাঙ্গালী মুসলমান জনসংখ্যার প্রায় ৯৫% ছিলেন সমগ্র অভিন্ন বাংলার আসল স্থায়ী অধিবাসী যারা ধর্মান্তরিত হয়ে মুসলমান হয়েছিলেন। সে সাথে মুসলমান হয়ে যাওয়ার পরেও তারা কখনও তাদের মাতৃভাষা বাংলা পরিত্যাগ করেননি। কাজেই বাঙ্গালী-অবাঙ্গালী মুসলমান নেতৃত্বের সাথে রাজনৈতিক এবং অর্থনৈতিক মত পার্থক্যের কারণে এ বাংলার সংখ্যাগরিষ্ঠ অধিবাসী বাঙ্গালী মুসলমানদেরকে বাঙ্গালী হিসেবে গুরুত্ব না দেওয়ার বিষয়টি ছিল তৎকালীন কোলকাতা কেন্দ্রিক শিক্ষিত রাজনৈতিক এবং বুদ্ধিজীবী হিন্দু বাঙ্গালীদের একটি রাজনৈতিক এবং ইন্টেলেকচুয়াল ভূল। এ ভুলের কারণেই সবচেয়ে বেশি ক্ষতিগ্রস্থ হয়েছে বাংলা ভূ-খণ্ড এবং বাঙ্গালী জাতি। বস্তুতঃ ১৯৭১ সালে এবং পরে "বঙ্গবন্ধু", "জয় বাংলা" এবং "বাংলাদেশ" ইত্যাদি শব্দগুলোর মাধ্যমে অনিচ্ছাকৃতভাবে এবং অতিউৎসয়ী হয়ে "বাংলা" এবং "বাঙ্গালী" ইত্যাদি বিষয়ে শিক্ষিত হিন্দু বাঙ্গালী বুদ্ধিজীবী এবং রাজনীতিবিদদের চিন্তাধারাকে প্রতিষ্টিত করা হয়েছে বা স্বীকৃতি দেওয়া হয়েছে। আর এ বিষয়টি হছে ঢাকা কেন্দ্রিক বাঙ্গালী মুসলমান নেতৃত্বের একটি বড় মাপের রাজনৈতিক এবং ইন্টেলেকচুয়াল ভূল। এ ভূলের কারণে আমরা বাংলা ভাষাভাষীরা এ স্বাধীন দেশের অধিবাসীদের ৯৯% ভাগ হয়েও নিজেদেরকে এ বিশ্বের কোথাও বাঙ্গালী হিসেবে পরিচয় দিতে পারছি না।

তবে এ প্রসঙ্গে কেহ কেহ প্রশ্ন উঠাতে পারেন যে, এদেশের যারা বাংলা ভাষাভাষী এবং বাংলাদেশের নাগরিক তারা যদি "বাঙ্গালী" হিসেবে নিজেদের জাতীয়তার পরিচয় দেয় তাহলে যারা এদেশের নাগরিক কিন্তু বাঙ্গালী নয় তাদের জাতীয় পরিচয় কী হবে? তারাও কী বাঙ্গালী হিসেবে নিজেদের পরিচয় দিবে? শুনেছিলাম, এ প্রসঙ্গ উঠায় জননেতা শেখ মুজিবুর রহমান সাহেব খুব সম্ভবত রসিকতা করে জনৈক চাকমা নেতাকে বলেছিলেন যে, তোমারা চাকমারা বাঙ্গালী হয়ে যাও।

বাস্তবে একজন চাকমা যদি হিন্দু বা বৌদ্ধ হয়ে থাকেন তবে তিনি ইচ্ছা করলেই এক মুহূর্তে মুসলমান হয়ে যেতে পারেন কিন্তু চাইলেই বাঙ্গালী হয়ে যেতে পারেন না। একথাটি যেমন বাংলাদেশের বেলায় প্রযোজ্য তেমনি পৃথিবীর অন্যান্য দেশের বেলায়ও প্রযোজ্য হওয়া উচিত। সেক্ষেত্রে, ভাষাই যেহেতু জাতিসত্তা নির্ধারণের প্রধান নিয়ামক তাই একই রাষ্ট্র কাঠামোর মধ্যে একই অধিকার বজায় রেখে বিভিন্ন ভাষাভাষীদের নিজ নিজ জাতীয় পরিচয় দিতে অধিকার দেওয়াই হচ্ছে বুদ্ধিমান রাজনৈতিক নেতৃত্বের পরিচায়ক। অর্থাৎ স্বাধীন বাংলাদেশের নাগরিক বাঙ্গালী, বিহারী, চাকমা, গারো, সাঁওতাল ও অন্যান্য ভাষাভাষীরা তারা যত বড় বা যত ক্ষুদ্র জাতিগোষ্টি হোন না কেন দেশের নাম বাংলাদেশ বলা বা লিখার সাথে সাথে নিজ নিজ ভাষাকেন্দ্রিক জাতীয় নাম পরিচয় লিখতে বা বলতে পারবেন।

অর্থাৎ বাংলাদেশের বাঙ্গালী, বিহারী, চাকমা, গারো, সাঁওতাল ও অন্যান্য ভাষাভাষীরা দেশের নাম বাংলাদেশ বলার বা লিখার সাথে সাথে নিজ নিজ জাতীয়তার নাম বাঙ্গালী, বিহারী, চাকমা, গারো, সাঁওতাল ইত্যাদি বলতে বা লিখতে পারবেন। একইভাবে কোন বাঙ্গালী যদি অন্য কোন রাষ্ট্রের নাগরিক হয়ে যান তবে তাকে তার জাতীয় পরিচয়ের ক্ষেত্রে "বাঙ্গালী" বলতে হবে বা বলা এবং লিখার ক্ষেত্রে সব ধরণের আইনগত চেষ্টা চালাতে হবে। এভাবেই আমরা নিজ দেশে এবং বিশ্বে প্রচলিত রাষ্ট্র ব্যবস্থায় এক যুগান্তকারী পরিবর্তন আনতে পারবো বলে মনে করি। এ প্রসঙ্গে একটি কথা বলা প্রাসঙ্গিক মনে করছি তা হল বাংলাদেশি, ভারতীয়, পাকিস্তানী, অ্যামেরিকান, ডয়েচল্যান্ডার বা ডয়েচল্যান্ডারিন ইত্যাদিকে জাতীয়তা হিসেবে ব্যবহার করা বিষয়টি "রাষ্ট্র বিজ্ঞান" বিষয়ে মূর্খতা ছাড়া অন্য কিছু নয়।

আবার, বাংলাদেশের জাতীয় সঙ্গীত নির্ধারণের বিষয়ে যদি এমন কোন শর্ত আরোপ করা হয়ে থাকে যে, কোন হিন্দু বাঙ্গালী মনিষীর লিখা গানকে বাংলাদেশের জাতীয় সঙ্গীত হিসেবে স্বীকৃতি দিতে হবে। তাহলে আমার মনে হয়- কবি রবীন্দ্রনাথ ঠাকুরের লিখা এবং গাওয়া গান "আমার সোনার বাংলা" গানের বদলে জনাব ডি এল রায়ের লিখা "ধন ধান্যে পুষ্পে ভরা" গানটিকে স্বাধীন বাংলাদেশের জাতীয় সঙ্গীত হিসেবে স্বীকৃতি দেওয়া উচিত। কারণ, কবি রবীন্দ্রনাথ ঠাকুর "আমার সোনার বাংলা" গানটি লিখেছিলেন বঙ্গভঙ্গ বিরোধী আন্দোলন-কালীন সময়ে কোলকাতা কেন্দ্রিক বৃহত্তর বাংলার হিন্দু সাম্প্রদায়িক-সামন্তবাদী রাজনৈতিক ও অর্থনৈতিক স্বার্থে। বাঙ্গালী মুসলমানদের দাবীর বিরুদ্ধে বাঙ্গালী হিন্দুদের উজ্জীবিত ও ঐক্যবদ্ধ করার জন্য। অন্যদিকে জনাব ডি এল রায় তার "ধন ধান্যে পুষ্পে ভরা" গানটি লিখেছিলেন ঢাকা কেন্দ্রিক অভিন্ন বাংলার সর্ব-সাম্প্রদায়িক রাজনৈতিক ও অর্থনৈতিক স্বার্থে।

অন্যদিকে "জননেতা শেখ মুজিবুর রহমান সাহেব তার সাতই মার্চের ভাষণের শেষে পাকিস্তান জিন্দাবাদ বলেছিলেন" বীর মুক্তিযোদ্ধা এ কে খন্দকার সাহেবের একথাটি আমি সমর্থন করি। কারণ জননেতা শেখ মুজিবুর রহমান সাহেব তার রাজনৈতিক জীবন শুরু করেছিলেন পাকিস্তান প্রতিষ্ঠার সেই মহান আন্দোলনে সক্রিয় অংশগ্রহণ করে। তাছাড়া স্বাধীন পাকিস্তান দেশটি বর্তমান পাকিস্তানের অধিবাসীরা প্রতিষ্ঠা করেননি। পাকিস্তান প্রতিষ্ঠা করেছিলেন বাংলাদেশের মানুষেরা তাদের বিশেষ প্রয়োজনে। বিশেষ করে এদেশে দীর্ঘদিন ধরে চলমান থাকা হিন্দু সাম্প্রদায়িক আচরণ ও সামন্ততান্ত্রিক দাসত্ব, নির্যাতন এবং চরম বৈষম্য থেকে মুক্তির জন্য। যদি বাংলাদেশের মানুষেরা পাকিস্তান প্রতিষ্ঠার সর্বাত্মক সমর্থন না দিতেন তাহলে ১৯৪৭ সালে পাকিস্তান প্রতিষ্ঠিত হত না। বস্তুত কায়েদে আযম জিন্নাহ সাহেব একমাত্র বাঙ্গালী মুসলমানদের অনমনীয় সমর্থনের উপর ভিত্তি করে পাকিস্তান রাষ্ট্রটি প্রতিষ্ঠা

করেছিলেন। এজন্য পাকিস্তান প্রতিষ্টার আন্দোলন, জিন্নাহ সাহেব এবং তার নেতৃত্ব সবই হচ্ছে বাংলাদেশের ইতিহাসের অবিচ্ছেদ্য অংশ এবং একটি গৌরবময় সংগ্রামী রাজনৈতিক অধ্যায়। সে সাথে পাকিস্তান রাষ্ট্র প্রতিষ্ঠাই হচ্ছে এদেশের মানুষদের প্রথম এবং অন্যতম সর্বশ্রেষ্ঠ রাজনৈতিক অর্জন। আজকের স্বাধীন বাংলাদেশ যদি বাঙ্গালীদের সবচেয়ে বড় অর্জন হয়ে থাকে তাহলে তা সম্ভব হয়েছিল পাকিস্তান প্রতিষ্ঠার মাধ্যমে। এজন্য পাকিস্তানকে অস্বীকার করা মানে এদেশের সাধারণ মানুষদের প্রথম সফল রাজনৈতিক ইতিহাসকে অস্বীকার করা। জিন্নাহ সাহেবকে অসম্মান করা মানে বাংলাদেশের জনগণকে এবং এদেশের রাজনৈতিক নেতৃবৃন্দকে অসম্মান করা। জননেতা শেখ মুজিবুর রহমান সাহেবের মত উদার মনোভাবাপন্ন রাজনৈতিক নেতা কোনদিন এদেশের মানুষদের রাজনৈতিক ইতিহাস এবং অর্জনকে অস্বীকার করেননি। একারণেই এদেশের যেসব স্থান এবং প্রতিষ্টানগুলোর নাম পাকিস্তান এবং জিন্নাহ সাহেবের নামে নাম রাখা হয়েছিল সেগুলো বাংলাদেশ স্বাধীন হওয়ার পরে নাম পরিবর্তন করার বিষয়টি জননেতা শেখ মুজিবুর রহমান সাহেব কোনদিন সায় দেননি। বরং এসব কর্মকাণ্ডগুলো ছিল এদেশে কিছু সংকীর্ণমনা চোর-চাটুকারদের ঘৃনিত এবং বিবেকহীন অরাজনৈতিক অপকর্ম।

তবে একাত্তর সালে বাংলাদেশে যে হারে গণহত্যা এবং নির্যাতন হয়েছিল তার জন্য পাকিস্তান রাষ্ট্র এবং তার জনগণ দায়ী ছিল না। দায়ী ছিল পাকিস্তানের কিছু ক্ষমতালোভী রাজনীতিবিদ এবং কিছু সামরিক কর্মকর্তারা। এজন্য শুধু ১৯৫ জনের বিচার নয় ইয়াহিয়া-ভুট্টো-টিক্কা সহ ১৯৮জনের বিচার হওয়া উচিত। বর্তমানে যারা বেঁচে আছে তাদের সরাসরি বিচার এবং যারা বেঁচে নেই তাদের মরণোত্তর বিচার হওয়া উচিত। কিন্তু বর্তমান পাকিস্তান ও তার জনগণের সাথে বৈরি সম্পর্ক তৈরি করে আমরা কোনদিন ঐ ১৯৮ জন যুদ্ধাপরাধীর বিচার করতে পারবো না। ১৯৮ জন যুদ্ধাপরাধীর সত্যিকারের বিচার করতে হলে পাকিস্তান এবং তার জনগণের সাথে আমাদের সরাসরি সু-সম্পর্ক তৈরি করতে হবে। যেভাবে অন্যান্য দেশ এবং তাদের জনগণের সাথে আমাদের সু-সম্পর্ক আছে।

অনেকে দাবী করেন যে, পাকিস্তানের সাথে আমাদের পাওনা এবং সম্পদ ভাগাভাগির বিষয় আছে। কিন্তু আমি তা মনে করি না। আমি মনে করি যে, পাকিস্তানের কাছে আমাদের পাওনা আছে ১৯৭১ সালে যারা শহীদ হয়েছিলেন এবং যারা নির্যাতিত হয়েছিলেন তাদের জন্য ক্ষতিপূরণ। তবে স্বাধীনতার পর থেকে আজতক যারা বিভিন্নভাবে সুবিধা ভোগ করে যাচ্ছেন তারা কিন্তু শহীদ এবং নির্যাতিতাদের জন্য রাষ্ট্র থেকে ক্ষতিপূরণ দেওয়া এবং পাকিস্তান থেকে ক্ষতিপূরণ আদায়ের ব্যবস্থা করেননি। এর প্রধান কারণ হচ্ছে যারা শহীদ এবং নির্যাতিত হয়েছিল তাদের শতকরা ৯৯ ভাগ ছিল সাধারণ মানুষ।

যেহেতু স্বাধীনতার পর থেকে আজ পর্যন্ত এদেশে কাঙ্ক্ষিত গণতন্ত্র প্রতিষ্ঠিত হয়নি সেজন্য এদেশের সাধারণ মানুষদের অন্যান্য অধিকারগুলোর মত ১৯৭১ সালের শহীদ এবং নির্যাতিতাদের অধিকার অবহেলিত এবং পদদলিত হয়ে আসছে। যদিও ১৯৭১ সালের পর এদেশে ক্ষমতাসীনদের কাছ থেকে কিছু সংখ্যক শহীদ পরিবারগুলো পরিত্যক্ত বাড়ি এবং অন্যান্য বিভিন্ন সুবিধা আদায় করে নিয়েছিল। কিন্তু এসব কথিত শহীদ পরিবাররা নিজেদের পাওনা নিয়ে ব্যস্ত ও সন্তুষ্ট থাকছে অথচ এদেশের বেশিরভাগ শহীদ পরিবারদের এবং নির্যাতিতাদের পাওনা সম্পর্কে এরা স্বার্থপরের মত আচরণ করে যাচ্ছে। আর অনেক কিছু পেয়ে যাওয়া এসব কথিত শহীদ পরিবারদের লম্ফঝম্ফে সবসময় চাপা পড়ে থাকে অসংখ্য সাধারণ শহীদ পরিবারদের ক্ষতিপূরণ পাওয়ার বিষয়টি।

তবে পাকিস্তান থেকে ঐসব শহীদ এবং নির্যাতিতাদের জন্য ক্ষতিপূরণ আদায়ের করতে যাওয়ার আগে যে বিষয়টি করা আজ প্রথম প্রয়োজন তাহল, যতদূর সম্ভব শহীদ এবং নির্যাতিতাদের একটি তালিকা তৈরি করা। স্বাধীনতার ৪৫ বছর পার হয়ে গেলেও এখনো সম্ভব ঐ তালিকা তৈরি করা। তবে যেভাবে বেশির ভাগ ভুয়া মুক্তিযোদ্ধা সহ মুক্তিযোদ্ধাদের যে তালিকা তৈরি করা হয়েছে সে রকমভাবে তালিকা প্রস্তুত করা হলে পাকিস্তান থেকে ক্ষতিপূরণ আদায়ে এবং নিজ রাষ্ট্র থেকে ক্ষতিপূরণ প্রদানে সফলতা আসবে না বলে আমি মনে করি।

আবার, আমরা যদি চিন্তা করি যে, ১৯৮ জন যুদ্ধাপরাধীদের বিচার এবং শহীদ ও নির্যাতিতাদের জন্য ক্ষতিপূরণ আদায় করা আমাদের দরকার নেই তারপরেও পাকিস্তান রাষ্ট্র এবং তার জনগণের সাথে সুসম্পর্ক প্রতিষ্ঠা করা আমাদের দরকার।বর্তমানে পাকিস্তানে বসবাসকারী প্রায় এক কোটির উপরে বাংলাদেশীদের স্বার্থে। ১৯৭১ সালের স্বাধীনতার পর থেকে নিজ দেশে মিথ্যা প্রতিশ্রুতি, দরিদ্রতা, বৈষম্য এবং অবহেলার স্বীকার হয়ে ঐসব বিপুল সংখ্যক লোকগুলো বাংলাদেশ ত্যাগ করতে পাকিস্তানে বসবাস করতে চলে যায়।

বর্তমানে পাকিস্তানে বসবাসকারী এত বিপুলসংখ্যক বাংলা ভাষাভাষী জনগোষ্ঠীর একটিই প্রধান সমস্যা– তা হল, নিজেদের মাতৃভাষা বাংলাকে টিকিয়ে রাখা। আমরা যদি পাকিস্তানের সাথে সু-সম্পর্ক তৈরি করি এবং তা বজায় রাখতে পারি তাহলে আমরা এ বিষয়ে যথেষ্ট ভূমিকা রাখতে পারবো বলে আমি মনে করি। পাকিস্তানের অন্যতম ভাষা হিসাবে বাংলা ভাষার স্বীকৃতি এবং সে সাথে পাকিস্তানের বাঙ্গালী বসবাসকারী এলাকায় পর্যায়ক্রমে বাংলা স্কুল, কলেজ ও বিশ্ববিদ্যালয় প্রতিষ্ঠার বিষয়ে পদক্ষেপ নেওয়া যাবে। আসলে অন্য সব কিছুর আগে আমাদের প্রথম দেখা উচিত পাকিস্তানে বর্তমানে বসবাসকারী বিপুল সংখ্যক বাঙ্গালীদের স্বার্থ সংশ্লিষ্ট বিষয়গুলো। পাকিস্তানে বৈধভাবে বসবাস করতে পারার পাশাপাশি তাদের মাতৃভাষা বাংলা ভাষার অধিকার প্রতিষ্টিত হলেই বাংলাদেশ এবং বাংলাদেশের জনগণের অনেক বেশি লাভ হবে।

বাংলাদেশ মিয়ানমার সম্পর্ক এবং কিছু সোজা কথা

কৃষি খাদ্য উৎপাদন প্রসঙ্গে বর্তমান সৌদি আরবের প্রচেষ্টার কথা উল্লেখ না করলেই নয়। সত্তর এবং আশির দশকে সৌদি আরব সরকার যখন নিজস্ব ভূমিতে খাদ্য উৎপাদন করতে পরিকল্পনা নিতে যাচ্ছিল তখন পশ্চিমারা এতে বাঁধা দিয়েছিল। বলেছিল পশ্চিমা দেশগুলোতে প্রচুর পরিমাণ খাদ্য উৎপাদন হয় এবং সেখান থেকে পর্যাপ্ত পরিমাণ খাদ্য তারা সৌদি আরবকে সরবরাহ করতে পারবে। তাই শুধু শুধু সৌদি আরবের এতো কষ্ট করার দরকার কী? কিন্তু নব্বই দশকের শুরু থেকে সৌদি আরব সরকার পশ্চিমাদের পরামর্শে কান না দিয়ে নিজের দেশে খাদ্য উৎপাদন শুরু করে দেয়। বর্তমানে সৌদি আরবের খাদ্য উৎপাদন বিশেষ করে গম উৎপাদন এমন এক অবস্থায় দাঁড়িয়েছে যে, মিশরের মত দেশ সৌদি আরবের থেকে গম সরবরাহের উপর অনেকটা নির্ভরশীল। অদূর ভবিষ্যতে সৌদি আরব একাই মধ্যপ্রাচ্যের সব দেশের চাহিদা মত গম উৎপাদন করতে পারবে বলে ধারনা করা হচ্ছে। অপরদিকে বাংলাদেশে বর্তমানে যা হচ্ছে তা হল মুল খাদ্যশস্য উৎপাদনে স্বয়ংসম্পূর্ণতা অর্জন করার বদলে সরকারী পৃষ্ঠপোষকতায় দেশে পরিকল্পিতভাবে খাদ্য উৎপাদনে বিশাল ঘাটতি তৈরি করা হচ্ছে। যাতে এদেশ সবসময় ভারতে উৎপাদিত খাদ্য সরবরাহের উপর অসহায়ভাবে নির্ভরশীল হয়ে থাকে। যে পরিমাণ জমিতে আগে ধান গম সহ মুল খাদ্য উৎপাদন করা হত সে পরিমাণ জমির অনেক অংশে এখন সরকারীভাবে উৎসাহ দেওয়া হচ্ছে বিভিন্ন ফলসহ অর্থকরী ফসল উৎপাদনের জন্য। এ কদিন আগে একজন সরকারী কৃষি কর্মকর্তাকে কোন একটি টেলিভিশন চ্যানেলে বলতে শুনলাম যে, শীঘ্র এদেশে স্ট্রবেরী ফল উৎপাদনে স্বয়ংসম্পূর্ণতা অর্জন করা হবে। কিন্তু এ ধরণের সরকারী সিদ্ধান্তগুলো আত্মঘাতী সিদ্ধান্ত বলে মনে হয়। কারণ জনসংখ্যা অনুপাতে আমাদের পর্যাপ্ত কৃষিজমি না থাকায় ধান-গম সহ মূল খাদ্যশস্য উৎপাদন বাদ দিয়ে কিংবা কমিয়ে দিয়ে অন্য ফসল উৎপাদন জাতিকে বিপদের মুখে ঠেলে দেওয়ার মত বিপদজনক পদক্ষেপ ছাড়া অন্য কিছু নয়। আমার মতে এ অবস্থা থেকে বাঁচার বিশেষ উপায় হচ্ছে, দেশের জমিতে ধান গম সহ মুল খাদ্যশস্য উৎপাদন পুরো মাত্রায় চালু রেখে দেশের বাইরে বিদেশে কোথাও জমি লিজ নিয়ে ফল সহ অন্যান্য দরকারী ফসল উৎপাদন করার ব্যবস্থা নেওয়া। এক্ষেত্রে আমাদের প্রতিবেশী দেশ মিয়ানমারকে আমাদের বিবেচনায় নেওয়া উচিত খুব গুরুত্ব সহকারে। কারণ মিয়ানমারের আয়তন আমাদের দেশের চাইতে যেমনি চার গুণের চাইতেও বেশি বড় তেমনি ঐ দেশের লোকসংখ্যা মাত্র পাঁচ কোটি অর্থাৎ আমাদের

দেশের মোট লোকসংখ্যার তিন ভাগের এক ভাগের চাইতেও কম। যদি মিয়ানমারের জমি লিজ নেওয়া সম্ভব না হয় তাহলেও মিয়ানমার থেকে বিভিন্ন ধরনের খাদ্য আমদানির বিষয়ে আমাদের উচিত আরও মনোযোগী হওয়া। আমাদের দেশে মিয়ানমারের উৎপাদিত কৃষি পণ্যের ব্যাপক চাহিদা আছে তা মিয়ানমারকে বোঝানো এবং সে দেশকে আরও অধিক কৃষি উৎপাদনে আগ্রহী করে তোলা। ফলে এতে বিভিন্ন ধরনের কৃষিখাদ্য পণ্য আমদানিতে একটি বিশেষ দেশের উপর একচেটিয়াভাবে নির্ভর না করলেও চলবে। সে সাথে মুল খাদ্য শস্য উৎপাদনে আমরা সবসময় একটি সুষম অবস্থার মধ্যে থাকতে পারবো। কয়েক বছর ধরে যে পূর্বমুখি ডিপ্লোম্যাসির কথা বেশ জোর দিয়ে বলা হচ্ছিল তা যদি মিয়ানমার পর্যন্ত সীমাবদ্ধ থাকে তাহলেই আমরা সত্যিকারের লাভবান হব।

আমাদের দেশ এবং জাতির ভবিষ্যতের কথা চিন্তা করে আমাদেরকে বিভিন্ন কারণে মিয়ানমারমুখি হতে হবে। কারণ বাংলাদেশের সাথে ভারতের সম্পর্ক যেমনি খুব অনিশ্চয়তায় ভরা তেমনি ভারতের আভ্যন্তরীণ বিভিন্ন অবস্থাও বাস্তবে খুব অনিশ্চয়তায় ভরা। ভারতের আভ্যন্তরীণ অবস্থার কারণে কিংবা ভারত বাংলাদেশের মধ্যে ভবিষ্যতে যে কোন বৈরি সম্পর্কের কারণে যদি তেমন কোন পরিস্থিতির সৃষ্টি হয় তাহলে বর্তমানের ব্যাপকহারে ভারত নির্ভরশীলতার জন্য সবচেয়ে বেশি ভুক্তভুগি হবে বাংলাদেশ এবং বাংলাদেশের জনগণ। এ বিষয়টি মাথায় রেখে মিয়ানমারের সাথে সম্পর্ক উন্নয়ন করে যাওয়া উচিত আমাদের। বস্তুত গত চার দশকে মিয়ানমারের সাথে সে ধরনের নির্ভরযোগ্য ডিপ্লোম্যাটিক এবং বাণিজ্যিক সম্পর্ক তৈরি করতে না পারাটি আমাদের সবচেয়ে বড় রাজনৈতিক এবং ডিপ্লোম্যাটিক ব্যর্থতাগুলোর একটি। এ ব্যর্থতার ভুক্তভোগী যেমনি আমাদের দেশের জনগণ হচ্ছে তেমনি হচ্ছে মিয়ানমারের রোহিঙ্গা জনগোষ্ঠী এবং মিয়ানমারের জনগণ। দৃশ্যত আমাদের দেশে দীর্ঘদিন ধরে চলে আসা ভুল ডিপ্লোম্যাটিক শিক্ষা এবং ভুল ডিপ্লোম্যাটিক নীতি বা কৌশলগুলো কত আনপ্রোডাক্টিভ এবং ক্ষতিকর হতে পারে তা মিয়ানমারের মত দেশের সাথে আমাদের দেশের বর্তমান সম্পর্ক কী অবস্থায় দাঁড়িয়ে আছে তা থেকে বুঝা যায়। সত্যি বলতে কী, মিয়ানমারের সাথে সম্পর্ক উন্নয়নের ক্ষেত্রে বিভিন্ন বিষয়ে আমাদের দেশের সরকার এবং বিভিন্ন জনের আচরণ ভঙ্গিটি বিভিন্ন বিশ্লেষণে খুব সেকেলে এবং নির্বুদ্ধিতায় নিমজ্জিত বলে মনে হয়। যে সব ঘটনা ভারত-বাংলাদেশ সীমান্তে ঘটলে খুব যত্নের সাথে চেপে যাওয়া হয় কিন্তু সে ধরনের কিছু কিছু ঘটনা যদিও তা সংখ্যায় খুব কম হলেও মিয়ানমারের সাথে ঘটলে অনেক বেশি মিডিয়া কভারেজ দেওয়া হয় এদেশে। এসব ক্ষেত্রে ভারতের বেলায় বেশিরভাগ সময় যাদেরকে চুপ করে থাকতে কিংবা মেপে মেপে কথা বলতে দেখা

যায় কিন্তু মিয়ানমারের বেলায় তাদের মুখ কেমন যেন লাগামহীন হয়ে যায়। ফলে সবকিছু দেখে শুনে মনে হয় যেন এদেশের মানুষদের মনে একটি এন্টি-মিয়ানমার সেন্টিমেন্ট তৈরি করা হচ্ছে কোন বিশেষ উদ্দেশ্যে কিংবা বিশেষ কারো পরামর্শে। যে উদ্দেশ্যে হোক কিংবা যাদের পরামর্শে হোক আমরা আমাদের জাতীয় প্রয়োজনের সাথে বিশেষভাবে সংশ্লিষ্ট মিয়ানমারের মত এত সম্ভাবনাময় দেশের সাথে সম্পর্ক উন্নয়নে সর্বদা অনেক পিছিয়ে থাকছি। কখনো রোহিঙ্গা সমস্যার ধোঁয়া তুলে, কখনো মিয়ানমারের উপর আন্তর্জাতিক সম্প্রদায়ের অবরোধের ধুঁয়া তুলে এবং কখনও মিয়ানমারের গণতন্ত্রহীনতা এবং মিলিটারি শাসনের ধুঁয়া তুলে আমরা মিয়ানমারের সাথে সম্পর্ক উন্নয়নের চাইতে এতদিন মিয়ানমার বিরোধিতায় লিপ্ত ছিলাম বিভিন্নভাবে। যেখানে গণতন্ত্র এবং আইনের শাসনের বিষয়ে আমাদের দেশের রাজনৈতিক নেতা-নেত্রীরা সব সময় একদম উলঙ্গ মানসিকতা প্রদর্শন করে যাচ্ছে সেখানে সুকির সাথে মিয়ানমারের সামরিক জান্তার আচরণকে আমলে নিয়ে তার প্রতিক্রিয়ায় মিয়ানমার বিরোধিতা কী আমাদের শোভা পায়? অথচ মিয়ানমারের উপর যখন আন্তর্জাতিক অবরোধ চলছিল দশকের পর দশক ধরে তখন ভারত গোপনে এবং প্রকাশ্যে মিয়ানমারের সাথে বাণিজ্যিক সম্পর্ক বজায় রেখেছিল। অবরোধকালীন দশকগুলোতে মিয়ানমারের অর্থনীতিতে চীন-জাপানের ভূমিকা ছিল প্রকাশ্যে। সেখানে আমরা কেন বিমুখ থাকলাম আমাদের এ অন্যতম প্রতিবেশী দেশের সাথে সম্পর্ক উন্নয়নে? দৃশ্যত মিয়ানমারের মত দেশের সাথে সম্পর্ক উন্নয়নে পিছিয়ে থাকার প্রধান কারণ হচ্ছে আমাদের দেশে স্বাধীন পররাষ্ট্রনীতির অনুপস্থিতি। সত্যি বলতে কী, স্বাধীনতার পর থেকে আজতক আমাদের দেশের কোন পররাষ্ট্রনীতি নেই, আছে প্রকাশ্যে এবং গোপনে শুধু ভারতনীতি। এদেশের ক্ষমতায় আসা বিভিন্ন সরকারগুলোর এ ভারতনীতির একটু কম বেশি হয় পশ্চিমা বিশ্ব বিশেষ করে মার্কিন যুক্তরাষ্ট্রের সাথে ভারতের সম্পর্কের উঠা নামার উপর। আজ ভারতের সাথে মার্কিন যুক্তরাষ্ট্রের সম্পর্ক সর্বোচ্চ পর্যায়ে তাই বাংলাদেশের উপর ভারতীয় কর্তৃত্ব সর্বোচ্চ পর্যায়ে। ফলে বর্তমানে ভারতের সাথে মার্কিন যুক্তরাষ্ট্রের বিশেষ কতগুলো স্বার্থের কারণে ভারতকে ডিঙ্গিয়ে বাংলাদেশ সংক্রান্ত বিষয়ে কিছু রুটিন ওয়ার্ক ছাড়া মার্কিন যুক্তরাষ্ট্রের আর কোন মাথা ব্যথা নেই। এমনকী একথাও শোনা গিয়েছে যে, বাংলাদেশে নিযুক্ত মার্কিন যুক্তরাষ্ট্রের বর্তমান রাষ্ট্রদূতকে মার্কিন প্রেসিডেন্ট ওবামা নিয়োগ দেন এ বিষয়ে ভারতের তদবিরকে যথেষ্ট গুরুত্ব দিয়ে। এ কারণেই হয়ত বাংলাদেশের প্রধানমন্ত্রী হাসিনার বর্তমান আচরণ হচ্ছে ভারতকে ছাড়া বিশ্বের অন্য কাউকে একদম পাত্তা না দেওয়ার মত। আজ আমাদের ভারতনীতি এত স্পষ্ট যে, ভারতকে ডিঙ্গিয়ে মধ্যপ্রাচ্যে আমাদের পররাষ্ট্রনীতি টিকে আছে শুধুমাত্র মধ্যপ্রাচ্যে

বাংলাদেশী শ্রমিক চাহিদার উপরে এবং আফ্রিকায় টিকে আছে জাতিসংঘ শান্তি মিশনের উপরে। যদিও আফ্রিকায় বাংলাদেশের শান্তি মিশনের সাফল্যের একমাত্র কারণ হচ্ছে আফ্রিকান সহমর্মিতা অর্থাৎ আফ্রিকানরা মনে করে বাংলাদেশীরাও ওদের মত শত শত বছর ধরে পরাধীন এবং নির্যাতিত ছিল। আর চীন জাপান সহ দূরপ্রাচ্যের অন্য সব দেশগুলোর সাথে আমাদের সম্পর্ক বর্তমানে কীভাবে টিকে আছে তা প্রকাশ্যে বলা উচিত মনে করছি না দেশের মানুষদের স্বার্থের কথা ভেবে। বাস্তবে এটি পরিষ্কার যে, স্বাধীনতার পর থেকে সব সময় মিয়ানমারের সাথে সম্পর্কের ক্ষেত্রে বিভিন্ন বিষয়ে আমরা বিশেষভাবে নিয়ন্ত্রিত হচ্ছি ভারত এবং মার্কিন যুক্তরাষ্ট্র কর্তৃক। ফলে প্রতিবার ভুলন্টিত হচ্ছে আমাদের জাতীয় স্বার্থ। সে সাথে বাড়ছে মিয়ানমারের সাথে আমাদের সম্পর্কের দূরত্ব। মিয়ানমারের সাথে আন্তর্জাতিক সমুদ্র আদালতের মাধ্যমে গুরুত্বপূর্ণ টেরিটোরিয়াল সমুদ্র এরিয়ার কিছু অংশ হারিয়ে আমাদের কথিত সমুদ্র বিজয় ছিল আমাদের বর্তমান ভারতনীতির ফল। বস্তুত আমাদের দেশের সরকারকে ব্যবহার করে আমাদের সমুদ্র এরিয়া মিয়ানমারকে পাইয়ে দিয়ে ভারত মিয়ানমারের সাথে তার সম্পর্ক মজবুত করে নিয়েছে বিশেষভাবে। কিন্তু সে বহির সমুদ্রে "আউটার কন্টিনেন্টাল শেলফ" নিয়ে আপাত গুরুত্বহীন বিবাদে মিয়ানমারের সাথে আন্তর্জাতিক সমুদ্র আদালতের রায় কিছুটা নিজেদের পক্ষে আসায় বাংলাদেশ সরকারের আচরণ ছিল খুব অনাকাঙ্ক্ষিত এবং উস্কানিমূলক। বাংলাদেশ সরকারের ঐ শিশুসুলভ কিংবা উদ্দেশ্যপ্রণোদিত সমুদ্র বিজয় নামক উল্লাস স্বাভাবিকভাবে মিয়ানমারের সরকার এবং জনগণের মনে বাংলাদেশ সম্পর্কে তিক্ততা আরও বাড়িয়ে দিয়েছিল। ফলে এর তৎক্ষণাৎ প্রতিক্রিয়ার শিকার হয়েছিল মিয়ানমারের রোহিঙ্গা অধিবাসীরা। বস্তুত মিয়ানমারের বিরুদ্ধে বাংলাদেশের কথিত সমুদ্র বিজয় নিয়ে দেশ জুড়ে সরকারী উল্লাসের পর থেকেই আগের যে কোন সময়ের চাইতে অনেক বেশি হারে রোহিঙ্গাদের বাংলাদেশের দিকে সমুদ্রে নির্দয়ভাবে ঠেলে দিয়েছিল মিয়ানমার। দৃশ্যত গত প্রায় চার দশক ধরে মিয়ানমারের সাথে রোহিঙ্গা সমস্যা সমাধান করতে না পারার প্রধান কারণ হচ্ছে এ বিষয়ে মার্কিন যুক্তরাষ্ট্র সহ পশ্চিমাদের হস্তক্ষেপ। সে সাথে এ পর্যন্ত বাংলাদেশের ক্ষমতায় আসা সরকারগুলোর, সরকারী আমলারা এবং বাংলাদেশের বিভিন্ন বেসরকারী সংস্থাগুলোর রোহিঙ্গা শরণার্থীদের জন্য দেওয়া পশ্চিমাদের রিলিফ এবং বিভিন্ন অর্থ সাহায্য পকেটস্থ করার লোভ। বস্তুত এটি কারো আজ অজানা নয় যে, বাংলাদেশ স্বাধীন হওয়ার পর থেকে আজতক এদেশের ইতিহাস হচ্ছে এদেশের সাধারণ জনগণের জন্য আসা বিভিন্ন ধরনের রিলিফ এবং অর্থ সাহায্য আত্মস্বাদের ইতিহাস। এ কারণে মার্কিন যুক্তরাষ্ট্রের সর্বকালের শ্রেষ্ট পররাষ্ট্র মন্ত্রী হেনরী কিসিঞ্জার বাংলাদেশের সরকার

এবং অন্যান্যদের এ মানসিকতাকে দায়ী করে বাংলাদেশকে তলাবিহীন ঝুড়ি বলে অভিহিত করেছিলেন।ফলে স্বাভাবিকভাবে রোহিঙ্গা শরণার্থীদের জন্য পশ্চিমাদের দেওয়া এ রিলিফ সাহায্যের লোভের কারণে কখনও কোন সুচিন্তিত স্ট্রাটেজি তৈরি করা হয়নি গত প্রায় চার দশকে। কোন উপায়ে মিয়ানমারের সাথে এ সমস্যার সমাধান করা যায়? অথচ রোহিঙ্গা সমস্যা সহ বিভিন্ন সমস্যা সমাধানের সবচেয়ে সহজ পথ ছিল মিয়ানমারের সাথে আমাদের ব্যাপকভাবে বাণিজ্যিক সম্পর্ক গড়ে তোলা। কিন্তু এ সম্পর্ক তৈরি করার ক্ষেত্রে আমরা কখনও মনোযোগী হয়নি। আমরা কখনও চিন্তা করে দেখিনি আমাদের শত শত চাহিদার মধ্যে কোন কোন পণ্য আমদানিতে আমরা মিয়ানমারের উপর নির্ভরশীল হয়ে যেতে পারি? আবার সে সব পণ্যগুলো উৎপাদনে এবং আমাদের দেশে রপ্তানিতে মিয়ানমার আমাদের উপর নির্ভরশীল হয়ে থাকতে পারে। এ পারস্পরিক নির্ভরশীলতা দুদেশের মধ্যে আস্থার সম্পর্ক তৈরিতে সহায়ক হত, মিয়ানমারের অর্থনৈতিক উন্নয়ন হত ও মিয়ানমারের কর্ম সংস্থান বেড়ে যেত ব্যাপকভাবে। স্বীকার করছি মিয়ানমারের উপর আন্তর্জাতিক অবরোধের জন্য মিয়ানমারের সাথে সে ধরনের সম্পর্ক তৈরিতে অনেক বিষয়ে বাঁধা ছিল কিন্তু যেহেতু দুদেশের মধ্যে রোহিঙ্গা সমস্যাটি বর্তমান ছিল সে হিসেবে ঐ বাঁধা সহজে উপেক্ষা করা যেত। সম্পর্ক তৈরির জন্য আমরা অন্তত প্রথমে একটি ভাল পদক্ষেপ নিতে পারতাম সহজে তাহলো, মিয়ানমারকে আমাদের অন্যতম গুরুত্বপূর্ণ টুরিস্ট ডেসটিনেশন হিসেবে বানিয়ে নেওয়া। মিয়ানমারে চীন-জাপান-যুক্তরাষ্ট্র-ভারতের মত বিলিয়ন বিলিয়ন ডলারের কোন বিনিয়োগ করা আমাদের পক্ষ সম্ভব নয় কিন্তু বিভিন্ন বিষয়ে আমরা আমাদের অসংখ্য ক্ষুদ্র ব্যবসায়ীদের মিয়ানমারমুখি করে দিতে পারতাম সহজে। ফলে ঐসব উন্নত দেশগুলোর চাইতে মিয়ানমারের সাথে আমাদের পাবলিক রিলেশন আরও ভালো থাকতো। ভালো থাকতো বাণিজ্যিক রিলেশন। আমাদের জনসংখ্যার কারণে আমরা যখন অনেক বিষয়ে আমদানি নির্ভর তখন অনেক কিছুর জন্য আমরা সহজে মিয়ানমারমুখি হতে পারতাম। অনেক শত শত এবং ছোট ছোট বাণিজ্যের মাধ্যমে আমরাও অনেক বিশাল বাণিজ্যিক সম্পর্ক গড়ে তুলতে পারতাম মিয়ানমারের সাথে। যেমন পাস্তুরাইজড তরল গরুর দুধ আমদানির ক্ষেত্রে। বাংলাদেশে যে পরিমাণ দুগ্ধ উৎপাদন হয় তা প্রয়োজনের তুলনায় এত অপর্যাপ্ত যে, তা দিয়ে পুরো জাতির দৈনিক দুধ চা খাওয়ার চাহিদা পূরণ করা সম্ভব নয়। যদিও স্বাস্থ্য পরামর্শে সবচেয়ে বেশি গুরুত্ব দেওয়া হয় দৈনিক এক দু গ্লাস দুধ পান করার জন্য। কিন্তু বাংলাদেশের ৭০/৮০ ভাগের বেশি লোকদের প্রতিদিন দুরের কথা প্রতি সপ্তাহে এমনকী প্রতি মাসে এক দু গ্লাস দুধ খাওয়ার ভাগ্য খুব কম হয়। বিশাল চাহিদা অনুপাতে উৎপাদন খুব কম

হওয়ার দুধের দাম যেমন মানুষের নাগালের বাইরে তেমনি মাত্রাতিরিক্ত ভেজাল। আবার আমরা যদি চিন্তা করতাম যে, মিয়ানমার থেকে আমরা তরল দুধ আমদানি করব না কিন্তু গরুর জন্য শুধু কাঁচা ঘাস আমদানি করব। তাতেও কক্সবাজার, চট্টগ্রাম, নোয়াখালী, লক্ষ্মীপুরসহ অন্যান্য কোস্টাল জেলাগুলোতে গরুর খামার করে আমরা দেশের চাহিদা মিটাতে পারতাম। আসলে আমাদের খুঁজে দেখা দরকার ছিল ছোট ছোট হলেও কোন কোন বিষয়ে আমরা খুব তাড়াতাড়ি এবং সহজে মিয়ানমারের সাথে বাণিজ্যিক সম্পর্ক তৈরি করতে পারি। আসলে এ ধরনের সম্পর্কের উপর নির্ভর ছিল রোহিঙ্গাদের ভবিষ্যৎ, আমাদের ভবিষ্যৎ এবং মিয়ানমারের জনগণের ভবিষ্যৎ। ভারত আমাদের পিছিয়ে দিচ্ছে এবং পিছিয়ে দিবে কিন্তু মিয়ানমারের সাথে সম্পর্ক গড়লে আমরা কখনো ক্ষতিগ্রস্ত হব না এবং সব সময় একটি ভারসাম্য বজায় থাকবে। যেটি আমাদের সবচেয়ে বেশি দরকার।

যেহেতু এ লিখাটি সৌদি আরবের কৃষি ব্যবস্থা নিয়ে শুরু সেহেতু সৌদি আরব সমন্ধে আরো কিছু বলা উচিত বলে মনে করছি। হয়ত বাংলাদেশ মধ্য আয়ের দেশে পরিণত যাচ্ছে কিন্তু এর জন্য এদেশের রাষ্ট্র ব্যবস্থা, সরকার ব্যবস্থা, রাজনৈতিক ব্যবস্থা, আমলাতান্ত্রিক ব্যবস্থা এবং উচ্চ শিক্ষা ব্যবস্থা ইত্যাদির কোন অবদান নেই। অবদান আছে শুধু এদেশের সাধারণ মানুষদের যারা উপরোক্ত ব্যবস্থাগুলোর চালকদের ভাওতাবাজির উপর নির্ভর না করে বা আস্থা না রেখে ছুটে গিয়েছিল মধ্যপ্রাচ্যে, মাথার ঘাম পায়ে ফেলে নিজেদের ভাগ্য বদলানোর জন্য। তাদের ভাগ্য বদলের সাথে সাথে এদেশের অর্থনৈতিক অবস্থার পরিবর্তন হতে শুরু করেছে। আমরা যদি আমাদের দেশে লবন উৎপাদন না করে কিংবা অন্য কোন দেশ থেকে শুধু শুধু লবন আমদানি না করে যদি সৌদি সরকারকে বলতাম যে, ওদের দেশে কয়েকটি ডিসালিনেসান প্ল্যান্ট বসিয়ে দেওয়ার জন্য যাতে লোহিত সাগরের পানি দিয়ে সৌদি আরবের জমিতে আমরা চাষাবাদ করতে পারি। এতে প্রায় কয়েক লক্ষ একর জমি চাষাবাদের সাথে সাথে আমাদের দেশের লবনের চাহিদা মিটিয়ে নিতে পারতাম সহজে। ফলে লবন থেকেই পুষিয়ে যেত ঐ ডিসালিনেসান প্ল্যান্টগুলোর খরচ। কিংবা সৌদি আরব সরকারকে বলতে পারতাম যে, তোমরা ডিসালিনেসান প্ল্যান্ট বসিয়ে চাষাবাদ কর আমরা আমাদের দেশ থেকে শ্রমিক পাঠাবো সে সাথে তোমাদের কাছ থেকে লবন আমদানি করবো। আসলে যে কোন দেশের সাথে সম্পর্ক মজবুত করা এবং টিকিয়ে রাখার ক্ষেত্রে কতগুলো কৌশলগত বিষয় আছে সেগুলো আমাদেরকে বিবেচনায় নিতে হবে গুরুত্ব সহকারে এবং প্রয়োগ করতে হবে যত্ন সহকারে।

জুলাই ২০১৫।

বাংলাদেশের পার্বত্য চট্টগ্রাম শান্তি চুক্তির অন্তরালে

সম্প্রতি ভারতীয় সেনা প্রধানের একটি বক্তব্য ভারতে বিতর্ক সৃষ্টি করেছে। বেশিরভাগ ভারতীয় দেশপ্রেমিক এবং সংবেদনশীল ব্যক্তিরা ভারতীয় সেনা প্রধানের ঐ বক্তব্যটিকে সমর্থন করেছেন। খুব জোর দিয়ে। কিন্তু বিস্মিত হয়েছি এই আমি। এই ঢাকায় বসে। কারণ রাষ্ট্রনীতি, পররাষ্ট্রনীতি এবং সামরিক নীতির গুরুত্বপূর্ণ অনেক কিছু শিখেছি আমি ভারতে অবস্থান করে। সে সূত্রে আমি যা জানি তা থেকে আমি নিশ্চিত যে, ভারতীয় সেনা প্রধান মিথ্যে বক্তব্য দিয়েছেন। এবং এটি অবশ্যই নিঃসন্দেহে উদ্দেশ্যপ্রণোদিত। এমন একটি সময়ে যখন আসামে নাগরিকত্ব বিষয় নিয়ে তুঘলকি কান্ড চলছে। এক্ষেত্রে তার বক্তব্যটি অবশ্যই ইচ্ছাকৃত জল ঘোলা করার জন্য দেওয়া। অন্ধ কট্টরপন্থীদের উসকে দিয়ে যারা নিরপেক্ষ থেকে আসামের জনগণের নাগরিকত্ব বিষয়টি নিরীক্ষা করছেন তাদেরকে প্রভাবিত করার স্পষ্টতই একটি কপট অভিপ্রায়।

তিনি যা বলেছেন এবং যা ইঙ্গিত দিয়েছেন তার সারমর্ম হল- বর্তমানে বাংলাদেশকে ব্যবহার করে চীন এবং পাকিস্তান আসাম নিয়ে ষড়যন্ত্র করছে। আসামে নাকি পরিকল্পিতভাবে সর্বদা বাংলাদেশিদের অনুপ্রবেশ করানো হচ্ছে। বাঙ্গালী মুসলমানদের সংখ্যা বাড়ানোর জন্য। তার এই বক্তব্য ডাহা মিথ্যে এ কারণে যে, বাংলাদেশে বর্তমানে আওয়ামী লীগ সরকার ক্ষমতায়। ফলে স্বজ্ঞানে আমার অনুভব অনুযায়ী বাংলাদেশের রাষ্ট্রনীতি,পররাষ্ট্রনীতি এবং সামরিক নীতি সম্পূর্ণ ভারতের কব্জায়। এক্ষেত্রে বাংলাদেশ কিভাবে সরকারীভাবে ভারতের বিরুদ্ধে চীন-পাকিস্তানের সহযোগী হচ্ছে তা আমার কেন অন্য যে কোন সুস্থ লোকের মাথায় ঢুকছে না।

বলা যায় বর্তমানে বাংলাদেশের রাজনীতি এবং সরকার সহ বিভিন্ন অবস্থানের সবাই ভারতকে এমনভাবে মেনে নিয়েছে যে, যা পৃথিবীতে সত্যি বিরল। এখন আর নেপাল নয় বরং বাংলাদেশই হয়ে উঠেছে বিশ্বে বিদেশী রাষ্ট্রের তাঁবেদারির বিশেষ উদাহরণ। ভারত বছরের পর বছর ধরে বাংলাদেশ-ভারত সীমান্তে বিরামহীনভাবে গণহত্যা করে যাচ্ছে অথচ বাংলাদেশের সবাই নীরব। কেহ প্রতিবাদ করছে না। কষ্টও পাচ্ছে না। যেন জলভাত খাওয়ার মত খুবই স্বাভাবিক ঘটনা হিসেবে মেনে নিচ্ছে।

যে ভারতের দুষ্ট বুদ্ধিতে মিয়ানমার সরকার এবং সেনাবাহিনীর উগ্রপন্থীরা রোহিঙ্গা মুসলিমদের ধর্ষণ-গণহত্যা চালিয়েছে সে ভারতের হাতেই বাংলাদেশ অনেকটা তুলে দিয়েছে রোহিঙ্গা সমস্যা সমাধানের ভার। ফলে আমি নিশ্চিত যে, রোহিঙ্গা সমস্যাটি বাংলাদেশের ভাসান চরের মধ্যে দিয়েই সমাধান হয়ে যাবে। কারণ রোহিঙ্গা সমস্যা সমাধানের ঠিকা ভারত শুধু বাংলাদেশ থেকে নেয়নি মিয়ানমার থেকেও নিয়েছে। এ বিষয়ে ভারতের উপর মিয়ানমারের যথেষ্ট আস্থা আছে।

কারণ তারা ভালো করেই জানে যে, ভারত বাংলাদেশের থিংকটেঙ্কের সবকিছুই নিয়ন্ত্রণ করে নিজেদের স্বার্থে। নিজের গাঁ বাঁচিয়ে বাংলাদেশকে নয় ছয় বুঝিয়ে মিয়ানমারের পক্ষে সমাধান নিয়ে এসে তবেই না ভারতকে মিয়ানমারের আস্থা অর্জন করতে হবে। যেটির জন্য ভারত এখন প্রায় মরিয়া। তা যে কোন কিছুর বিনিময়ে হোক না কেন পরোয়া নেই।

তবে ভারতীয় সেনা প্রধানের মন্তব্যটি আমাকে মনে করে দিয়েছে বাংলাদেশে পার্বত্য শান্তি চুক্তির বিষয়টি। ১৯৯৬ সালে আওয়ামী লীগ সরকার ক্ষমতায় এসে পার্বত্য চট্টগ্রাম শান্তি চুক্তি করতে পেরেছিল শুধুমাত্র ভারতের ইচ্ছায়। বলতে গেলে ভারতের এই ইচ্ছা জন্মাতে শুরু করেছিল ১৯৯৪ সালের দিকে। একটি বিশেষ কারণে। ভারতের বর্তমান সেনা প্রধান যে বিষয়টি উল্লেখ করে বক্তব্য দিয়েছেন সে রকমই একটি বিষয় সে সময় ভারতের নজরে এসে যায়। পরে ওটির উপর ভিত্তি করে ভারত সরকার বাংলাদেশের পার্বত্য চট্টগ্রামের চাকমা ভিন্নমতাবলম্বীদের মিলিটারি এবং অন্যান্য সহায়তা দেওয়া বন্ধের বিষয়ে সিদ্ধান্ত নেয়।

অথচ আমি ১৯৯৩ সালের ২৫শে মে কোলকাতা যাওয়ার দু তিনদিন পরেই স্বচক্ষে দেখেছিলাম তৎকালীন ভারতের লোকসভার বিরোধী দলের নেতা এল কে আদভানীর নেতৃত্বে স্বাধীন জুম ল্যান্ডের দাবীতে বাংলাদেশের চাকমাদের মধ্য কোলকাতায় বিক্ষোভ মিছিল। এতে চাকমা নেতাদের সাথে শামিল হয়েছিল ভারতের বিজেপি এবং বিশ্ব হিন্দু পরিষদের অনেকে। কিন্তু বছর ঘুরতে না ঘুরতেই ভারতীয় রাজনৈতিক এবং সরকারী অঙ্গনে বাংলাদেশের চাকমা সমস্যাটি নিয়ে মনোভাবের পরিবর্তন হয়ে গিয়েছিল। হঠাৎ করে তখন ভারত আবিষ্কার করে ফেলে যে, অরুণাচল প্রদেশে ক্রমান্বয়ে চাকমা জনসংখ্যা বেড়ে যেতে থাকার বিষয়টি। তখন ভারতে আশ্রয় নেয়া বাংলাদেশের চাকমা শরণার্থীদের একটি অংশ অরুণাচল প্রদেশে মাইগ্রেট হচ্ছিলো বেশ কয়েক বছর ধরে। এতে ভারত একই সাথে কথিত বিপদ এবং ষড়যন্ত্রের গন্ধ পেয়ে গিয়েছিল।

অরুণাচল প্রদেশে চাকমা জনসংখ্যা বেড়ে গেলে ওখানে স্থানীয় অন্য জাতি গুষ্টির সাথে সংঘাত সৃষ্টি হবে। এতে চাইনিজ এবং আন্তর্জাতিক হস্তক্ষেপ করার সম্ভাবনা তৈরি হবে। ১৯৬২ সালের চীন ভারত যুদ্ধে দখলকৃত অরুণাচল প্রদেশটি ভারতের হাতছাড়া হয়ে যেতে পারে। ভারত অরুণাচল প্রদেশে বাংলাদেশি চাকমাদের অভিবাসনকে চীনের ষড়যন্ত্র বলে ধরে নেয়। ভারত মনে করতে থাকে যে, সে রকম পরিবেশ তৈরি হয়ে গেলে অরুণাচল প্রদেশের স্থানীয় চাকমারা এবং বাংলাদেশ থেকে আসা অভিবাসী চাকমারা একত্রে চীনের সমর্থন করবে নিশ্চিতভাবেই। ফলে বাংলাদেশী চাকমাদের অরুণাচল মুখী ঠেকাতে যে কোনভাবে বাংলাদেশে পার্বত্য চট্টগ্রামের সংঘাত সমাধানের বিষয়ে ভারত সরকার সিদ্ধান্ত নেয়। যাতে বাংলাদেশি চাকমাদের অরুণাচল প্রদেশ সহ ভারতের

অন্যান্য জায়গা থেকে নিয়ে শুধুমাত্র বাংলাদেশে স্থানান্তর করা যায়। এছাড়া ভারতের হাতে আর কোন উপায় ছিল না। জোর করে শরণার্থী শিবিরে ফিরিয়ে নিয়ে এলে সাধারণ চাকমাদের বিক্ষুব্ধ হয়ে যাওয়ার সম্ভাবনা ছিল। এতে শরণার্থীরা গোপনে কিংবা প্রকাশ্যে বাংলাদেশে ফিরে গেলে ভারতের হাতে আর কোন খেলা থাকত না।

এ নিয়ে যখন কানাঘুষা চলছিল তখন একদিন আমার দেখা হয়ে যায় কোলকাতার নেতাজী ভবন মেট্রো স্টেশনে দুজন চাকমার সাথে। চাকমা ভদ্রমহিলা ভারতের দুশ্চিন্তার বিষয়টি হেঁসে উড়িয়ে দিয়েছিল। বলেছিল যে, ত্রিপুরার শরণার্থী শিবিরে অমানবিক জীবনযাত্রা, অপ্রতুল সাহায্য, কর্মহীন ও উপার্জন হীন জীবন এবং অনিশ্চয়তা থেকে রেহাই পেতে কিছু চাকমা পরিবারগুলো রাতের অন্ধকারে এদিক সেদিক চলে যাচ্ছে। আবার চাকমা ভদ্রলোকটি উদাহরণ দিলেন ১৯৭১ সালের। পাকিস্তানীরা যদি আরও কয়েকমাস যুদ্ধ ঠেকিয়ে রাখতে পারতো তাহলে ত্রিপুরা, আসাম এবং পশ্চিম বঙ্গের শরণার্থী শিবিরগুলোতে শুরু হয়ে যেত খিচুড়ি বিদ্রোহ। অনেক শরণার্থীদের ফেরত আসা ঠেকানো যেত না।

সে সময়টায় যদ্দুর আন্দাজ করেছিলাম যে, পাকিস্তানের সাথে কাশ্মীর নিয়ে সংঘর্ষ এবং আভ্যন্তরীণ বিভিন্ন সমস্যায় জর্জরিত ভারত মরিয়া হয়ে এড়াতে চাচ্ছিল চাকমা জনগোষ্ঠীকে কেন্দ্র করে অরুণাচল প্রদেশ নিয়ে চীনের সাথে আর একটি কূটনৈতিক এবং সামরিক ফ্রন্ট। সে সাথে আন্তর্জাতিক মিডিয়া কভারেজ। এতে বলতে গেলে ভারত সফল হয়। ঐ ইস্যুটি নিয়ে আলোচনা কখনই ভারতের অন্দরমহলের বাইরে আসেনি। সত্যি বলতে কি, সে সময়কার খালেদা সরকারের সাথে যে কোনভাবে বাংলাদেশের পার্বত্য চট্টগ্রাম সমস্যাটি সমাধানে ভারত এক পায়ে খাঁড়া ছিল। কিন্তু তত্ত্বাবধায়ক সরকার ব্যবস্থা নিয়ে বাংলাদেশে আওয়ামী লীগ-জামায়াতে ইসলামীর যৌথভাবে তীব্র আন্দোলন ভারতকে কিছুটা হতাশ এবং অধৈর্য করে তুললেও পরে ভারত ঠিকই উক্ত বিষয়ে সফলতা ঘরে তুলে নেয়। ১৯৯৬ সালে আওয়ামীলীগ ক্ষমতায় আসার পরে কথিত পার্বত্য চট্টগ্রাম শান্তি চুক্তির মাধ্যমে।

পার্বত্য শান্তি চুক্তি বিষয়ে প্রধানমন্ত্রী হাসিনার একটি বক্তব্য প্রায়ই আমি শুনতে পাই। তিনি প্রায়ই বলে যান যে, তৃতীয় পক্ষের কোন সাহায্য ছাড়াই তিনি শুধুমাত্র চাকমাদের সাথে আলাপ আলোচনা করে শান্তি চুক্তি করেছিলেন। আমি ঠিক ভেবে পাই না যে, তার ঐ বক্তব্যটিকে আমি ঠিক কি হিসেবে গ্রহণ করবো। মিথ্যে বক্তব্য, কৌশলগত বক্তব্য না কি অজ্ঞানতা? তবে এটি সত্যি যে, ভারত সরকারের অন্দর মহলের আসল চিন্তাধারার কোন এক্সেস বাংলাদেশ কখনই পায় না।অন্যদিকে বাংলাদেশের সব সময়ের সব বিষয়ের সবকিছু ভারতের নখদর্পণে। কোন বিষয়ে বাংলাদেশ কি চিন্তা করছে আর কি সিদ্ধান্ত নিতে যাচ্ছে তা ভারত খুব সহজেই জানতে পেয়ে যায়। বাংলাদেশের কোথাও ভারত বলতে অজ্ঞান

এমন লোকদের কোন কমতি নেই। ফলে ভারতের পক্ষে খুব সুবিধা হয় নিজেদের ইস্যুগুলোকে বাংলাদেশের ইস্যু বানিয়ে বাংলাদেশিদের দিয়েই নিজেদের কার্য উদ্ধার করা। ফলে যারা ভারতের সাথে কোন চুক্তি সম্পাদন করে কিংবা কোন বিষয়ে নেগোসিয়েশান করে বিজয়ের হাসি নিয়ে দেশে ফেরেন তারা কোন দিনই দেখতে পান না পশ্চাৎ দিক দিয়ে ঢুকিয়ে দেওয়া প্রমাণ সাইজের বাঁশটি। কোন দিনই শুনতে পান না ভারতের অন্দরমহলের সেই অট্টহাসি।

আমি ভাল করে জানতাম যে, শান্তি চুক্তিতে স্বাক্ষরকারী হাসনাত আবদুল্লা হাসনাত ১৯৯৬ সালে আওয়ামী লীগ ক্ষমতায় আসার পরে কতবার কোলকাতা হয়ে ঢাকা দিল্লী করেছিলেন। আমি সে সময় স্পষ্ট দেখতে পেয়েছিলাম যে, শান্তি চুক্তিটি সম্পাদন হয়েছিল ভারতীয় সংবিধানের বিশেষ ধারা ৩৭০ এর অনুকরণে এবং অনুসরণে। আমি স্পষ্ট শুনতে পেয়েছিলাম যে, ভারতের বিভিন্ন জায়গায় সেটল হয়ে যাওয়া এবং বাংলাদেশে ফিরে আসতে অনিচ্ছুক চাকমাদের এই বলে নিয়ে আসা হয়েছে যে, ভবিষ্যতে চাকমাদের জন্য স্বাধীন দেশ হবে।

তবে আমি আমাদের চাকমা ভাইদের বিপক্ষে কখনই নই। বরং সমঅধিকার নিয়ে সহবস্থানের পক্ষে। পরস্পরের ভাষা সংস্কৃতি এবং ধর্মকে সম্মান জানিয়ে। পাহাড়ে এবং সমতলে পরস্পর পরস্পরের হাত ধরে। কিন্তু ভারতীয় সংবিধানের ৩৭০ ধারার অনুকরণে বা অনুসরণে যেভাবে শান্তি চুক্তি সম্পাদন হয়েছিল তা কোন ভাবেই আমার মন মত নয়। ওভাবে চুক্তিটি বাংলাদেশের পার্বত্য চট্টগ্রামের জন্য কখনই প্রযোজ্য হতে পারে না। কারণ ভারতীয় সংবিধানের ৩৭০ ধারার আওতাভুক্ত বেশির ভাগ অঞ্চলগুলো কখনই ভারতভুক্ত ছিল না। আবার কাশ্মীর এবং ত্রিপুরার স্ট্যাটাস একদম অভিন্ন। কাশ্মীরের মত ত্রিপুরাও গণভোটে স্বাধীনতা চাইতে পারে। করতে পারে বাংলাদেশ ভুক্তির দাবী। কিন্তু আমরা, চাকমারা সহ অন্যান্য জাতিগোষ্ঠীরা শত শত বছর ধরে সব সময় একসাথে বসবাস করে এসেছি। এবং বসবাস কর যেতে চাই। কিন্তু ঐ শান্তি চুক্তিটি এ পথে অন্তরায়। যা আমার মনে সর্বদা কাঁটার মত বিঁধে।

দৃশ্যত ঐ শান্তি চুক্তিটি হয়েছিল পাহাড়ের বাঙ্গালী-চাকমা উভয়ে হাতগুলো হাতে নিয়ে নয়। বরং পাহাড়ের বাঙ্গালীদের দোষারোপ করে, অপমান এবং বঞ্চনার মধ্যে দিয়ে। এখানেও আমার আরেকটি আপত্তি। ১৯৭৬ সালে আমার আব্বা মারা যাওয়ার পরে আমাদের নিকট আত্মীয়দের আচরণে এবং জীবনের কঠিন বাস্তবতায় পড়ে আমার আম্মাও একবার ভেবেছিলেন আমাদের নিয়ে সে অনেক দূরে পার্বত্য চট্টগ্রামে চলে যেতে। যদি সেসময় আমরা যেতাম তাহলে এই দোষারোপ, অপমান এবং বঞ্চনার ভাগীদার কি আমি হতাম না? আর শান্তি চুক্তি সম্পাদনকালে পার্বত্য চট্টগ্রাম থেকে দূরে কোলকাতায় থাকাকালে ঐ দোষারোপের শব্দগুলো কি আমার কানে পৌঁছায়নি? আমিও কি পাহাড়ের বাঙ্গালীদের মত অপমান আর বঞ্চনার যন্ত্রণা ভোগ করিনি?

এপ্রিল ২০১৮

গ্রেনেড হামলা, মুফতি হান্নানের ফাঁসী এবং কিছু কথা।

২০০৪ সালের একুশে আগস্ট গ্রেনেড হামলার বিষয়ে এ পর্যন্ত দুটি ভার্সন আমার সামনে এসেছে মিডিয়ার মাধ্যমে।একটি হচ্ছে বিএনপি সরকারের আমলে দেওয়া নোয়াখালীর জজ মিয়াঁর জবানবন্দী এবং অন্যটি হচ্ছে গোপালগঞ্জের জননেতা মুফতি হান্নানের জবানবন্দী। শোনা মতে এবং জানামতে জজ মিয়াঁ জবানবন্দী দিয়েছিল অনেকটা স্বেচ্ছায় কিন্তু মুফতি হান্নানের জবানবন্দী নেওয়া হয়েছিল বাংলাদেশের ইতিহাসের দীর্ঘতম সময় রিমান্ডে নিয়ে মানসিক ও দৈহিক নির্যাতনের মাধ্যমে, অর্থাৎ তার অনিচ্ছায়।

এছাড়া আরও একটি ভার্সন আছে যেটিকে আমলে নেওয়া হয়নি- তাহলো আসাম সহ পূর্বাঞ্চলের রাজ্যগুলির ভারতীয় গোয়েন্দা সংস্থাগুলির প্রধান মিঃ শর্মার আসামের গণমাধ্যমগুলোর কাছে দেওয়া বক্তব্য। ২০০৭ সালের শেষের দিকে তিনি বলেছিলেন যে, আসামের বিচ্ছিন্ন-বাদীরা ঢাকায় ২০০৪ সালের ২১শে আগস্ট গ্রেনেড হামলার সাথে জড়িত ছিল- এমন প্রমাণ তার কাছে আছে। এছাড়া আরও অন্য কোন এক বা একাধিক ভার্সন থাকলেও থাকতে পারে যেগুলো হয়ত এখনও অন্ধকারেই রয়ে গিয়েছে কিংবা ইচ্ছে করেই অন্ধকারে রেখে দেওয়া হয়েছে।

তবে উপরে উল্লেখিত ভার্সনগুলো নিয়ে এ পর্যন্ত বিভিন্ন অবস্থান থেকে এমনভাবে হ্যান্ডেলিং করা হয়েছে যে, এখন সবকিছুই যেন গুলিয়ে যায় কোনটি কতটুকু সত্যি আর কোনটি কতটুকু মিথ্যা এমন বিশ্লেষণ করতে বসলে। এ অবস্থায় এখানে আলোচনার স্বার্থে ধরেই নিচ্ছি যে, জজ মিয়াঁর জবানবন্দী, মুফতি হান্নানের জবানবন্দী, মিঃ শর্মার বক্তব্য এবং আরও কিছু আছে যেসবগুলো হয়ত চেপে যাওয়া হয়েছে কিংবা ভবিষ্যতে যেসবগুলো বেরিয়ে আসবে সে সবগুলোই যার যার অবস্থান থেকে সত্যি। ফলে উক্ত সব ভার্সনগুলো মতে স্বাভাবিকভাবেই যে বিষয়টি চলে আসছে তাহলো, উল্লেখিত সব পক্ষগুলোই একত্রে কিংবা ভিন্ন ভিন্ন ভাবে ঐদিন ঐ গ্রেনেড হামলায় জড়িত ছিল।

ধরেই নিচ্ছি যে, বিভিন্ন বিক্ষুব্ধ পক্ষগুলো পরিকল্পনা করে একই সময়ে একই সাথে একত্রে কিংবা ভিন্ন ভিন্ন ভাবে কেউ কাউকে চিনে না-জানে না এমন অবস্থায় হামলা স্থলে এসে উক্ত গ্রেনেড হামলা চালিয়েছিল। এক্ষেত্রে যে প্রশ্ন যুগল আমার মনে চলে আসে স্বাভাবিকভাবেই তাহলো, কে বা কারা পর্দার অন্তরালে থেকে বা নিজেদেরকে পর্দার অন্তরালে রেখে খুবই সতর্কতার সাথে এবং খুবই দক্ষতার সাথে অর্গানাইজ করে সমস্ত বিক্ষুব্ধ পক্ষগুলোকে এক করে কিংবা ভিন্ন ভিন্ন ভাবে যার যার অবস্থানে রেখে একই দিন, একই সময়ে এবং একই টার্গেটে হামলা করার পরিকল্পনা নিয়েছিল এবং সে অনুযায়ী গ্রেনেড হামলা করেছিল? এর

মোটিভ কি ছিল? এই প্রশ্নগুলির উত্তর খুঁজতে হলে আমার ধরে নেওয়া মতে সব ভার্সনগুলির একত্রে কিংবা আলাদা আলাদা বক্তব্য অনুযায়ী প্রথমেই আমাকে বের করতে হবে যে, ঐ গ্রেনেড হামলার মোটিভ কি ছিল? অর্থাৎ ঐ হামলা কি আওয়ামী লিগ প্রধান হাসিনার উপর হামলা ছিল তাকে হত্যা করার উদ্দেশ্যে নাকি শুধুই আওয়ামী লীগের উপর হামলা ছিল আওয়ামী লিগ প্রধান এবং আওয়ামী লীগের নেতা কর্মীদের ভয় দেখানোর জন্য? কিংবা অন্য কোন বিশেষ উদ্দেশ্যে?

এখানে একটি কথা আমাদের মনে রাখতে হবে যে, আওয়ামী লীগ প্রধান হাসিনার উপর হামলা এবং আওয়ামী লীগের উপর হামলা দুটি কিন্তু একদম ভিন্ন ভিন্ন বিষয় এবং সেই সাথে ভিন্ন ভিন্ন গুরুত্বের। খুব সম্ভবত এই বিষয়টি চিন্তা করেই আওয়ামী লীগ থিংক ট্যাঙ্ক ঐ হামলাকে এককভাবে "হাসিনাকে হত্যা করার উদ্দেশ্যে হামলা হিসাবে" শিরোনাম দিয়ে দেয় সাথে সাথেই। কারণ এই শিরোনামে গ্রেনেড হামলার বিষয়টি নিয়ে দেশীয় এবং আন্তর্জাতিকভাবে যে গুরুত্ব পাওয়ার কথা তা কিন্তু আওয়ামী লীগের উপর হামলা হিসেবে গণ্য করলে সে রকম কিছুই পাওয়ার কথা নয়।

অতীতে দেশের বিভিন্ন জায়গায় আওয়ামী লীগের উপর সরকারী এবং বেসরকারিভাবে বিভিন্ন রকম হামলা হয়েছিল তাতে আওয়ামী লীগের অনেক নেতা কর্মীরা আহত, নিহত এবং নিখোঁজ হয়েছিল। কিন্তু দেশের দৈনিক পত্রিকাগুলোতে কয়েক দিন খবরের শিরোনাম থাকার পর ঐ সব ঘটনার প্রায় সব বিষয় স্বাভাবিকভাবেই হারিয়ে যেত। এগুলোর মধ্যে সবচেয়ে উল্লেখযোগ্য হচ্ছে যে, ১৯৮৮ সালে চট্টগ্রাম শহরে আওয়ামী লীগ প্রধান হাসিনার নেতৃত্বে আওয়ামী লীগের মিছিলের উপর পুলিশি হামলা। শুনা যায়, ঐ হামলায় বেশ কয়েকজন কর্মী সমর্থক নিহত হয়েছিল, আহত হয়েছিল অনেক এবং এখন পর্যন্ত নিখোঁজ আছে কয়েকজন।

কিন্তু আওয়ামী লীগ প্রধান হাসিনা এ পর্যন্ত তিন তিন বার ক্ষমতায় এসে তিন তিন বার দেশের প্রধানমন্ত্রী হয়েও উক্ত বিষয়ে প্রায় কিছুই করেননি। আসলে ঐ হামলাটি আওয়ামী লীগ প্রধান হাসিনার কাছে কিংবা আওয়ামী লীগ থিংক ট্যাঙ্কের কাছে গুরুত্ব না পাওয়ার সবচেয়ে বড় কারণ হচ্ছে যে, হাসিনার নেতৃত্বে আওয়ামী লীগের মিছিলে হামলা হলেও তাকে হাসিনার উপর হামলা হিসেবে গণ্য করা হয়নি। চট্টগ্রামের ঐ হামলা সম্পর্কে আজ যতদূর আমার মনে পড়ে তা হল, তখন চট্টগ্রামের পুলিশ বাহিনী সে সময় হাসিনা এবং তার গাড়ির কাছাকাছি জায়গায় অবস্থান নিয়ে নির্বিচারে গুলি চালিয়েছিল চারিদিকে ছড়িয়ে ছিটিয়ে যাওয়া আওয়ামী লীগের নেতা কর্মী এবং সমর্থকদের উপর।

তার বেশ কয়েক বছর পর বিশেষ করে ১৯৯৩ সালে কোলকাতায় অবস্থানকালে এ হামলা সম্পর্কে আওয়ামী লীগ প্রধান হাসিনার খুবই ঘনিষ্ঠ এবং চট্টগ্রামের ও

কেন্দ্রীয় আওয়ামী লীগ নেতা মরহুম আখতারুজ্জামান চৌধুরী বাবু ভাইকে কয়েকবার জিজ্ঞেস করেও কোন সদুত্তর পাইনি। ঐ হামলা-কালীন সময়ে অন্যান্য আওয়ামী লিগ নেতাদের মতই তিনি জেনারেল এরশাদের সাথে ভাল সম্পর্ক বজায় রাখতেন। সে হিসেবে তিনি ভাল বলতে পারতেন কেন, কার হুকুমে এবং কি উদ্দেশ্যে পুলিশ এমন নির্বিচারে গুলি চালিয়েছিল?

তবে একুশে আগস্টের গ্রেনেড হামলা যখন সংঘটিত হয় তখন আমি ছিলাম ইউরোপে। ফলে এ সম্পর্কে আমি যতটুকু জেনেছি তার সবই বিভিন্ন মিডিয়ার মাধ্যমে। ২০০৪ সালের ২১শে আগস্ট থেকে ২০০৫ সালের মাঝামাঝি পর্যন্ত যে সব তথ্যগুলো আমি ইউরোপে থাকা অবস্থায় পেয়েছিলাম তা বিভিন্নভাবে বিশ্লেষণ করে আমার কাছে সে সময় এটিই প্রতীয়মান হয়েছিল যে, ঐ গ্রেনেড হামলাটি খুব সম্ভবত আওয়ামী লীগ সভানেত্রী হাসিনার উপর কোন হামলা ছিল না। আসলে ওটি ছিল আওয়ামী লীগের উপর পরিকল্পিত হামলা। বিশেষ কোন উদ্দেশ্যে বা কারণে।

যদি ঐ হামলা তার উপরে হত তাহলে তিনি বড় ধরনের আঘাত পেতেন তাতে তার গুরুতর আহত কিংবা নিহত হওয়ার সম্ভাবনা ছিল। সেই সাথে গুরুতর আঘাত পেতেন যারা তাকে তার বক্তব্য দেওয়ার সময় টিভি ক্যামেরায় নিজেদের চেহারা দেখানোর জন্য তার খুব কাছাকাছি দাঁড়িয়েছিলেন। বাস্তবে যদি হাসিনা ঐ গ্রেনেড হামলার প্রাইম টার্গেট হতেন তাহলে হামলাকারীদেরকে আমার ধরে নেওয়া হিসেব অনুযায়ী একত্রে কিংবা আলাদা আলাদাভাবে সে ধরণের বিশেষ ট্রেনিং দিয়ে তারপর হামলা স্থলে পাঠানো হত। যাতে গ্রেনেড হামলার প্রাইম টার্গেট কোনভাবেই মিস হয়ে না যায়। তবে এও হতে পারে যে, পরিকল্পনা অনুসারে হামলাকারীদের কেহ কেহ গ্রেনেড নিক্ষেপ করে ঐ জায়গায় ব্যাপক বিশৃঙ্খলা তৈরি করবে এবং অন্যদিকে তাদের কেহ একজন যে বা যারা ঐ সময় হাসিনার আশেপাশে দাঁড়িয়েছিল সুযোগ বুঝে ক্ষুদ্র অস্ত্র দিয়ে তাকে গুলি করে হত্যা করবে। হয়ত বিভিন্ন কারণে সে সময় তাকে ওভাবে হত্যা করার সে সুযোগটি পাওয়া যায়নি কিংবা ব্যর্থ হয়ে গিয়েছিল।

তবে সে হিসেবে যদি ঐ গ্রেনেড হামলার বিষয়টি এভাবে ব্যাখ্যা করার সুযোগ না থেকে থাকে তাহলে অবশ্যই ধরে নিতে হবে যে, ঐ হামলাটি ছিল শুধুই কোন এক বিশেষ কারণে বা উদ্দেশ্যে আওয়ামী লীগের উপর হামলা। ফলে ওটি খুব সম্ভবত আওয়ামী লীগ সভানেত্রী হাসিনাকে হত্যা করার উদ্দেশ্যে হামলা ছিল না। তবে এ বিষয়ে ঐ দিনের উক্ত স্থানের ভিডিও ফুটেজগুলি বার বার ভালো করে পরীক্ষা করে দেখা দরকার। হয়ত তাতে অনেক ক্লু বেরিয়ে আসতে পারে।

ঐ গ্রেনেড হামলার শব্দ-জনিত কারণে আওয়ামী লীগ প্রধান হাসিনার কানে আঘাত পাওয়া নিয়েও ভিন্ন মত প্রকাশ করার কিছু কারণ বর্তমান আছে। ২০০৪

সালের ২১শে আগস্ট থেকে ২০০৯ সালে ক্ষমতায় আসার আগ পর্যন্ত তার ঐ কানে আঘাত পাওয়া নিয়ে তার ব্যক্তিগত চিকিৎসকরা এবং তার ঘনিষ্ঠ আওয়ামী লীগ নেতা নেত্রীরা যে ভাবে বিষয়টি সর্বত্র হাইলাইট করে যাচ্ছিল তাতে মনে হয়েছিল যে, শুধুমাত্র তার কান লক্ষ্য করেই গ্রেনেড মারা হয়েছিল এবং সে অনুযায়ী তিনি শুধু কানেই আঘাত পেয়েছিলেন। কিন্তু ২০০৯ সালে যখন তিনি প্রধানমন্ত্রী হয়ে গেলেন তখন থেকে মনে হচ্ছে যে, প্রধানমন্ত্রী হওয়ার সাথে সাথে তার কানের ঐ কথিত ভীষণ সমস্যাটি বা আঘাতটি সেরে গেল একদম যেন অলৌকিকভাবে। যেন কিছুই হয়নি।

এক্ষেত্রে এ বিষয়টির ব্যাখ্যা এভাবেও হতে পারে যে, বিকট শব্দের সাথে সাথে ভয়-আতঙ্কে অনেক সময় দৈহিক-মানসিক সমস্যা একই সাথে কিংবা ভিন্ন ভিন্ন ভাবে সৃষ্টি হতে পারে বা দেখা দিতে পারে। আবার শ্রবণ এবং মানসিক কার্যপ্রণালীগুলো পরস্পরের সাথে সংযুক্ত সে হিসেবে উচ্চ শব্দ জনিত কারণে তিনি যে আঘাত পেয়েছিলেন বলে যা তার কাছে মনে হয়েছিল তা পরে দৈহিক এবং মানসিক উভয় দিক থেকে একই সাথে ডায়াগনোসিস করা হয়নি।

ফলে তিনি তার কানের অভ্যন্তরে আঘাত পেয়েছেন মনে করে যা অনুভব করতেন তা তার কাছে এবং তার দেশী বিদেশী চিকিৎসকদের কাছে অন্য ভাবে বিবেচনা করা সম্ভব হয়নি। ফলে আমার এই সাধারণ মেডিক্যাল ব্যাখ্যা অনুযায়ী আমি যেটি মনে করছি তা হচ্ছে যে, ২০০৯ সালের আগে পর্যন্ত তার কাছে যে রকম মনে হয়েছিল-সেই মানসিক অবস্থাটি ২০০৯ সালে ক্ষমতা পাওয়ার সাথে সাথে পর্যাপ্ত নিরাপত্তা ব্যবস্থার কারণে স্বাভাবিকভাবেই আজ প্রায় অস্তিত্বহীন হয়ে পড়েছে।

বাস্তব কারণেই আমরা যদি যুক্তিসঙ্গত-ভাবে বেশীরভাগ ক্ষেত্রে নিশ্চিত হতে পারি যে, ঐ দিনের ঐ গ্রেনেড হামলা আওয়ামী লীগ নেত্রী হাসিনার হত্যা প্রচেষ্টা ছিল না। সেক্ষেত্রে আমার মনে হয় নিরপেক্ষ ও সুগভীর তদন্তের মাধ্যমে আমরা হামলাকারী, হামলাকারীদের প্রকৃত পরিকল্পনাকারী ও প্রকৃত আদেশ দানকারীদের সনাক্ত করতে পারবো বলে আশা করতে পারি। হাসিনার উপর হামলা ছিল না বলে এত বড় হামলাকে ছোট করে দেখার কোন অবকাশ আছে বলে আমি মনে করি না।

কিন্তু প্রথমেই যদি সবকিছু বাদ দিয়ে হাসিনার হত্যা প্রচেষ্টার মামলা হিসেবে ধরে নিয়ে সেটিকে প্রমাণ করার জন্য সমস্ত তদন্ত কর্মকান্ড চালানো হয় তাহলে ওই তদন্ত অন্যথা হতে বাধ্য। ফলে এটি বাধ্য হয়ে দাড়িয়ে যায় মুফতি হান্নানকে এ মামলার আসামী করা। আবার যেহেতু মুফতি হান্নান হাসিনার হত্যা প্রচেষ্টা মামলার আসামী তাই মুফতি হান্নানকে হবিগঞ্জের কিবরিয়া হত্যাসহ সমস্ত বড় বড় সন্ত্রাসী হামলার সাথে জড়িত করা আবশ্যিক হয়ে দাঁড়িয়ে যায়।

সত্যি বলতে কি, আজ পর্যন্ত সমস্ত কিছু ঠিক সেভাবেই এগিয়েছে। এক্ষেত্রে মুফতি হান্নানকে একজন "সুপার সন্ত্রাসী" হিসেবে দেখানোর বা প্রমাণ করার একটি জোর উদ্যোগ লক্ষ্য করা যাচ্ছে সেই প্রথম থেকে। বলতে গেলে, ১৯৯৬ সালে আওয়ামী লীগ সরকার ক্ষমতায় আসার পর থেকে এবারের এপ্রিল ১৯১৭ সালে মুফতি হান্নানের ফাঁসি কার্যকর হওয়ার দিন পর্যন্ত এ প্রচেষ্টার কোন কমতি আমি দেখিনি। অন্যের কি রকম মনে হয় আমি জানি না, তবে আমার কাছে এ বিষয়টি অস্বাভাবিক এবং অবাস্তব কল্পকাহিনী বলে মনে হয়। যখন আমি প্রায় প্রতিদিন ২০০৪ সালের ২১শে আগস্ট এবং তার আগে পরে ঘটে যাওয়া সন্ত্রাসী ঘটনাগুলো নিয়ে ভাবি। একটি সঠিক হিসেব মেলাতে চেষ্টা করি। কিছু প্রশ্নের উত্তর খুঁজতে চেষ্টা করি। কারা কি উদ্দেশ্যে ঐ ঘটনাগুলো ঘটিয়ে আসছিলো? এবং কোন কোন দেশ এসবের সাথে জড়িত থাকতে পারে?

যেমন ধরুন, যে অভিযোগে মুফতি হান্নানের ফাঁসি কার্যকর করা হয়েছে তাতে মুফতি হান্নানের জড়িত থাকার বিষয়টি আমার হিসেবে মিলছে না। তার প্রধান কারণ হল- ঐদিন ব্রিটিশ হাইকমিশনার আনোয়ার চৌধুরী সিলেটে হজরত শাহজালাল (রা:)-এর মাজারে যাবেন, এ সংবাদটি মুফতি হান্নান কি করে এবং কার মাধ্যমে আগেভাগে পেয়েছিলেন তা কিন্তু পরিষ্কার নয়। কারণ পৃথিবীতে অ্যামেরিকান, ব্রিটিশ এবং ইজরায়েলি রাষ্ট্রদূতদের নিরাপত্তা ব্যবস্থা খুবই উচ্চ মাপের এবং টপ সিক্রেট। শুধুমাত্র ব্রিটিশ দূতাবাসের সাথে সংশ্লিষ্ট ছাড়া অন্য কেহ নিশ্চয় মুফতি হান্নানকে এ গোপন সংবাদটি দেয়নি। এ সম্ভাবনার কথাটি আমি তুলেছি যদি মুফতি হান্নান হাইকমিশনার আনোয়ার চৌধুরীর উপর গ্রেনেড হামলায় জড়িত থেকে থাকেন। কিন্তু যদি জড়িত না থেকে থাকেন তাহলে কি হতে পারে?

এক্ষেত্রে আমার মনে হয়- আনোয়ার চৌধুরীকে ব্রিটিশ হাইকমিশনার করে বাংলাদেশে পাঠানো এবং তার উপর গ্রেনেড হামলা একই পরিকল্পনার অংশ ছিল। কারণ উভয় বিষয়টি ঘটেছিল একটি নাজুক সময়ে। এ নাজুক সময়টি যেমন ছিল ব্রিটেনের টনি ব্লেয়ার সরকারের জন্য তেমনি ছিল ব্রিটেনে বসবাসরত বাংলাদেশীদের জন্য। আসলে ২০০৩ সালের প্রথম থেকে ব্রিটেনে বসবাসকারী বাংলাদেশিরা ইরাক আগ্রাসনের বিরুদ্ধে যেভাবে বিরামহীন আন্দোলন করে যাচ্ছিলেন বা আন্দোলনে অংশ গ্রহণ করে যাচ্ছিলেন তাতে আমি সে সময় ধরেই নিয়েছিলাম যে ঐ আন্দোলন থামানোর জন্য লন্ডনে কিছু একটি মারাত্মক ঘটনা ঘটানো হতে পারে।

এ ধারণাটি আমার মনে পাকাপোক্ত হয়ে যায় ঐ সময় যুক্তরাজ্য সরকারের ডব্লিউ এম ডি বিশেষজ্ঞ ডেভিড কেলির হত্যাকান্ডের পর। যদিও ব্রিটিশ সিনিয়র জাজ লর্ড হার্টনের অনুসন্ধান রিপোর্টে বলা হয়েছিল যে ডেভিড কেলি আত্মহত্যা

করেছিলেন। কিন্তু লিক হয়ে যাওয়া ভিক্টিমের কিছু ফটো-ফুটেজ দেখে আমি একশত ভাগ নিশ্চিত হয়ে গিয়েছিলাম যে, ডেভিড কেলি কেসটি একটি হত্যাকান্ত। কারণ এ ধরণের আত্মহত্যার ক্ষেত্রে চেয়ারের হাতলের উপর ভিক্টিমের হাতগুলো কোনভাবেই এমন সুবিন্যস্তভাবে পড়ে থাকার কথা নয়। বরং মনে হয়েছিল যে, কেহ তাকে হত্যা করে তার হাতগুলোকে হাতলের উপর বসিয়ে রেখে গিয়েছিল। ফলে লর্ড হার্টন যদি এটিকে আত্মহত্যার বদলে হত্যাকাণ্ড হিসেবে প্রাথমিকভাবে বিবেচনায় নিতেন তাহলে অবশ্যই জনমতের কারণে টনি ব্লেয়ারের যুক্তরাজ্য সরকার ইরাক আগ্রাসনে কোন মতেই মার্কিন যুক্তরাষ্ট্রের সহযোগী হতে পারতো না।

দৃশ্যত লর্ড হার্টনের অনুসন্ধান রিপোর্টটি যুক্তরাজ্যের ইরাক যুদ্ধ বিরোধীদের কোণঠাসা করে ফেলে এবং টনি ব্লেয়ার সরকারকে মার্কিন যুক্তরাষ্ট্রের সহযোগী হয়ে ইরাক আগ্রাসনে এক প্রকার গ্রিন সিগন্যাল প্রদান করে। ফলে যুক্তরাজ্যের অনেক নাগরিক অনিচ্ছা সত্ত্বেও যুদ্ধ বিরোধী প্রতিবাদ বিক্ষোভ থেকে সরে দাঁড়ায়। কিন্তু যুক্তরাজ্যে বসবাসকারী বাংলাদেশিরা সবাই অন্যান্যদের সাথে শেষ পর্যন্ত রাজপথে থেকে গিয়েছিল। এমনকি ইরাক আগ্রাসনের পরেও তাদের এ প্রতিবাদ থেমে থাকেনি। এক্ষেত্রে বিশ্বের অন্যান্য দেশের মুসলিমদের চাইতে বাংলাদেশিরা একটি বিশেষ সুবিধার পুরোপুরি ব্যবহার করেছিলেন। তাহলো ২০০১ সালের টুইন টাওয়ার হামলার পর পশ্চিমা বিরোধী সন্ত্রাসী কর্মকান্ডের দোষারোপ এবং অভিযোগের আংগুলি নির্দেশ এশিয়া আফ্রিকার মুসলিমদের মত বাংলাদেশি মুসলিমদের দিকে যায়নি।

কারণ ইউরোপ অ্যামেরিকা সহ পশ্চিমা দেশগুলোতে বাংলাদেশিদেরকে নিরীহ এবং দরিদ্র হিসেবে কমবেশি করুণা করা হত। পশ্চিমা দেশগুলোতে কাউকে করুণা করার মানে দাঁড়ায় কোন এক ধরণের প্রশ্রয় দেওয়া। ফলে ইরাক যুদ্ধ বিরোধী বিক্ষোভে বাংলাদেশিদের ব্যাপক অংশ গ্রহণ যুক্তরাজ্য বাসীদের মনে সে ধরণের কোন বিদ্বেষ সৃষ্টি করেনি বরং ধীরে ধীরে জনমত তৈরিতে গুরুত্বপূর্ণ ভূমিকা রেখে যাচ্ছিলো। যা টনি ব্লেয়ার সরকারের ইরাক আগ্রাসনে অংশ গ্রহণের পরিকল্পনার জন্য বিপদজনক হয়ে দাঁড়িয়েছিল।

সত্যি বলতে কি সে সময়ের যুক্তরাজ্য সরকার ইরাক যুদ্ধে যাওয়ার পরিকল্পনা তৈরির সময় খোদ যুক্তরাজ্যের জনগণের জনমতের বিষয়টি বিশেষ বিবেচনায় নেয়নি। এর প্রধান কারণ ছিল নিউ ইয়র্কে টুইন টাওয়ারে কথিত সন্ত্রাসী হামলার রেশ অন্যান্য ইউরোপিয়ানদের মত যুক্তরাজ্য-বাসিদের মনেও খুব গভীরভাবে প্রথিত ছিল। ফলে যুক্তরাজ্য সরকারের থিঙ্কট্যাঙ্ক নিশ্চিত ছিল যে, জনমত যুদ্ধের পক্ষে থাকবে এবং যুদ্ধবিরোধীরা তেমন কোন বাঁধা সৃষ্টি করতে পারবে না। কিন্তু ইরাক যুদ্ধ বিরোধী বিক্ষোভ মিছিলে যুক্তরাজ্যে বসবাসরত বাংলাদেশিদের ব্যাপক

অংশ গ্রহণ যুক্তরাজ্য সরকারের থিংক ট্যাঙ্কের ক্যাকুলেসানকে ভুল প্রমাণিত করেছিল। ফলে টনি ব্লেয়ার সরকারের অনেকে বিশেষ করে যারা ইরাক আগ্রাসনের পক্ষে কাজ করে যাচ্ছিলো তারা প্রতিনিয়ত প্রায় কোণঠাসা হয়ে যাচ্ছিলেন।

যুক্তরাজ্যের এ বিশেষ অবস্থাটি দূর থেকে পর্যবেক্ষণ করে আমার মনে হচ্ছিলো যে, যারা অযথা ইরাক আগ্রাসনের জন্য মিথ্যে যুক্তি নির্ভর কারণ তৈরি করেছেন তারা ঐ কোণঠাসা অবস্থান থেকে নিজেদের বাঁচানোর জন্য এবং যুদ্ধ পরিকল্পনাকে এগিয়ে নিয়ে যাওয়ার জন্য অন্তত লন্ডনে ইচ্ছাকৃত ভাবে কোন একটি মারাত্মক ঘটাবেন। কিন্তু সে সময়ের পরিস্থিতি অনুযায়ী যে সন্ত্রাসী ঘটনা লন্ডনে ঘটে যাওয়ার কথা ছিল তা বাংলাদেশের সিলেট এবং হবিগঞ্জ সহ বিভিন্ন জায়গায় কেন ঘটলো? আবার সিলেটে বা বাংলাদেশে ঐ সন্ত্রাসী ঘটনাগুলো ঘটে যাওয়ার সাথে সাথে যুক্তরাজ্যে ইরাক যুদ্ধ বিরোধী বিক্ষোভ কেন স্তিমিত হয়ে গিয়েছিল ?

যেহেতু যুক্তরাজ্যে ইরাক যুদ্ধ বিরোধী বিক্ষোভের অংশ গ্রহণকারীদের বেশির ভাগ ছিল বাংলাদেশি অভিবাসীরা তাই যড়যন্ত্রকারীরা সুক্ষ্ম পরিকল্পনা অনুসারে লন্ডনে কোন ধরণের সন্ত্রাসী হামলা না চালিয়ে তা বাংলাদেশে চালিয়েছিল। লন্ডনে কোন ধরণের সন্ত্রাসী হামলা করতে হলে তা যেমন যথেষ্ট সময় সাপেক্ষ বিষয় ছিল তেমনি উলটো রিয়েকসান হওয়ারও সম্ভাবনা ছিল। অন্যদিকে বাংলাদেশে সন্ত্রাসী ঘটনাগুলো ঘটে যাওয়ার পর থেকে যুক্তরাজ্যে বসবাসকারী বাংলাদেশী অভিবাসীরা ভয় পেয়ে যায় এবং মনোবল হারিয়ে ফেলে। এই ভেবে যে, অন্যান্য দেশগুলোর মুসলিমদের চাইতে তারা যে বিশেষ সুবিধা ভোগ করত তা থেকে তারা বঞ্চিত হয়েছে। সে সময় পশ্চিমা দেশগুলোতে সর্বদা আলোচনায় থাকা "মুসলিমরা সন্ত্রাসী" এই অভিযোগের আওতায় তারাও চলে এসেছে। ফলে তাদের বেশীরভাগ যুদ্ধ বিরোধী বিক্ষোভ থেকে সরে দাঁড়িয়েছিল। এতে পরে বিক্ষোভ স্তিমিত হয়ে গিয়েছিল। দৃশ্যত বাংলাদেশে সন্ত্রাসী হামলার পরিকল্পনাকারীরা তাদের উদ্দেশ্য সাধনে একশত ভাগ সফলতা অর্জন করেছিল। এক্ষেত্রে যে প্রশ্নগুলোর উত্তর আমি প্রতিনিয়ত খুঁজি তা হচ্ছে কারা কোন কোন দেশকে এবং কাদেরকে ব্যবহার করে বাংলাদেশে ঐ সন্ত্রাসী হামলাগুলো চালানো হয়েছিল?

এ রকম অনেক প্রশ্নগুলোর উত্তর এবং সে সাথে দেশিয় এবং আন্তর্জাতিক সুগভীর তদন্তের মাধ্যমেই একুশে আগস্ট গ্রেনেড হামলা থেকে শুরু করে সিলেট-হবিগঞ্জ সহ দেশের বিভিন্ন জায়গায় ঘটে যাওয়া গ্রেনেড হামলার রহস্য উন্মোচন করা সম্ভব বলে আমি মনে করি।

পেট্রোল বোমা নাকি অন্য কিছু?

যে পেট্রোল বোমা নিক্ষেপের ফলে যেভাবে নিমিষে বাস পুড়ে যায় ও মানুষ এভাবে দগ্ধ হয়ে যায় তাতে আমার মনে হয় ঐগুলো সাধারণ কোন পেট্রোল বোমা নয়। বরং পেট্রোল সহযোগে অন্য কোন অতি উচ্চমাত্রার দাহ্য বা বিস্ফোরক পদার্থ দিয়ে বিশেষভাবে তৈরি একটি ইম্প্রুভাইজড বোমা। আমার জানা মতে আফগান যুদ্ধে অ্যামেরিকা এবং গাজা সীমান্তে ইসরাইল প্রতিপক্ষের বিভিন্ন টানেল নিউট্রালাইজেশনে এ ধরণের সর্বাধিক উচ্চমাত্রার দাহ্য পদার্থ ব্যবহার করেছিল বা এখনও ব্যবহার করে যাচ্ছে।

এরশাদ বিরোধী আন্দোলনে পিকেটিঙের সময় পেট্রোল বোমা দিয়ে কয়েকবার গাড়ী পুড়তে দেখেছিলাম। কিন্তু তাতে আমার যদ্দুর মনে পড়ে আজকের এ পেট্রোল বোমার মত নিমেষে সবকিছু পুড়ে যেতে এবং ক্ষয়ক্ষতি হতে দেখিনি ও শুনিনি। সে সময় পেট্রোল বোমায় গাড়ি পুড়ে যাওয়া ছাড়া কেউ আহত হয়েছে এমন কথাও মনে পরছে না।

দু-তিনদিন আগে কুমিল্লার চৌদ্দগ্রামে ঢাকাগামী নৈশ কোচে যে পেট্রোল বোমা হামলায় ৭/৮ জন হতভাগ্য যাত্রী অগ্নিদগ্ধ হয়ে মারা গিয়েছেন তা আমার কাছে পরিকল্পিত অন্তর্ঘাতী হামলা বলে মনে হচ্ছে। অন্তর্ঘাতী হামলা বলতে যা বুঝাতে চাচ্ছি তাহল বাসের ভিতরে থাকা কেউ একজন এ কাণ্ডে জড়িত থাকে পারে।

কারণ এমন শীতকালীন রাতে চলতি বাসের জানালাগুলো সাধারণত খোলা রাখা হয় না এবং সে অনুসারে বাইরে থেকে পেট্রোল বোমা নিক্ষেপ করলে ভিতরে আগুন ছড়িয়ে পড়ার অনেক আগে যথেষ্ট সময় পাওয়া যাবার কথা ছিল বাস থামিয়ে যাত্রীদের নিরাপদে বাস থেকে নেমে পড়ার। এমনকী নিক্ষিপ্ত পেট্রোল বোমা কোন অতি উচ্চমাত্রার দাহ্য বা বিস্ফোরক পদার্থ দিয়ে বিশেষভাবে তৈরি একটি ইম্প্রুভাইজড বোমা হয়ে থাকলেও।

বিভিন্ন মিডিয়ার বর্ণনা অনুযায়ী সমস্ত বিষয়টি পর্যালোচনা করে আমার মনে হচ্ছে হয় বাসের ভিতরে থাকা কেউ পেট্রোল বোমাটি মেরেছিল অথবা বাইরে থেকে পেট্রোল বোমা মারার সাথে সাথে আগে থেকে বাসের মধ্যে থাকা কেউ পূর্ব পরিকল্পনা অনুযায়ী আরেকটি বোমা বাসের ভিতরে মেরে দিয়েছিল। যেহেতু হতভাগ্য বাস যাত্রীরা ঘুমিয়ে ছিলেন তাই বেশিরভাগ যাত্রী কিছু দেখা বা বুঝে উঠার আগে নিহত এবং আহত হয়েছিলেন।

যদি তাই হয় তাহলে এটি যা তা কাণ্ড নয় যে যাকে তাকে দিয়ে তদন্ত করানো এবং গভীরভাবে তদন্ত করার আগে ঢালাওভাবে মামলা দায়ের করা। সে সাথে ঐ অপরাধকে কেন্দ্র করে কিংবা ঐ অপরাধের দোহাই দিয়ে যাকে তাকে ক্রস ফায়ারে হত্যা করা। কারণ দৃশ্যত ঐ কাণ্ডে যেভাবে মামলা দায়ের করা হয়েছে

তাতে বুঝা যাচ্ছে যে, সরকার ঐ ঘটনাকে অন্য সব পেট্রোল বোমা হামলার মত সাদাসিধাভাবে আমলে নিয়েছে।

রাজনৈতিক ফায়দা লোটার আশায় পেট্রোল বোমা হামলাগুলোর তদন্ত না করে সরকারের এ ধরনের ঢালাওভাবে এবং উদ্দেশ্যমূলকভাবে যাকে তাকে দায়ী করার কারণেই ২০১৩ সালের আন্দোলনের সময় এবং পরে ব্যাপকহারে পেট্রোল বোমা নিক্ষেপকারীদের সনাক্ত এবং গ্রেফতার করা যায়নি।

এমনকী বোমা নিক্ষেপকারীদের বোমা নিক্ষেপ করা অবস্থায় ছবি থাকা সত্ত্বেও। পুলিশের গোয়েন্দা দফতর ঐ ধরনের ছবি দিয়ে "ধরিয়ে দিন এবং পুরস্কার নিন" জাতীয় পোস্টার শহরব্যাপী লাগিয়েও কোন ফল হয়নি। কিন্তু কেন ফল পাওয়া যায়নি তার কোন ব্যাখ্যা আমরা এখনো আইন-শৃঙ্খলা বাহিনীর কাছ থেকে পাইনি। অথচ অনেক ক্ষেত্রে এমন দেখা যায় যে, অনেক অপরাধে ক্লুহীন থেকেও আইন-শৃঙ্খলা বাহিনী জিন-ভূত কিংবা বাটি চালান দেওয়ার মত করে আশ্চর্যজনকভাবে অপরাধী গ্রেফতার করে দেখিয়ে দেয়। কিন্তু এক্ষেত্রে কেন তারা ব্যর্থ হল এরকম সুস্পষ্ট ক্লু থাকা সত্ত্বেও?

তাহলে পোস্টারে ছাপানো পেট্রোল বোমা নিক্ষেপকারী কী এদেশের নয়? যদি এদেশের না হয়ে থাকে তাহলে কোন দেশের হতে পারে? অন্য দেশের লোকদের এদেশে এসে এভাবে পেট্রোল বোমা মারার উদ্দেশ্য কী? আইন-শৃঙ্খলা বাহিনী ছাড়াও এদেশে আরও অনেক গোয়েন্দা সংস্থা আছে। জনগণের এবং দেশ নিরাপত্তার স্বার্থে তারা আসলে কী করছে এ বিষয়ে? এক্ষেত্রে কী দেশের সমস্ত আইন-শৃঙ্খলা বাহিনীর সংশ্লিষ্ট সকলে সত্যি ব্যর্থ হলেন নাকি কেউ ইচ্ছে করে তাদের সকলকে নিরুৎসাহিত করে যাচ্ছে এ ধরনের অপরাধীদের ধরার জন্য?

মাঝে মাঝে আইন শৃঙ্খলা রক্ষাকারী বাহিনীর বড় বড় কর্মকর্তারা যেভাবে কথা বলেন এবং যেভাবে কাজ করেন দেখে শুনে মনে হয় যেন এদেশে আবার বাকশাল তৈরি করা হয়েছে এবং তারা তার একটিভ সদস্য ইতিমধ্যেই হয়ে গিয়েছেন। সরকারী কাজকর্মের সাথে সাথে রাজনৈতিক কর্মকাণ্ড এবং কথাবার্তা তাদের জন্য যেন বাধ্যতামূলক করা হয়ে গিয়েছে।

সত্যি বলতে কী, এদেশের সমস্ত কিছু এমনভাবে রাজনীতিকরণ এবং ভারতীয়করণ করা হয়েছে যে, হতভাগ্য বাসযাত্রীদের নিরাপত্তার মত জাতীয় নিরাপত্তা আজ কোথায় গিয়ে দাঁড়িয়েছে তা বুঝতে পারা সত্যি খুব কঠিন হয়ে গিয়েছে। এদেশের এবং এদেশের জনগনের নিরাপত্তা নয়, এদেশে কোন পার্টি ক্ষমতায় এলে কোন দেশের কত লাভ হবে এটিই যেন এখন কারো কারো কাছে মুখ্য বিষয়।

ইউরোপের নিষিদ্ধ ইতিহাস।

রাশিয়া সহ পূর্ব ইউরোপে সমাজতন্ত্র প্রতিষ্ঠার সমস্ত আন্দোলনে গুরুত্বপূর্ণ নেতৃত্বে ছিলেন ইহুদীরা। ইহুদীদের অর্থনৈতিক অবস্থা ভালো থাকায় শিক্ষায় তারা খুব এগিয়ে ছিল। আরেকটি প্রধান কারণ ছিল কমিউনিস্ট পার্টি পরিচালনে এবং আন্দোলন এগিয়ে নিয়ে যাওয়ার ক্ষেত্রে বিপুল পরিমাণ অর্থের জোগান। যা বাস্তব কারণে ইহুদীদের পক্ষেই সম্ভব ছিল। ফলে প্রথম এবং মাঝারি সারির গুরুত্বপূর্ণ নেতৃত্ব ছিল ইহুদীদের দখলে। প্রথম সারির নেতা ট্রটস্কি ছিলেন ইহুদী। লেলিনের রক্তে ইহুদী লিঙ্ক আজ প্রমাণিত। অনেকে মনে করেন, লেলিনের ইহুদী কানেকশান না থাকলে তিনি নেতৃত্বে আসতে পারতেন না। আবার স্টালিনের ক্ষমতা গ্রহণের পর রাশিয়া এবং পূর্ব ইউরোপে কঠোর দমন নীতির পশ্চাতে ছিল রাশিয়ার ইহুদী কমিউনিস্ট নেতৃত্বের মন্ত্রণা। যা দ্বিতীয় যুদ্ধের পর পরে ইসরাইল রাষ্ট্র প্রতিষ্ঠা পর্যন্ত বহাল ছিল।

আবার জার্মানি সহ পশ্চিম ইউরোপে সমাজতন্ত্র প্রতিষ্ঠার পথে সমস্ত আন্দোলনে নেতৃত্বে ছিল ইহুদীরা। সে সময়ের ইউরোপের দেশে দেশে ইহুদী বিদ্বেষী ধর্মীয় সমাজ ব্যবস্থায় এ রকম নেতৃত্ব দান ছিল অত্যন্ত কঠিন বিষয়। কিন্তু তা সম্ভব হয়েছিল রাষ্ট্র এবং সমাজের সর্বস্তরে চরম শ্রেণি বৈষম্য বজায় থাকার কারণে। ইহুদী সমাজতান্ত্রিক নেতৃত্ব পুঁজিতন্ত্রের সাথে সাথে ধর্ম-তন্ত্রকে শ্রেণি বৈষম্যের অন্যতম প্রধান কারণ হিসেবে প্রতিষ্ঠিত করতে সক্ষম হয়ে যান। অর্থনৈতিক দুর্দশায় জর্জরিত বেশির ভাগ খৃস্টান জনগোষ্ঠী এ তত্ত্বকে মেনে নিয়েছিল। ফলে তারা ইহুদী নেতৃত্বে নিজেদের মধ্যে এক রক্তক্ষয়ী আত্মকলহে জড়িয়ে পড়েছিল। এখানেই ছিল ইউরোপে সমাজতান্ত্রিক আন্দোলনে নেতৃত্বদানকারী ইহুদী নেতৃত্বের সফলতা।

আবার সে সাথে এ বিষয়টি ছিল তাদের একটি সীমাহীন ব্যর্থতাও। কারণ নিজেদের নেতৃত্বের স্বার্থে চরম ধর্ম বিরোধী নীতি গ্রহণ করার কারণে তারা ইউরোপের সর্বত্রই ধর্ম বিশ্বাসীদের দ্বারা চরমভাবে বিরোধিতার সম্মুখীন হন। যা পরে আসল উদ্দেশ্য সাধনে ব্যাপক প্রতিবন্ধকতা সৃষ্টি করেছিল এবং খুব বিপদজনক ও ধ্বংসাত্মক হয়ে উঠেছিল। সমাজতান্ত্রিক মতাদর্শের এবং ধর্ম বিরোধী মতাদর্শের অপরিমাণ দর্শী ইহুদি নেতৃত্বের কারণেই পরে ইউরোপের সাধারণ ইহুদিরা ঢালাওভাবে বিরোধিতায় পড়ে গিয়েছিল এবং চরম ক্ষয়ক্ষতির সম্মুখীন হয়েছিল।

আসলে সমাজতান্ত্রিক আন্দোলনে বা সমাজতন্ত্র প্রতিষ্ঠার পথে পথে ইউরোপ

জুড়ে যে রক্তস্রোত বয়ে গিয়েছিলো তা ছিল খৃস্টান ধর্মীয়দের। ইহুদীদের নয়। ইহুদী সমাজতান্ত্রিক নেতৃত্ব ধর্ম, চার্চ এবং ধর্মগুরুদের বিপক্ষে যে ঘৃণা ছড়িয়ে দিতে সক্ষম হয়েছিলেন তা আজ পর্যন্ত সব ধর্মকে আঘাত করলেও ইহুদী ধর্ম ছিল তার ব্যতিক্রম। কারণ ইহুদী নেতৃত্ব নিজেদের ধর্মীয় মানুষদের রক্তক্ষয় এড়াতে প্রকাশ্যে এবং গোপনে যথা সম্ভব সবকিছু করে গিয়েছিলেন। ফলে ঐ আন্দোলনে লক্ষ লক্ষ খৃস্টানদের রক্তক্ষয়ের বিপরীতে ইহুদীদের রক্তক্ষয় ছিল হাতে গোনা। প্রায় নেই বললেই চলে।

এবিষয়টি নজরে এসে যায় পশ্চিম ইউরোপের কিছু কিছু রাজনীতিবিদদের। সমাজতান্ত্রিক আন্দোলনের তীব্র স্রোতে প্রায় কোণঠাসা হয়ে পড়া খৃস্টান রাজনৈতিক নেতৃত্বের একাংশ এ বিষয়টি পুঁজি করে জনমত তৈরিতে সচেষ্ট হয়ে পড়েন।এতে শুরু হয়ে গিয়েছিল পশ্চিম ইউরোপের দেশে দেশে সমাজতান্ত্রিক আন্দোলনের বিপক্ষে প্রতিরোধ হিসেবে জাতীয়তাবাদী আন্দোলন। যা পরে কট্টর এবং উগ্র জাতীয়তাবাদী আন্দোলনে রূপ নিয়েছিল। যাকে বিবেচনা করা যায় সমাজতান্ত্রিক প্রতিষ্ঠার আন্দোলনে লক্ষ লক্ষ খৃষ্টানদের রক্তক্ষয়ের প্রতিশোধ নেওয়ার পালা হিসেবে। এটি হচ্ছে জার্মানিতে হিটলার এবং তার নাৎসিবাদের উত্থানের প্রধান কারণ।

সেক্ষেত্রে সমাজতান্ত্রিক শ্রেণি বিপ্লবের মতবাদের বিপক্ষে হিটলারের বক্তব্য জার্মানিতে গ্রহণযোগ্যতা পেয়েছিল ব্যাপকভাবে। তিনি শ্রেণি বৈষম্য দূর করার কমিউনিস্ট প্রচেষ্টাকে লম্বা ও খাটো মানুষদের পা এবং মাথা কেটে এক সমান করার প্রক্রিয়া হিসেবে বর্ণনা করেছিলেন। পুঁজিপতি এবং শিল্প মালিকদের হত্যা করে শ্রমিক নেতৃত্ব প্রতিষ্ঠা করার বিষয়টিকে একটি আত্নবিধ্বংসী অপকর্ম হিসেবে আখ্যা দিয়েছিলেন। একে তিনি পুঁজি এবং শিল্প মেধা ধ্বংস করে জার্মানিকে অর্থনৈতিকভাবে পর্যুদস্ত করে বিদেশী পদতলে নিয়ে যাওয়ার অপচেষ্টা হিসেবে দেখেছিলেন। তার মতে, পুঁজি এবং মেধা সম্পন্ন লোকেরাই শিল্প-কারখানা প্রতিষ্ঠা করে থাকেন। কিন্তু এদেরকে শ্রেণীশত্রু হিসেবে বিবেচনা করে যদি পরিবার সহ হত্যা করা হয় তাহলে জার্মানিতে শিল্প কারখানা পরিচালনা, প্রতিষ্ঠা এবং উৎপাদন ব্যবস্থা ধ্বংস হয়ে যাবে। এতে বিপুল সংখ্যক মানুষ কর্মহীন এবং নিঃস্ব হয়ে পড়বে। তার চাইতে তিনি পুঁজি এবং শিল্প মালিকদের বাঁচিয়ে রেখে তাদের সম্মতিতে এবং সহযোগিতায় শ্রমিকদের জীবন মান উন্নয়নের প্রস্তাব দিয়েছিলেন। সে সাথে তিনি এও বলেছিলেন যে, রাষ্ট্র এবং রাজনীতির সাথে ধর্মের সংশ্লিষ্টতা না থাকলে রাষ্ট্র, সমাজ এবং পরিবারে নৈতিকতার চরম ঘাটতি দেখা দেবে এবং এক সময় সর্বত্র অরাজক পরিস্থিতির সৃষ্টি করবে।

সমাজতন্ত্র প্রতিষ্ঠার জন্য কমিউনিস্ট মতবাদের বিপক্ষে হিটলারের বক্তব্য অমূলক

এবং উড়িয়ে দেওয়ার মত ছিল না। কারণ হিটলারের ক্ষমতা গ্রহণের আগে জার্মানি সহ ইউরোপের মানুষ জ্ঞাত ছিল কিভাবে কমিউনিস্ট মতবাদ প্রতিষ্ঠার জন্য রাশিয়া এবং পূর্ব ইউরোপে প্রাণ ক্ষয় হয়েছিল। এ প্রাণ ক্ষয় শুধু কমিউনিস্ট সরকার প্রতিষ্ঠার আন্দোলনে হয়নি বরং কমিউনিস্ট সরকার প্রতিষ্ঠার পরে কমিউনিস্ট অর্থনীতি প্রতিষ্ঠা করতে গিয়েও হয়েছিল। শ্রেণি শত্রু বিনাশ এবং পুঁজিপতিদের উচ্ছেদের নামে ব্যবসা পুঁজি এবং শিল্প মালিকানা ধ্বংস হয়ে যাওয়ার কারণে বিপুল সংখ্যক শ্রমিক শ্রেণি কর্মহীন এবং নিঃস্ব হয়ে পড়েছিল। ফলে যাদের স্বার্থে সমাজতন্ত্র প্রতিষ্ঠা করা হয়েছিল তারাই পরবর্তীতে হয়ে পড়েছিল ভিক্টিম। শ্রেণীশত্রু খতমের নামে শিল্প মালিকদের হত্যা এবং উচ্ছেদের পর থেকে সমাজতান্ত্রিক অর্থনীতি দাড় করানো পর্যন্ত ট্রান্সজিসনাল সময়টিতে যে অর্থনৈতিক শূন্যতা সৃষ্টি হয়েছিল তাতে বিপুল সংখ্যক লোকজন প্রাণ হারিয়েছিল অনাহারে, অর্ধাহারে এবং অপুষ্টিতে। তাদের সংখ্যা সমাজতন্ত্র প্রতিষ্ঠার আন্দোলনের সংঘর্ষে নিহতদের সংখ্যার চাইতেও কয়েকগুণ বেশি ছিল। এবং এরা সবাই ছিল খৃস্টান ধর্মের অনুসারী, ইহুদী ধর্মের কেহ ছিল না।

এগুলো হচ্ছে জার্মানিতে জাতীয়তাবাদী আন্দোলন তৈরি করে দ্রুত রাষ্ট্র ক্ষমতায় হিটলারের চলে আসার প্রধান কারণ। ইহুদী নেতৃত্বের কমিউনিস্টদের বিপক্ষে তিনি শুধু আর্থ-রাজনৈতিক কারণগুলো তুলে ধরেননি। বরং তাদের কৌশলগত ধর্মহীন রাষ্ট্র এবং সমাজ ব্যবস্থার বিপক্ষে তার অবস্থান এবং বক্তব্য জার্মানির সাধারণ মানুষদের এবং খৃস্টান ধর্মগুরুদের ব্যাপক সমর্থন পেয়েছিল। হিটলারের প্রতি এ সমর্থন শুধু জার্মানিতে সীমাবদ্ধ থাকেনি। ইউরোপের বিভিন্ন দেশে তা দ্রুত বিস্তার লাভ করেছিল। প্রায় বিনা বাঁধায় হিটলারের পোল্যান্ড এবং ফ্রান্স দখলের কারণ এটি। কারণ ঐ দুটি দেশে ইউরোপের অন্যান্য দেশগুলোর তুলনায় সবচেয়ে বেশি ইহুদী বসবাস করতো। জার্মানির মত ঐসব দেশগুলোর অর্থনৈতিক চাবিকাঠি ছিল ইহুদীদের হাতে। ফলে ঐসব দেশগুলোর বিপুল সংখ্যক মানুষ হিটলারকে সমর্থন জানিয়েছিল এবং স্বাভাবিকভাবেই ইহুদি বিরোধী সংঘর্ষে জড়িয়ে পড়েছিল।

দ্বিতীয় বিশ্বযুদ্ধকে কোন এক অজ্ঞাত কারণে ইহুদী নিধনের যুদ্ধ বলা হলেও ঐ যুদ্ধেও নিহত খৃস্টানদের সংখ্যা ছিল ব্যাপক। তবে ইহুদি নেতৃত্বে সমাজতন্ত্র প্রতিষ্ঠার আন্দোলনে এবং পরে রাষ্ট্র ক্ষমতা দখল করে সমাজতান্ত্রিক রাষ্ট্র প্রতিষ্ঠার পথে যেভাবে সংঘর্ষে এবং দুর্ভিক্ষে বিপুল সংখ্যক খৃস্টানদের প্রাণহানি হয়েছিল ঠিক একইভাবে দ্বিতীয় বিশ্বযুদ্ধে প্রাণহানি হয়েছিল ইহুদীদের। যদিও ঐ যুদ্ধে নিহত ইহুদীদের সংখ্যা নিয়ে ইউরোপে চাপা বিতর্ক আছে। তবে একথা নির্দ্বিধায় বলা যায় যে, জার্মানিতে হিটলারের ক্ষমতা গ্রহণের প্রথম থেকে দ্বিতীয় বিশ্বযুদ্ধের

শেষ পর্যন্ত ইউরোপে যত ইহুদি মারা গিয়েছিল তার প্রায় ৯০% ইহুদি মারা গিয়েছিলো যুদ্ধের শেষ সময়গুলোতে। জার্মানিতে ইহুদীদের আটক করে রাখা ক্যাম্পগুলোতে অনাহারে ও অপুষ্টিতে।

এমনিতেই সারা বছর ক্যাম্পগুলোতে বন্দীদেরকে দেওয়া খাদ্যের পরিমাণ ছিল প্রয়োজনের তুলনায় খুব কম তার উপর জার্মানি কোণঠাসা হয়ে যাওয়ার পর থেকে খাদ্য ঘাটতি দেখা দিয়েছিল। ফলে তার ব্যাপক প্রভাব পড়েছিল বন্দী ক্যাম্পগুলোতে। আবার সে সময়টিতে শীতকাল থাকায় অনাহারে, অপুষ্টিতে এবং অসুস্থতায় প্রতি মুহূর্তে অসংখ্য বন্দীদের মৃত্যুতে দ্রুত নিঃশেষ হয়ে গিয়েছিল বন্দী ক্যাম্পগুলো।

তবে হ্যাঁ, জার্মানি-পোল্যান্ড সহ ইউরোপের বিভিন্ন দেশের বিভিন্ন বন্দী শিবিরগুলোতে আটক অসংখ্য হতভাগ্য ইহুদীদের বাঁচানো যেত যদি সে সময়ের ইহুদী নেতৃত্ব এবং তাদের সমর্থক রাষ্ট্রগুলো সে ধরনের কোন পদক্ষেপ নিতেন। যুদ্ধে যখন জার্মানি পরাজিত হতে শুরু করে তখন মানবিক কারণে তাদের উচিত ছিল ক্যাম্পে বন্দী ইহুদীদের উদ্ধারের এবং বাঁচিয়ে রাখার স্বার্থে হিটলারের জার্মানির সাথে আলোচনায় বসা। কিন্তু জার্মানিকে সম্পূর্ণ পরাজিত করার মিত্র বাহিনী এবং ইহুদি বাহিনীর বাসনার কাছে পরাজিত হয়েছিল মানবিকতা। ফলে ক্যাম্পগুলোতে ইহুদীদের মৃত্যুর সম্পূর্ণ দায় পড়া উচিত ছিল ইহুদী নেতৃত্বের এবং তাদের সমর্থক রাষ্ট্রগুলোর উপর।

কিন্তু যুদ্ধ শেষ হওয়ার সাথে সাথে প্রায় ইহুদী শূন্য ক্যাম্পগুলো আবিষ্কার হওয়ার পর ইহুদী নেতৃত্বের মাথায় আকাশ ভেঙ্গে পড়ার মত অবস্থা দাঁড়িয়ে গিয়েছিল। ফলে তারা এবং তাদের মিত্ররা দায় এড়াবার জন্য গ্যাস চেম্বার সহ বিভিন্ন পদ্ধতিতে হিটলারের নির্দেশে নির্বিচারে অসংখ্য ইহুদিদের নিষ্ঠুর হত্যাকান্ডের গল্প ফেঁদে বসেছিল। এবং দশকের পর দশক ধরে একতরফা ভাবে চলে আসা ঐসব গল্পগুলো প্রকৃত সত্যকে আড়াল করে একমাত্র সত্য হিসেবে দাঁড়িয়ে যায়। কিন্তু আসল সত্যি বিষয়টি ছিল যে, হিটলার রাজনৈতিক কারণে চরম ইহুদি বিদ্বেষী নীতি গ্রহণ করলেও কখনও ঢালাওভাবে এবং নির্বিচারে ইহুদীদের হত্যাকান্ডের নীতি গ্রহণ করেননি। যদি তিনি সে রকম কিছু করতেন তাহলে তিনি যে রকম মানসিকতার লোক ছিলেন তাতে ক্যাম্প তৈরি করে ইহুদীদের ধরে এনে বছরের পর বছর ধরে সেখানে রেখে দেওয়ার জন্য অজস্র অর্থ ব্যয় করতেন না। যেখানে যে অবস্থায় ইহুদীদের পেতেন মাথা পিছু এক বুলেটেই হত্যা করতে পারতেন। তাতে যেমন অর্থ খরচ কম হত তেমনি ঝামেলাও কম হত।

৩১শে মে ২০১৭।

সমুদ্রপথে মানব পাচার, ক্রস ফায়ার এবং বাংলাদেশ সরকার

তিন সামরিক বাহিনী থেকে র‍্যাবে আসা সদস্যরা ক্রস ফায়ারে মানুষ হত্যা করেছেন অনেক। তাদের দেখাদেখি পুলিশ বাহিনীও ক্রস ফায়ারে হত্যা করা শুরু করেন এবং অনেক দূর অগ্রসর হয়ে গিয়েছেন ইতিমধ্যে। র‍্যাব বাহিনী এবং পুলিশ বাহিনীর যখন ক্রস ফায়ারে হত্যা করার ক্ষমতা থাকতে পারে তাহলে সীমান্ত রক্ষা বাহিনী বিজিবির তা থাকবে না কেন? তারাতো আধা-সামরিক বাহিনী। সে হিসেবে বিজেবি এতদিনে কয়েকটি ক্রস ফায়ার দিয়ে ইতিমধ্যে হাত পাঁকিয়ে নিয়েছেন। কিন্তু পরে সমস্যা দেখা দিয়েছিল আনসার বাহিনী নিয়ে। তারা নিশ্চয় এতদিন ভাবছিলেন যে, দেশ স্বাধীন হয়েছিল বৈষম্য নিরসনের প্রতিশ্রুতি দিয়ে কিন্তু ক্রস ফায়ারে আনসার বাহিনীর প্রতি বৈষম্য থাকবে কেন? তাই তারাও গত মাসে কক্সবাজার জেলায় একজনকে ক্রস ফায়ারে হত্যা করে ফেলেছেন। কিন্তু এতেও এ স্বাধীন দেশে বৈষম্য নিরসন হয়নি। গ্রাম অঞ্চলের চৌকিদাররাও এখন নিশ্চয় অধীর আগ্রহে অপেক্ষা করে আছেন কবে তাদেরকে ক্রস ফায়ারে মানুষ হত্যার অধিকার দেওয়া হবে? তা না হলে গ্রামের মুরগি চোরদের কাছে চৌকিদারদের আর কোন মান সম্মান যেন আর থাকছে না।

সেদিন বিভিন্ন জনের কাছে শুনলাম-কয়েকজন আদম পাচারকারীকে ক্রস ফায়ারে হত্যা করা হয়েছে থাইল্যান্ডের জঙ্গলে গণকবর আবিষ্কার হওয়ার পর। এতে বহির্বিশ্বে বাংলাদেশ সরকারের কথিত ভাবমূর্তি খুব উজ্জ্বল হয়েছে নিশ্চয়। দেশ এখন ঢোল পেটানো কথিত উন্নয়নের বন্যায় ভাসছে এবং দৃশ্যত পুঁটি মাছের মত লাফাতে লাফাতে মধ্যম আয় কী উচ্চ আয়ের দেশের মর্যাদা অর্জন করতে যাচ্ছে। এ সময় এ রকম আদম পাচার বোধ হয় সরকারের ভাষায় সরকারের বিরুদ্ধে গভীর ষড়যন্ত্রমুলক কর্মকাণ্ড। তাই ক্রস ফায়ারের মাধ্যমে মানুষ হত্যা করে তা রুখে দেওয়া যেন বাংলাদেশ সরকারের জন্মগত অধিকার হয়ে দাঁড়িয়েছে। তবে অন্য সব ক্রস ফায়ারের সাথে বর্তমানের আদম ক্রস ফায়ারের পার্থক্য কিন্তু একটি। কোন ফায়ার আর্মসের উদ্ধার দেখানো হয়নি। কারণ বাংলাদেশে আদম পাচারে কখনও ফায়ার আর্মসের ব্যবহার হয় না। ব্যবহার হয় টাকার।

ফলে আপনাদের মধ্যে যারা বর্তমান সরকারের অনেক কর্মকাণ্ডগুলো অপছন্দ করেন তাদের কেউ কেউ নিশ্চয়ই ভাবছেন- তাহলে ক্রস ফায়ার কী করে হল? যখন ক্রস ফায়ার মানেতো এদিক থেকে গুলি যাওয়া এবং ওদিক থেকে গুলি আসা। আপনাদের ভাবনা আপনাদের পর্যন্ত থেকে যায়। কারণ এ নিয়ে বর্তমান

বাংলাদেশ সরকারের এখন কোন মাথাব্যথা-টেনশন নেই। সরকারের এখন মেলা পাওয়ার বহির্বিশ্বে। ভারত সব ম্যানেজ করে দেয় আমেরিকা, ইউ, জাতিসঙ্ঘ এবং অন্যান্য বিভিন্ন সংস্থাগুলোকে। যেন "কুচ পরোয়া নেহি হ্যাঁয়" "পয়সা ঢালত সব ঠিকঠাক" ইত্যাদি ইত্যাদি ভাবে। এজন্য বলছি, আগে অনেক ভালো ছিল যখন জাতিসংঘ এবং অন্যান্য গুরুত্বপূর্ণ আন্তর্জাতিক সংস্থা গুলোর প্রধান হতেন ইউরোপ-আমেরিকার গুরুত্বপূর্ণ দেশগুলির গুরুত্বপূর্ণ ভদ্রলোকেরা। কিন্তু যখন থেকে কফি-বানকি মুন, আইরিন খান, নিশা পিল্লাই জাতীয় লোকগুলো ঐসব সংস্থাগুলোর প্রধান হতে শুরু করলো, তখন থেকে সবকিছু বাজে ভাবে চলতে শুরু করেছে। কারণ ইউরোপ আমেরিকার গুরুত্বপূর্ণ দেশগুলোকে আমরা বিভিন্ন কারণে যতই দোষ দেই না কেন আমাদের মত এশিয়া-আফ্রিকার দেশগুলোতে গণতন্ত্র এবং মানবাধিকার চর্চায় তাদের ইনফ্লুয়েন্স এবং প্রেশার না হলে যেন কিছুই আগায় না। যেমন কুকুরের জন্য তেমন মুগুর দরকার হয়। এসব মুগুরের ব্যবস্থা শুধুমাত্র ইউরোপ অ্যামেরিকার গুরুত্বপূর্ণ দেশের সরকাররাই করতে পারেন। কারণ তারাই ভালভাবে জানেন কোন ধরনের কুকুরের জন্য কি ধরনের মুগুরের দরকার হয়। এ সমস্ত বিষয়ে ইউরোপ-অ্যামেরিকার গুরুত্বপূর্ণ দেশের গুরুত্বপূর্ণ লোকেরা নিজ নিজ দেশের সরকারদের উপর চাপ প্রয়োগ করতে পারেন খুব ভালভাবে। যদি তারা জাতিসঙ্ঘ সহ অন্যান্য গুরুত্বপূর্ণ সংস্থাগুলোর প্রধানদের দায়িত্ব পান। কিন্তু বান কি মুনদের মত লোকদের পক্ষে কী তা সম্ভব? না, কোনদিন নয়।

কিছুক্ষণ আগে একজনকে বলতে শুনলাম, তিনি টেলিভিশনে দেখেছেন-জাতিসঙ্ঘের মানবাধিকার সংস্থা বলছে যে, এ বছরের গত চার মাসে প্রায় ২৫ হাজার বাংলাদেশীদের কক্সবাজার জেলা দিয়ে পাচার করা হয়েছে মালয়েশিয়ার যাওয়ার উদ্দেশ্যে। আবার এ বছরের শুরুতে তারা বলেছিল যে, গত বছর প্রায় এক লক্ষ থেকে দেড় লক্ষ কিংবা তারও অধিক সংখ্যক বাংলাদেশীরা একই পথে পাচার হয়ে মালয়েশিয়া পৌঁছেছিল। এসব শুনে আমি হরদম অনেক কিছু ভাবি (ভাবতে আমার পয়সা লাগে না, ভেবে ভেবেই সময় কাটাই আমি, অন্য কোন কাজ নেইতো)। জাতিসঙ্ঘের সংস্থাগুলো বাংলাদেশ থেকে মানব পাচারের যে সংখ্যা এবং তথ্য দিয়ে যাচ্ছেন কোয়াটার-লি এবং বছর-ওয়ারী তার কোন কিছুই অস্বীকার কিংবা কোন দ্বিমত পোষণ করছি না আমি। আমার ভাবনা হচ্ছে, জাতিসঙ্ঘের বিভিন্ন সংস্থাগুলো এবং অন্যান্য আন্তর্জাতিক সংস্থাগুলো বাংলাদেশে থেকে মানব পাচারের তথ্যগুলো সাধারণত তিন-চার মাস পর কিংবা এক বছর সময়ের পর পান না, হরদম

পেয়ে যাচ্ছেন।

তাহলে কেন তারা তিন-চার মাস কিংবা এক বছর পর কিংবা কোন একটি মারাত্মক ঘটনা ঘটার পর এসব তথ্য উল্লেখ করে বাংলাদেশ সরকারকে সতর্ক করছেন? কেন তারা হরদম এ কাজ করছেন না? যখনই তারা জেনে যাচ্ছেন ব্যাপকহারে বিরামহীনভাবে মানব পাচারের বিষয়ে। সে অনুযায়ী কেন তারা প্রতিনিয়ত বাংলাদেশ সরকারকে চাপ প্রয়োগ করছেন না যথাযথ ব্যবস্থা নেওয়ার জন্য? কেন তারা গবেষণা করে এ সমস্যার সমাধানের উপায় বাতলে দিচ্ছেন না? এ মানব পাচারের বিষয়ে "যত দোষ নন্দ ঘোষের" নয়। আসলেই বাংলাদেশ থেকে মানব পাচারের সব দোষ বাংলাদেশ সরকারের। বাংলাদেশ সরকারের উৎসাহ-উদ্দীপনা এবং সহযোগিতা ছাড়া এদেশ থেকে এত সংখ্যায় মানব পাচার কোন মতে হতে পারে না। বাংলাদেশ থেকে মালয়েশিয়ার উদ্দেশে সমুদ্রপথে যত মানব পাচার হয়েছে তা সব হয়েছে কক্সবাজার জেলা দিয়ে। দু-এক ডজন কিংবা দু একশ লোক পাচার হলে অন্য কিছু বলতে পারতাম। কিন্তু হাজারে হাজারে কিংবা লাখে লাখে মানব পাচার হয়ে গেল এতদিন ধরে আর এদেশের সরকার জানলো না তা কী করে হয়? কক্সবাজারের স্থলে বাংলাদেশের সব বাহিনীগুলোর অবস্থান আছে। সে সাথে আছে এদেশের সমস্ত গোয়েন্দা সংস্থাগুলোর নজরদারী। আবার সমুদ্রে আছে নৌবাহিনী এবং কোস্টগার্ড বাহিনীর অবস্থান। সে সাথে আছে সরকারের কর্মকর্তা কর্মচারী এবং সরকার পক্ষীয় রাজনৈতিক নেতা কর্মীরা। তাহলে এত সংখ্যায় মানব পাচার কী করে হতে পারলো?

ঐ যে একটু আগে বলেছিলাম, বাংলাদেশ থেকে যে কোন হারে মানব পাচারের কাজে কখনও কোন ফায়ার আর্মসের ব্যবহার হয় না। ব্যবহার হয় কাঁড়ি কাঁড়ি টাকার। যে সব কাজ কোনদিন ফায়ার আর্মস দিয়ে সম্ভব নয় তা কিন্তু এদেশে টাকা দিয়ে হয়ে যায় খুব সহজে। উপর থেকে নিচ পর্যন্ত সব পক্ষকেই টাকা দিয়ে ম্যানেজ বা সন্তুষ্ট করেই আদম পাচারকারীরা মানব পাচার করে থাকে। তাহলে শুধু শুধু ঢং দেখাবার জন্য ক্রস ফায়ারে মানুষ হত্যা কেন ? আসলে বাংলাদেশ সরকারের সব কর্মকাণ্ডগুলোই হচ্ছে ঢং দেখানো। গণতন্ত্রে ঢং। নির্বাচনে ঢং। আইনের শাসনে ঢং। আর কাজ কর্মে এবং চিন্তাধারায় শুধু ঢং আর ঢং। সে সাথে আছে কথাবার্তার ঢং। এ কথাবার্তার ঢংগুলোই হচ্ছে যত নষ্টের মূল। এত জলজ্যান্ত মিথ্যা কথা বিরামহীনভাবে বলে যাওয়া কী কোন মানুষের পক্ষে সম্ভব? তেমনি কোন মানুষের পক্ষে কী সম্ভব এসব ঢং মার্কা কথাবার্তা বিরামহীনভাবে শুনে যাওয়া? জ্যান্ত মানুষতো আর মাটির নিচে, পানির নিচে যেতে পারে না এর

থেকে মুক্তি পেতে। তাই যাদের পক্ষে সম্ভব হয় টাকা জোগাড় করে অর্থ-সম্পদ বিক্রি করে দালাল ধরে রিস্ক নিয়ে দেশ ছেড়ে ভাগেন। কিন্তু তাতেও দৃশ্যত বাংলাদেশ সরকারের ঢং কোনদিন কমে না। বরং আরও বেড়ে যায় দিনকে দিন। যখন ঐসব মানুষগুলো জীবন-মৃত্যু বাজী ধরে সীমাহীন কষ্টের পর মালয়েশিয়াসহ অন্য কোন দেশে পৌঁছে তারপর কাজ-কর্ম করে দেশে টাকা পাঠাতে শুরু করেন। ফলে কোন কিছু না করে শুধু লুটপাট-দুর্নীতি করে সরকারের বিভিন্ন সূচক বাড়তে থাকে লাফিয়ে লাফিয়ে। তাতেই এদেশে উন্নয়নের বন্যা শুরু হয়ে যায়। আর এদেশের সরকার লাফাতে থাকেন পুঁটি মাছের মত।

কিন্তু গুরুত্বপূর্ণ কথা হচ্ছে, এদেশের এতো লোক দিনের পর দিন, মাসের পর মাস এমনকী বছরের পর বছর কষ্ট করে আকাশপথে, সাগরপথে এবং স্থলপথে অন্য কোন দেশে পৌঁছে পরে আরও অনেক কষ্ট করে ওসব দেশে বৈধ হয়ে কাজকর্ম করে টাকা কামিয়ে তারপর বৈধ ভাবে আকাশ পথে ফিরে আসেন এবং আবার অনেকে আকাশ পথেই ফিরে যান। সে অনুযায়ী বিদেশে বসবাসকারী বাংলাদেশীদের সংখ্যা অনেক এবং তারা ব্যাপক সংখ্যায় দেশে আসা যাওয়া করেন প্রতিনিয়ত। তাহলে বাংলাদেশ বিমান যেটি দেশের পতাকাবাহী সরকারী সংস্থা এতো হাজার হাজার কোটি টাকা লস দেয় কী করে? বরং এটি এদেশের এমনকী এ অঞ্চলের সবচেয়ে লাভজনক প্রতিষ্ঠান হওয়ার কথা ছিল। বাংলাদেশ বিমান তো প্রতিষ্ঠা হওয়ার পর থেকে পুরোমাত্রায় ডিজিটাল।

এ রকম হালি হালি বিষয় থেকে শত শত বিষয়ে বাংলাদেশ সরকার ব্যর্থ। আর সরকারের এ ব্যর্থতা এবং অজ্ঞতা থেকে জনগণের দৃষ্টি সরানোর জন্য দৈনিক অসংখ্যবার ডিজিটাল-ডিজিটাল বলে চিল্লাচিল্লি করা হচ্ছে। তাইতো ভাবছি- যে নেত্রী ২০০৭ সালে শুধু "ট্রান্সপারেন্ট ব্যালট বাক্স" চাই বলতে বলতে জেলে গেলেন আর জেল থেকে বেরিয়ে এলেন "ডিজিটাল ডিজিটাল" বলতে বলতে। তিনি কী জানেন "ডিজিটাল" মানে কী? আর কী এর ফিলসফি? জানেন না বলেই "ডিজিটাল" দিয়ে "ডিসেন্ট্রালাইজেসান"কে চাপা দিয়ে রেখেছেন নির্মমভাবে। সে সাথে "ডিজিটাল"ই উন্নয়ন বলে এদেশের কাঙ্ক্ষিত উন্নয়নের বারোটা বাজিয়ে চলছেন দিনকে দিন। তিনি এবং তার চারপাশে লোকেরা কোনদিন একটু চিন্তা করে দেখেছেন কারা এত কষ্ট করে জীবন বাজী রেখে কেন বিদেশে অর্থ উপার্জনের জন্য সমুদ্র পথে পা বাড়াচ্ছে আর কারাইবা তাদের নিয়ে যাচ্ছে দালাল হয়ে ? আর এসব সমস্যার সুষ্ঠু সমাধান কী?

বিতর্ক ঃ বাংলাদেশের প্রথম রাষ্ট্রপতি এবং স্বাধীনতা ঘোষণা

বাংলাদেশের চলমান রাজনৈতিক ব্যর্থতাগুলো ঢাকার জন্য ক্ষণে ক্ষণে বিভিন্ন বিষয়ে বিতর্ক উঠানো হয় দেশের জনগণের দৃষ্টি বা মনোযোগ অন্য দিকে সরানোর জন্য। এবারের ইলেকট্রনিকস মিডিয়ার মাধ্যমে যে বিতর্ক দেশ জুড়ে বিভিন্ন শ্রেণির মানুষদের মনোযোগ আকর্ষণ করেছে তা হচ্ছে, কে বাংলাদেশের প্রথম বৈধ রাষ্ট্রপতি হিসেবে গণ্য হবেন? জননেতা শেখ মুজিবুর রহমান সাহেব নাকি অন্য কেউ? স্বভাবত সরকার পক্ষীয় চোর-চাটার দলের দাবী যে, জননেতা শেখ মুজিবুর রহমান সাহেবই বাংলাদেশের প্রথম রাষ্ট্রপতি ছিলেন। তারা প্রধানমন্ত্রী হাসিনাকে খুশি করার জন্য এমনভাবে এর পক্ষে যুক্তি দেখাচ্ছেন যেন মনে হচ্ছে, জননেতা মুজিবুর রহমান সাহেব এদেশের রাষ্ট্রপতি হয়েই জন্ম নিয়েছিলেন। আবার এর বিপক্ষে কেউ কেউ বিশেষ করে বিএপি পক্ষের লোকজনেরা জিয়াউর রহমান সাহেবের বিষয়ে বিভিন্ন যুক্তি দেখাচ্ছেন। এ প্রসঙ্গে সরাসরি জনগণের ভোটে নির্বাচিত রাষ্ট্রপতির বিষয়টি উক্ত বিতর্কের মধ্যে অনেকবার উচ্চারিত হয়েছে গুরুত্বের সাথে। কিন্তু যেভাবে ১৯৭১ সালে বাংলাদেশের রাষ্ট্র ব্যবস্থা, সরকার, সংবিধান ইত্যাদির যাত্রা শুরু হয়েছিল একটি বিশেষ পরিস্থিতির মধ্যে দিয়ে সে হিসেবেই আমাদের বিচার করতে হবে যে, জননেতা শেখ মুজিবুর রহমান সাহেব বাংলাদেশের প্রথম এবং বৈধ রাষ্ট্রপতি ছিলেন, কী ছিলেন না ।

জননেতা জনাব শেখ মুজিবুর রহমান সাহেব ১৯৭১ সালের ২৫শে মার্চ রাতে গ্রেফতার হবার আগে কখনো নিজেকে বাংলাদেশ কিংবা পাকিস্তানের প্রধানমন্ত্রী বা প্রেসিডেন্ট হিসেবে ঘোষণা করেননি। ১৯৭১ সালের ৭ই মার্চ ভাষণে তিনি বলেছেন, তিনি প্রধানমন্ত্রীত্ব চান না বাংলার মানুষের অধিকার চান। কিন্তু তারপর তিনি ইচ্ছাকৃত বা অনিচ্ছাকৃতভাবে যথাক্রমে বাংলাদেশের প্রেসিডেন্ট, প্রধানমন্ত্রী এবং প্রেসিডেন্ট হয়েছিলেন। কিন্তু আজতক তার প্রতিশ্রুতি এবং ইচ্ছা অনুযায়ী বাংলার মানুষদের অধিকার প্রতিষ্ঠিত হয়নি। প্রতিষ্ঠিত হয়েছে আওয়ামী লীগের চোর-চাটুকারদের অধিকার। ফলে আজ অবস্থাদৃষ্টে এমন মনে হচ্ছে যে, ঐসব চোর-চাটুকারদের অধিকার প্রতিষ্ঠা করতে গিয়েই তিনি তার পরিবারের নিরপরাধ সদস্যদের সহ ১৯৭৫ সালের ১৫ই আগস্টে জীবন দিয়েছিলেন।

আবার এ প্রসঙ্গে তার স্বাধীনতা ঘোষণা দেওয়া বা না দেওয়ার বিষয়টি চলে আসে স্বাভাবিকভাবে। কারণ ১৯৭১ সালের ২৫শে মার্চ রাতে গ্রেফতার হবার আগে যদি তিনি সত্যি স্বাধীনতা ঘোষণা দিয়ে থেকে থাকেন তাহলে তিনি তা কোথায় এবং

কীভাবে দিয়েছিলেন? এ জাতীয় প্রশ্নগুলো এবং সেগুলোর যুক্তিসঙ্গত উত্তর তার স্বাধীনতা ঘোষণা দেওয়ার দাবী প্রমাণের ক্ষেত্রে খুব গুরুত্বপূর্ণ ভূমিকা পালন করবে। আসলে বিভিন্ন বিষয় বিশ্লেষণে যুক্তিসঙ্গত কারণে মনে হয় যে, জননেতা জনাব শেখ মুজিবুর রহমান ১৯৭১ সালের ২৫শে মার্চ রাতে কোন স্বাধীনতা ঘোষণা করেননি। স্বাধীনতা ঘোষণা করেননি বলে তার কোন প্রমাণ কোথাও নেই। নেই আমাদের কাছে। নেই ভারত রাশিয়ার কাছে। ভারত তার নিজস্ব স্বার্থে অপপ্রচার চালিয়েছিল যে, তিনি স্বাধীনতা ঘোষণা দিয়েছিলেন। যদিও ঐ স্বাধীনতা ঘোষণা না দেওয়াটি যেমন তার অপরাধ ছিল না তেমনি ছিল না তার কোন দুর্বলতা। বরং ছিল একজন প্রথম শ্রেণির রাজনীতিবিদের একটি সঠিক রাজনৈতিক সিদ্ধান্ত। যা ব্যর্থতায় পর্যবসিত হয়েছিল জিয়াউর রহমান সাহেবের স্বাধীনতা ঘোষণা দিয়ে দেওয়ার কারণে এবং পরে আওয়ামী লীগ নেতৃত্বাধীন ভারত প্রবাসী সরকারের ভুল সিদ্ধান্তে এবং দূরদৃষ্টির অভাবে। কারণ পার্লামেন্টের মেজরিটি দলের নেতা হিসেবে যে কোন গ্রহণযোগ্য সমাধান তাকে ছাড়া কোনভাবেই সম্ভব ছিল না। এজন্যই অ্যামেরিকার সর্বকালের সেরা পররাষ্ট্র মন্ত্রী জনাব কিসিঞ্জার সাহেব এবং বাংলাদেশ প্রথম পররাষ্ট্র মন্ত্রী জননেতা খন্দকার মোস্তাক আহমেদ সাহেব ১৯৭১ সালের মাঝামাঝি ভারতে সাক্ষাতের সময় একমত হয়েছিলেন অবিলম্বে জননেতা শেখ মুজিবুর রহমান সাহেবের মুক্তির জন্য। যাতে বাংলাদেশের স্বাধীনতা সংক্রান্ত সমস্ত বিষয়গুলো তার নেতৃত্বে শান্তিপূর্ণ আলাপ আলোচনার মাধ্যমে সিদ্ধান্ত নেওয়া যায়।

আবার আওয়ামী লীগ আমেরিকা থেকে সি আই এর ক্লাসিফাইড ডকুমেন্ট দিয়ে প্রমাণ করতে চাইছে যে, জনাব শেখ মুজিবুর রহমান সাহেব ১৯৭১ সালের ২৫শে মার্চ রাতে স্বাধীনতা ঘোষণা করেছিলেন। তখন আমেরিকান প্রশাসন "শেখ মুজিব স্বাধীনতা ঘোষণা দিয়েছেন" এ কথা বলে ২৫শে মার্চ রাতের পাকিস্তানী সামরিক অ্যাকশন এবং হত্যাকাণ্ডের সাফাই গাচ্ছিল। অর্থাৎ তাদের মতে পাকিস্তান সরকারের ঐ সামরিক অ্যাকশন ছিল বিচ্ছিন্নতাবাদীদের বিরুদ্ধে এবং সন্ত্রাসীদের বিরুদ্ধে। "শেখ মুজিবুর রহমান স্বাধীনতা ঘোষণা দিয়েছেন" এ কথা বলে বিচ্ছিন্নবাদিতা এবং সন্ত্রাসের কথা প্রমাণ করতে চেয়েছিল এবং সে মতে বিশেষ কূটনৈতিক ব্যবস্থা নিয়েছিলো।

তাছাড়া একমাত্র পার্লামেন্ট বা এ জাতীয় সাংবিধানিক প্রতিষ্ঠান বাদে অন্য কোথাও নিজেকে রাষ্ট্রপতি দাবী করে কোন দেশের স্বাধীনতার ঘোষণা দিতে হলে ঐ "ডি ফেক্টো রাষ্ট্রপতিকে" অবশ্যই সামরিক পোশাক পরে সশস্ত্র বাহিনীর প্রধান হিসেবে স্বাধীনতা ঘোষণা দিতে হবে। কারণ একটি স্বাধীন দেশে থেকে বিচ্ছিন্ন হয়ে আরেকটি স্বাধীন দেশ তৈরি করার জন্য স্বাধীনতার ঘোষণা দেওয়ার অর্থ হচ্ছে যুদ্ধ আহ্বান করা

এবং ঐ যুদ্ধের জয় পরাজয়ের মাধ্যমে ঘোষিত স্বাধীনতার প্রশ্নটি মীমাংসা করা। আমি যদ্দুর শুনেছি যে, জনাব জিয়াউর রহমান প্রথম যে স্বাধীনতার ঘোষণা দিয়েছিলেন তাতে তিনি নিজেকে তখন বাংলাদেশের রাষ্ট্রপতি হিসাবে পরিচয় দিয়েছিলেন। কিন্তু পরে সে সময় তার সাথে উপস্থিত বিভিন্ন জনের যুক্তিতে তিনি জনাব শেখ মুজিবুর রহমান সাহেবকে রাষ্ট্রপতি হিসেবে ঘোষণা করে তার পক্ষ হয়ে স্বাধীনতা ঘোষণা দিয়েছিলেন। বস্তুত সামরিক উর্দি পড়া সামরিক অফিসার জিয়াউর রহমান সাহেবের প্রথমে নিজের নামে এবং পরে জননেতা শেখ মুজিবুর রহমান সাহেবের পক্ষে স্বাধীনতা ঘোষণা দেওয়ার সাথে সাথেই এদেশে স্বাধীনতার যুদ্ধ শুরু হয়েছিল। এদেশের যে সকল সাহসী সন্তানেরা ১৯৬৫ সালের ভারত-পাকিস্তান যুদ্ধে পশ্চিম রণাঙ্গনে ভারতের বিরুদ্ধে বিশেষ বীরত্বের পরিচয় দিয়েছিলেন শুধুমাত্র তারাই এদেশে স্বাধীনতার জন্য সত্যিকারের যুদ্ধ করেছিলেন এবং প্রথম থেকে স্বাধীনতা যুদ্ধের সত্যিকারের নেতৃত্ব দিয়েছিলেন। কিন্তু শেষ সময়ে আওয়ামী লীগের যে অংশটি ভারতে "স্বাধীন বাংলাদেশ প্রবাসী সরকারের" নেতৃত্ব দিয়েছিল তাদের ব্যর্থতায় এবং তাদের দূরদৃষ্টির অভাবে এত রক্ত দেওয়া এবং বিশেষ বীরত্ব দেখানো বাংলাদেশের স্বাধীনতা যুদ্ধ পরিশেষে ভারত-পাকিস্তানের যুদ্ধে পরিণত হয়। ফলে ঐ যুদ্ধে সে সময় বাংলাদেশ সেনাবাহিনী সহ মুক্তিযোদ্ধাদের অবস্থান দাঁড়িয়ে গিয়েছিল ভারতের অক্সিলারী ফোর্স হিসেবে। সে হিসেবে ১৯৭১ সালের ১৬ই ডিসেম্বরের বিজয় আসলে ছিল ভারত-পাকিস্তানের যুদ্ধে পাকিস্তানের বিরুদ্ধে ভারতের সামরিক বিজয়। যাকে পরে বাংলাদেশের মুক্তিযুদ্ধের বিজয় হিসেবে চালিয়ে দেওয়া হয়েছিল। যদিও আত্মসমর্পনের আসল দলিলের কোথাও মুক্তিবাহিনী বা যৌথবাহিনীর কথা লিখা নেই। লিখা আছে ভারতীয় বাহিনীর পূর্বাঞ্চলীয় কমান্ডের কথা। সবচেয়ে মজার কথা হচ্ছে যে, সে সময় কোন ধরনের যৌথবাহিনী গঠন করা হয়নি। যৌথবাহিনী গঠিত হয়নি বলেই চালাকি করে মিত্রবাহিনী শব্দটি চালিয়ে দেওয়া হয়েছিল। কারণ যৌথবাহিনী গঠন করতে হলে একটি যৌথ এগ্রিমেন্ট তৈরী করার দরকার ছিল। কিন্তু ভারত সরকার এবং বাংলাদেশের প্রবাসী সরকার ইচ্ছাকৃতভাবে তা এড়িয়ে গিয়েছিল।

কিন্তু ১৯৭২ সালের ১০ই জানুয়ারি বাংলাদেশের রাষ্ট্রপতি জননেতা শেখ মুজিবুর রহমান সাহেব দেশে আসার পর পরই যদি সশস্ত্র বাহিনীর প্রধান হিসেবে তিনি নিজে কিংবা বাংলাদেশ সেনাবাহিনীর তৎকালীন প্রধান এম এ জি ওসমানীকে জেনারেল পদে উন্নীত করে পাকিস্তানী জেনারেল নিয়াজিকে ভারত থেকে ঢাকায় এনে আবার আত্মসমর্পণের দলিলে স্বাক্ষর করাতেন এবং জেনারেল নিয়াজি সহ ১৯৫জন যুদ্ধবন্দীকে বাংলাদেশেই রাখার ব্যবস্থা করতেন তাহলে ঐ বিজয়কে বাংলাদেশের পরিপূর্ণ বিজয় বলে গণ্য করা যেত।

তবে কিসিঞ্জার-মোস্তাক ঐক্যমত্য অনুযায়ী বাংলাদেশের রাষ্ট্রপতি জননেতা শেখ মুজিবুর রহমানের সাহেবের মুক্তির কোন ধরণের পদক্ষেপ না নিয়ে বাংলাদেশে ভারতীয় সৈন্য প্রবেশ করানোর বিষয়টি একটি সুদূরপ্রসারী ষড়যন্ত্রের অংশ বলে মনে হয়। কারণ ভারত সরকার এবং বাংলাদেশ প্রবাসী সরকারের এ কথা ভালো জানা ছিল যে, বাংলাদেশে ভারতীয় বাহিনী প্রবেশ করলে তার প্রতিক্রিয়ায় পাকিস্তানী কর্তৃপক্ষ পাকিস্তান কারাগারে বন্দী বাংলাদেশের রাষ্ট্রপতি জননেতা শেখ মুজিবুর রহমান সাহেবকে হত্যা করবে। ফলে মুজিববিহীন কথিত স্বাধীন বাংলাদেশে প্রবাসী সরকারের বিশেষ কাউকে ভারতের তাবেদার হয়ে শাসন-ক্ষমতায় টিকিয়ে রাখার জন্য ভারতীয় বাহিনীর দীর্ঘকালীন উপস্থিতি এবং সহযোগিতার দরকার হবে।

কিন্তু এ ষড়যন্ত্রের বাধা হয়ে দাঁড়ায় ১৯৭২ সালের ১০ জানুয়ারী রাষ্ট্রপতি জননেতা শেখ মুজিবুর রহমান সাহেবের বাংলাদেশে প্রত্যাবর্তন। যদি কোন কারণে জননেতা শেখ মুজিবুর রহমান সাহেব দেশে ফিরে আসতে না পারতেন কিংবা দেশে এসে ভারতীয় বাহিনীকে বাংলাদেশ থেকে বের করে না দিতেন তাহলে এদেশের বেশিরভাগ মানুষের তারুণ্য, যৌবন এবং বার্ধক্য কেটে যেত ভারতীয় বাহিনী এবং তাদের তাবেদারদের বিরুদ্ধে যুদ্ধ করতে করতে। যুদ্ধে যেমন লক্ষ লক্ষ লোক মারা যেত তেমনি মারা যেত কোটি কোটি লোক অনাহারে-অপুষ্টিতে।

এরপরেও যদি এদেশে এখন প্রশ্ন উঠানো যায় যে, কে বাংলাদেশের প্রথম রাষ্ট্রপতি ছিলেন? তাহলে নির্দিধায় বলা যায় যে, জনাব জিয়াউর রহমান সাহেবের পরের স্বাধীনতা ঘোষণাটি অনুযায়ী এবং ১৭ই এপ্রিলের মুজিবনগর সরকারের ঘোষণা অনুযায়ী জননেতা জনাব শেখ মুজিবুর রহমানই বাংলাদেশের একমাত্র সংবিধানসম্মত বৈধ প্রথম রাষ্ট্রপতি ছিলেন। তবে এদেশের স্বাধীনতা-সংবিধান-গণতন্ত্র ইত্যাদি নিয়ে বর্তমান প্রধানমন্ত্রী হাসিনা গংরা যে ক্ষতিকর খেলা খেলে যাচ্ছেন সে রকমভাবে বিএনপি জনাব জিয়াউর রহমান সাহেবকে বাংলাদেশের প্রথম বৈধ রাষ্ট্রপতি এবং প্রথম ও একমাত্র স্বাধীনতার ঘোষক হিসাবে ঘোষণা করতে পারে।

এজন্য বিএনপি ভবিষ্যতে সরকারী ক্ষমতায় আসার পরে জনাব জিয়াউর রহমানের প্রথম ঘোষণাটি, যেটিতে তিনি নিজেকে দেশের রাষ্ট্রপতি হিসাবে পরিচয় দিয়ে স্বাধীনতার ঘোষণা দিয়েছিলেন সেটিকে যদি বাংলাদেশ জাতীয় সংসদের মাধ্যমে বাংলাদেশের সংবিধানের অন্তর্ভুক্ত করে দেয়া হয়। সে অর্থে জনাব জিয়াউর রহমান সাহেব "বাংলাদেশের স্বাধীনতার একমাত্র ঘোষক" এবং "বাংলাদেশের প্রথম রাষ্ট্রপতি" হিসেবে স্বীকৃতি পেয়ে যাবেন নিঃসন্দেহে।

আসলে জননেতা শেখ মুজিবুর রহমান সাহেবের পক্ষে জিয়াউর রহমান সাহেবের স্বাধীনতা ঘোষণা দেওয়ার পরই সিনিয়র আওয়ামী লীগ নেতারা তখন সাহস করে এবং উৎসাহী হয়ে মুজিবনগর সরকার গঠন করেছিলেন। এ কারণে মুজিবনগর সরকার গঠন করার পেছনে যদি কোন কারণ থেকে থাকে তা হচ্ছে জিয়াউর রহমান সাহেবের স্বাধীনতা ঘোষণা। কারণ যতদূর আন্দাজ করা যাচ্ছে তাতে মনে হয় যে, শেষ সময়ে জননেতা শেখ মুজিবুর রহমান সাহেব আওয়ামী লীগ নেতাদের বলেছিলেন নিরাপদ আশ্রয়ে চলে যাওয়ার জন্য। মুজিবনগর সরকার গঠন করার এবং ভারতের উপর নির্ভরশীল হয়ে পড়ার এমন কোন নির্দেশ তিনি তখন দেননি।

আসলে ১৯৭১ সালে জননেতা শেখ মুজিবুর রহমান সাহেব ছিলেন একজন অত্যন্ত বিচক্ষণ এবং আত্মবিশ্বাসী রাজনীতিবিদ। দেশ, দেশের জনগণ এবং জনগণের আইনসংগত ম্যান্ডেট যখন তার সাথে ছিল তখন তিনি ভালভাবেই জানতেন যে, দেশের স্বায়ত্তশাসন এবং স্বাধীনতার বিষয়টি কীভাবে যথাস্থানে বাইরের হস্তক্ষেপ ছাড়া রক্তপাতহীন শান্তিপূর্ণ আলোচনার মাধ্যমে নিষ্পত্তি করতে হয়। এ কারণেই বিভিন্ন জনের প্রচণ্ড চাপ থাকা সত্ত্বেও শেষ মুহূর্ত পর্যন্ত স্বাধীনতা ঘোষণা করার মত হঠকারী সিদ্ধান্ত তিনি নেননি। তার জনগণের প্রাণহানি হোক এটি যেমন তিনি চাননি তেমনি তিনি চাননি তার দেশ এবং জনগণের উপর ভারতের অযথা হস্তক্ষেপ। কিন্তু পাকিস্তান সরকার এবং বাংলাদেশ প্রবাসী সরকার শেষ মুহূর্ত পর্যন্ত জননেতা শেখ মুজিবুর রহমান সাহেবকে সে মহৎ পরিকল্পনাটি বাস্তবায়ন করা জন্য কোন সুযোগ দেয়নি।

তবে জননেতা শেখ মুজিবুর রহমান সাহেবকে “রাষ্ট্রপতি” উল্লেখ করে জিয়াউর রহমান সাহেবের স্বাধীনতা ঘোষণাটি রাজনৈতিক এবং সাংবিধানিক ব্যাখ্যায় ভুল ছিল। কারণ ১৯৭০ সালের সাধারণ নির্বাচনে জনগণের দেয়া ম্যান্ডেট ছিল জননেতা শেখ মুজিবুর রহমান সাহেবকে মন্ত্রী পরিষদ শাসিত সরকারের প্রধানমন্ত্রী হওয়ার জন্য, রাষ্ট্রপতি হওয়ার জন্য নয়। আসলে জিয়াউর রহমান সাহেবের উচিত ছিল নিজেকে “রাষ্ট্রপতি” এবং জননেতা শেখ মুজিবুর রহমান সাহেবকে “প্রধানমন্ত্রী” উল্লেখ করে স্বাধীনতার ঘোষণা দেওয়া। সত্যি বলতে কী, জিয়াউর রহমান সাহেবের ভুলভাবে দেওয়া স্বাধীনতা ঘোষণার কারণেই ঐ ঘোষণার উপর ভিত্তি করে মুজিবনগর সরকার গঠনে, মুজিবনগর সরকারের ঘোষণায় এবং সংবিধান তৈরিতে একই ভুলের পুনরাবৃত্তি ঘটেছিল। কিন্তু রাষ্ট্রপতি জননেতা শেখ মুজিবুর রহমান সাহেব ১৯৭১ সালের ১০ই জানুয়ারি বাংলাদেশে ফিরে আসার দিন কয়েক পর এ ভূলটিকে সংশোধন করেছিলেন প্রেসিডেন্টসিয়াল ডিক্রি জারি করার মাধ্যমে নিজে রাষ্ট্রপতি থেকে প্রধানমন্ত্রী হয়ে।

সন্ত্রাস ও কাবিখার চাল এদেশের হালচাল

১৯৯২ সালে হোটেল সোনারগাঁয়ের সামনে সার্ক ফোয়ারা তৈরি নিয়ে সংসদের ভিতরে বাইরে অনেক কথা উঠেছিল। অনেক বিতর্ক হয়েছিল। ব্যাপক দুর্নীতি হয়েছে এমন অভিযোগ উঠানো হয়েছিল। সে সময়কার প্রধানমন্ত্রী খালেদা জিয়া বিরোধীদের দাবী অনুযায়ী এক সদস্যের একটি নিরপেক্ষ তদন্ত কমিশন করেছিলেন, দুর্নীতির অভিযোগটি ক্ষতিয়ে দেখার জন্য। ঐ তদন্ত কমিশন এবং তার দেওয়া তদন্ত রিপোর্ট তৎকালীন বিরোধী দল আওয়ামী লীগ মেনে নিয়েছিলো। ওটির বিবুদ্ধে অন্য কোন প্রশ্ন উত্থাপন করেনি। সবচেয়ে মজার কথা হচ্ছে যে, যাকে দিয়ে তদন্ত করানো হয়েছিল তিনি ছিলেন বাংলাদেশ ব্যাঙ্কের ডেপুটি গভর্নর, বাংলাদেশ জামায়াতে ইসলামের রাজনীতির সাথে সংশ্লিষ্ট একজন পরিচিত মুখ।

ঐ ঘটনার কয়েক মাস পরে ঐ সার্ক ফোয়ারার আর্কিটেক্ট মুক্তিযোদ্ধা নিতুন বাবুকে আমার পরিচিত একজনকে বলতে শুনেছিলাম যে, ঐ প্রকল্পে সরকার পক্ষ থেকে কিভাবে দুর্নীতি করা হয়েছিল এবং বিরোধী দল থেকে কারা কারা ঐ দুর্নীতির টাকার ভাগ চেয়েছিল। ভাগ না পাওয়ায় বিষয়টি সংসদে এবং মিডিয়ায় কিভাবে চাউর করে দেওয়া হয়েছিল। ইত্যাদি-ইত্যাদি। কিন্তু সব শুনে আমি অবাক হয়েছিলাম এই ভেবে যে, তাহলে কেন ঐ এক সদস্যের কমিশন এতসব বিষয়গুলো চেপে গিয়েছিল? কিন্তু পরক্ষনেই আমার মনে পড়েছিল মহান জননেতা শেখ মুজিবুর রহমান সাহেবের সেই বিখ্যাত উক্তি, "দুর্নীতি আমার কৃষক করে না, দুর্নীতি আমার শ্রমিক করে না, দুর্নীতি করে এদেশের শিক্ষিত সমাজ। এদেশের শিক্ষিত সমাজ যারা এদেশের রাজনৈতিক নেতা কর্মী এবং সরকারী কর্মকর্তা-কর্মচারী তাদের সিংহভাগই চোর আর চাটার দল।" স্বভাবতই, চোরে চোরে যেহেতু মাসতুত ভাই, তাই শিক্ষিত চোরদের কোন জাত-ধর্ম-বর্ণ নেই। এদেশে এক শিক্ষিত চোর আরেক শিক্ষিত চোরের সহায়তাকারী এবং রক্ষক।

আসলে যে কথিত শিক্ষিত সমাজের কথা জননেতা শেখ মুজিবুর রহমান সাহেব উল্লেখ করেছিলেন তারাই হচ্ছে আমাদের সমস্ত জাতীয় সমস্যাগুলোর এবং ব্যর্থতাগুলোর সবচেয়ে বড় কারণ। আমাদের দেশের সমস্ত রাজনৈতিক দলগুলোর এবং সমস্ত সরকারী প্রতিষ্ঠানগুলো ঐসব উল্লেখিত শিক্ষিত চোর-চাটুকারদের দ্বারা পরিচালিত। আওয়ামী লীগ, বি এন পি, জামায়াত, জাতীয় পার্টি এবং ডান-বামসহ সব রাজনৈতিক দলগুলোর নেতৃত্বে একই অবস্থা। এদেশে রাজনীতি করা এবং সরকারি চাকুরী করা মানে এক কথায় দুর্নীতি-লুটপাটে ডাইরেক্টলি আর ইনডাইরেক্টলি অংশগ্রহণ করার মানসিকতাকে বুঝায়। আমাদের দেশের প্রধান তিন উচ্চশিক্ষা প্রতিষ্ঠান ঢাকা বিশ্ববিদ্যালয়, ঢাকা মেডিকেল কলেজ এবং বুয়েট প্রতিবছর এদেশে যতগুলো উচ্চ পর্যায়ের চোর-চাটুকার উৎপাদন করে তা হয়তো এ পৃথিবীর অন্য কোন দেশের কোন প্রধান প্রধান শিক্ষা প্রতিষ্ঠানগুলো করে না। অথচ দীর্ঘদিন ভারত থাকাকালে কোলকাতা-দিল্লী-বোম্বেতে শুনেছিলাম যে,

১৯৪৭ সালের পর থেকে যারা একাগ্র মনে, সততার সাথে এবং নীরবে-নিঃশব্দে ভারতকে গড়ে তুলছিলেন তাদের অনেকেই ছিলেন ঢাকা বিশ্ববিদ্যালয় থেকে পাশ করা বাঙ্গালী উচ্চ শিক্ষিতরা। এসব অসংখ্য ভদ্রলোকদের ভারত তৈরির কথা শুনে আমার চোখে পানি চলে আসত। ওরা আমাদের দেশ থেকে চলে গিয়েছেন এবং ভারত গড়ে তুলেছেন সেজন্য নয় বরং এই ভেবে যে,"আমাদের দেশে আমরা এরকম কেন? কেন আমরা নিজেকে ছাড়া নিজের দেশকে ভালবাসতে পারি না, নিজের জাতিকে ভালবাসতে পারি না"। তখন ওদের কেহ কেহ আমাকে সান্তনা দিয়ে বলতেন, "আরে ভাই! তোমাদের দেশে এমন অবস্থা কি সব সময় থাকবে? দেখবে পরিবর্তন হবে একদিন"। অথচ আমি এখন ঢাকায়, কিন্তু কোথায় সেই পরিবর্তন? দিন দিন অবস্থা আরও খারাপের দিকে যাচ্ছে। বিবেক বিবেচনা বলে যেন কিছুই নেই এদেশে।

দুদিন আগে ঢাকা বিশ্ববিদ্যালয়ের স্বনামধন্য ভিসি তার প্রতিষ্ঠানের ছাত্র-শিক্ষকদের নিয়ে সন্ত্রাস বিরোধী র‍্যালি করলেন। নিশ্চয়ই খুব প্রশংসনীয় উদ্যোগ। কারণ স্বাধীনতার পর থেকে দীর্ঘদিন ঢাকা বিশ্ববিদ্যালয়ই ছিল এদেশের সমস্ত সন্ত্রাসের কেন্দ্রভূমি। ১৯৮৮/৮৯ সালে ঢাকা বিশ্ববিদ্যালয়কে কেন্দ্র করে তখনকার দুই নেত্রী হাসিনা-খালেদার মধ্যে অস্ত্র কেনার প্রতিযোগিতা হয়েছিল। তারা নিজ নিজ ছাত্র সংগঠনের সভাপতি-সাধারণ সম্পাদকদের কাছে কোটি কোটি টাকা দিয়েছিলেন অস্ত্র কেনার জন্য। ফলে ঢাকা বিশ্ববিদ্যালয়ে তখন অস্ত্র কেনার উৎসব পড়ে যায়। অনেক অস্ত্র কেনা হয়েছিল সে সময়। কিন্তু আজ সে অস্ত্রগুলো কোথায়? ঐ অস্ত্রগুলোর খোজ এদেশে কে করবে? হাসিনা-খালেদাসহ সংশ্লিষ্টদের রিমান্ডে কে নেবে? ঢাকা বিশ্ববিদ্যালয়ের ভিসি সাহেব দেশের স্বার্থে এবং শিক্ষার স্বার্থে কি তার ছাত্র-শিক্ষকদের নিয়ে এ দাবি করতে পারবেন? আমি বিশ্ববিদ্যালয়দের ভিসি বা ভিসিদের দোষারোপ করছি না। কিন্তু আমি তাদের সীমাবদ্ধতার কথা বলছি। তারা চাইলেও পুঁথিগত শিক্ষার সাথে সাথে নিজ নিজ প্রতিষ্ঠানের ছাত্রদের নিজেদের ইচ্ছেমত বিশেষ কিছু শিক্ষা দিতে পারবেন না। কারণ বর্তমানে এই বিশেষ কিছুর বেশির ভাগ শিক্ষা বা চর্চার সবকিছুই আসে সংকীর্ণ রাজনৈতিক অবস্থান থেকে, মুক্ত ও উদার জাতীয় বা ইউনিভার্সাল দৃষ্টিকোণ থেকে নয়।

ভিয়েতনাম সহ পৃথিবীর বিভিন্ন মহাদেশের বিভিন্ন দেশে মানবতা বিরোধী কিছু হলেই এ ঢাকা বিশ্ববিদ্যালয়ের ছাত্র-শিক্ষকদের নেতৃত্বে এ ঢাকা শহরে অনেক মিছিল হয়েছিল মিটিং হয়েছিল। কিন্তু বাংলাদেশ-ভারত সীমান্তে নিজ দেশের লোকদের প্রতিনিয়ত নির্বিচারে হত্যা করা হচ্ছে অথচ সংশ্লিষ্টরা নীরব- এটি কিসের লক্ষণ? কবি রবীন্দ্রনাথ ঠাকুর জালিয়ানওয়ালাবাগের হত্যাকাণ্ডের প্রতিবাদে ব্রিটিশদের নাইট উপাধি প্রত্যাখ্যান করেছিলেন। অথচ ঢাকা বিশ্ববিদ্যালয়ের একজন অধ্যাপক যিনি রবীন্দ্র বিষয়ে পণ্ডিত এবং বর্তমান প্রধানমন্ত্রীর শিক্ষক বলে খ্যাত তিনি প্রায় নাচতে নাচতে দিল্লীতে গিয়ে পদ্মশ্রী পদক নিয়ে এলেন। একবারও ভাবলেন না নিজের দেশের মানুষদের কথা। যাদেরকে ভারত সরকার

সীমান্তে প্রতিনিয়ত হত্যা করে যাচ্ছে তারা সন্ত্রাসী নয়, মাদক চোরাকারবারি নয়। সাধারণ নিরীহ জনগণ। নিরীহ প্রাণী গোরু ব্যবসার সাথে সংশ্লিষ্ট।
আজকে যে সন্ত্রাস হচ্ছে এবং যে সন্ত্রাসের বিরুদ্ধে এদেশের কেহ কেহ লোক দেখানো অবস্থান নিয়েছেন তার প্রধান কারণ হচ্ছে এদেশের কথিত শিক্ষিত সমাজ দিয়ে চালিত এদেশের চলমান আর্থ-রাজনৈতিক অব্যবস্থা। জনগণের গণতান্ত্রিক অধিকার পদদলিত করে গড়ে উঠা স্বৈরতন্ত্র, আইনের শাসনের অভাব, দুর্নীতি-লুটপাট ইত্যাদি হচ্ছে আজকের কথিত সন্ত্রাসের প্রধান কারণ। আমাদের কলেজ-বিশ্ববিদ্যালয়ে পড়ুয়া মেধাবী ছাত্রছাত্রীরা তাদের পাঠ্য বইয়ে পড়া, শ্রেণীকক্ষে শিক্ষকের বলা এবং ইন্টারনেটে জানা রাজনৈতিক, অর্থনৈতিক এবং সামাজিক স্বীকৃত অবস্থার সাথে মিল খুঁজে পাচ্ছে না। অন্যথা লক্ষ্য করছে এদেশে। গণতন্ত্র ধ্বংস করে প্রতিনিয়ত জোর গলায় বলা হচ্ছে এদেশে গণতন্ত্রকে রক্ষা করা হয়েছে। উন্নয়নের নামে দুর্নীতি লুটপাট করে প্রতিনিয়ত বলা হচ্ছে দেশে উন্নয়ন করা হচ্ছে। দেশের প্রধানমন্ত্রীই এদেশের গণতন্ত্রের সবকিছু বুঝেন, উন্নয়নের সবকিছু জানেন আর এদেশের কোটি কোটি মানুষদের কেহ যেন কিছু জানেন না এবং কেহ কিছু বুঝেন না।
সবচেয়ে আক্ষেপের বিষয় যে, এদেশের চলমান এ অব্যবস্থায় যে বিপুল সংখ্যক তরুণ-যুবকদের বিক্ষুব্ধ হয়ে যাওয়ার কথা, সে রকম কিন্তু কিছুই হচ্ছে না এদেশে। সবচেয়ে আক্ষেপের কথা হল দেশের তরুণ যুবকদের যারাই বিক্ষুব্ধ হচ্ছে তারা কোন নিয়মতান্ত্রিক প্লাটফর্ম খুঁজে পাচ্ছে না। একজোট হয়ে প্রতিবাদ করার জন্য। নেতৃত্ব খুঁজে পাচ্ছে না সঠিকভাবে নির্দেশিত হওয়ার জন্য। যদিও এদেশে এ চলমান অব্যবস্থার বিরুদ্ধে প্রতিবাদ করাকে দেশের স্বাধীনতার বিরোধিতা করা, দেশ এবং রাষ্ট্রের বিরুদ্ধে ষড়যন্ত্র করা ইত্যাদি ইত্যাদি বলে প্রতিনিয়ত দোষারোপ করা হয়ে থাকে। সে সাথে আছে পুলিশের নির্বিচার গুলি ও অত্যাচার। এ অবস্থায় দেশের কোটি কোটি তরুণ-যুবকদের দু-চার জন যদি ভুল পথে পা বাড়ায় বা ভুল এবং ক্ষতিকর সিদ্ধান্ত নিয়েই ফেলে তার জবাব তাদেরকে বিনা বিচারে হত্যা করে দিতে হবে, এ ধারণা এবং কর্মকাণ্ড আসলে প্রাগৈতিহাসিক যুগের। আধুনিক রাষ্ট্র এবং সমাজ ব্যবস্থার নয়। তা এসব ঘটনা বাংলাদেশে ঘটুক বা বিশ্বের অন্য যেকোনো দেশে ঘটুক।
২০০৪ সালে সুইজারল্যান্ডে থাকাকালে একটি বিবিসি প্রোগ্রাম দেখেছিলাম- ইসরাইলের অভ্যন্তরে ফিলিস্তিনদের আত্মঘাতী হামলা প্রসঙ্গে। ওতে অংশ নিয়েছিল তৎকালীন ইসরায়েলী প্রধানমন্ত্রীর অ্যারিয়েল শ্যারনের একজন রাজনৈতিক উপদেষ্টা এবং ইসরায়েলের অভ্যন্তরে "লাশ সংগ্রহ ও সংরক্ষণ" টিমের একজন সদস্য। যার প্রধান কাজ ছিল আত্মঘাতী বোমা হামলায় নিহতদের মৃতদেহগুলো এবং ছিন্ন-বিচ্ছিন্ন বিভিন্ন অঙ্গগুলো সংগ্রহ করে সেলাই করে জোড়া লাগানো। সে সময়ে ইউরোপের প্রচার মাধ্যমগুলোতে ব্যাপকহারে সমালোচনা করা হচ্ছিলো ফিলিস্তিনী আত্মঘাতী হামলার বিরুদ্ধে। ফলে স্বাভাবিকভাবেই বিবিসির ঐ অনুষ্ঠানে ইসরাইলী প্রধানমন্ত্রীর রাজনৈতিক উপদেষ্টা তার বক্তব্যে

ফিলিস্তিনদের বিরুদ্ধে প্রয়োজনমত বিষ ছড়িয়ে দিয়ে যাচ্ছিলেন বিভিন্ন যুক্তি দেখিয়ে। এমনি এক অস্বস্তিকর এবং জটিল মুহূর্তে বিবিসির সঞ্চালক ভদ্রমহিলা প্রশ্ন করে বসলেন ঐ লাশ সংগ্রহকারীকে। "কী অনুভূতি হয় আপনার যখন আপনি সুইসাইড বোমা হামলায় নিহত ইসরায়েলি লাশগুলোর সাথে সুইসাইড বোম্বারের লাশ এবং তার ছিন্নভিন্ন অঙ্গপ্রত্যঙ্গগুলো সংগ্রহ করেন?"এ প্রশ্নের উত্তরে ঐ ত্রিশ/বত্রিশ বছরের "লাশ সংগ্রহকারী" ভদ্রলোকটি যা বলেছিলেন তা শুনে আমার মনে হয়েছিল ক্ষণিকের জন্য হলেও সারা পৃথিবী যেন স্তব্ধ হয়ে গিয়েছিল। তিনি বলেছিলেন, "আমি পরম যত্নের সাথে এবং সম্মানের সাথে যারা নিহত হয়েছেন তাদের মৃতদেহ এবং বোমার আঘাতে ছিন্ন ভিন্ন অঙ্গপ্রত্যঙ্গগুলো সংগ্রহ করে নিয়ে যাই। তারপর খুব সতর্কতার সাথে ঐ অঙ্গ-প্রত্যঙ্গগুলো যার যার মৃতদেহের সাথে সেলাই করে দেই। মানুষের দেহ মহান সৃষ্টিকর্তা পরম যত্নের সাথে এবং আদরের সাথে তৈরি করেছিলেন। সত্যি বলতে কী, মৃতদের মধ্যে নিহত ইসরায়েলিদের এবং নিহত ফিলিস্তিনি সুইসাইড বোম্বারের কোন পার্থক্য আমি করি না। আমি সবাইকে একই রকম সম্মান দেই। কারণ ঈসা বলেছিলেন যে, যারা মৃত মানুষের সম্মান করে না তারা জীবিত মানুষের সম্মান করতে জানে না।"

সত্যি বলতে কী দীর্ঘ সময় পৃথিবীর পথে পথে এমন অখ্যাত অজ্ঞাত মানুষদের কাছে রাষ্ট্র, রাজনীতি এবং মানবতার এমন অনেক কথা শুনেছি ও শিখেছি যা বর্তমান যুগের অনেক বড় বড় সমাজ বা রাষ্ট্র নেতৃত্বের কাছে এগুলো সযত্নে এড়িয়ে যাওয়া বিষয়। গত দশ বছরে এদেশে এমন অনেক কিছু দেখে আসছি যা গ্রহণ করা আমার কাছে খুব কষ্টকর। কার মৃতদেহ শহীদ মিনারে নেওয়া যাবে আর কার মৃতদেহ শহীদ মিনারে নেওয়া যাবে না, এ বিবাদ আজ রাজনীতির মুল বিষয় হয়ে গিয়েছে। কাকে জানাজা দেওয়া যাবে না এমন ফতোয়া এবং কারো কারো কফিনের উপরে জুতা নিক্ষেপ করা, এ ধরনের অসভ্য মানসিকতার দাস হয়ে পড়ছেন আমাদের কেহ কেহ এখন। ১৮ জন তরুণের লাশ হিমঘরে পড়ে আছে সৎকার হচ্ছে না কারণ ওরা জঙ্গি ছিল বলে। কিন্তু এ কথা কেহ ভেবে দেখছে না যে, এরা যখন এ পৃথিবীতে জন্ম নিয়েছিল তখনতো এরা জঙ্গি হিসেবে জন্ম গ্রহণ করেনি। আমাদের অনেক আশা আকাঙ্ক্ষা আর আনন্দের কারণ হয়ে জন্ম নিয়েছিল। আজ তাদের সে অবস্থা থেকে বিচ্যুতির জন্য দায়ী কী আমরা নই? তাহলে কেন আমরা বিরত থাকছি পৃথিবী থেকে শেষ বিদায়ের তাদের ন্যায্য অধিকারটুকু দেওয়া থেকে? কেন আমরা কারো কৃত অপরাধের জন্য তার লাশকে কোন এক ধরণের শাস্তি দিতে চাই? অথচ মরে যাওয়ার পরে কাউকে কোন ধরণের শাস্তি দেওয়ার অধিকার মহান আল্লাহ্ আমাদের দেননি। শুধু কর্তব্য পালনের আদেশ দিয়েছেন। তাহলো মৃতদেহকে সম্মানের সাথে কবর দেওয়া।

মাঝে মাঝে আমার ইচ্ছে করে আমি নিজে গিয়ে ঐ ১৮ জন তরুণের লাশ গ্রহণ করি এবং সৎকারের যথাযথ ব্যবস্থা করি। কিন্তু আমি যে, ঢাল নেই তলোয়ার নেই নিধিরাম সর্দারের মত। ছেঁড়া কাঁথায় শুয়ে রাষ্ট্র পরিচালনার স্বপ্ন দেখার

লোক। আমার ডাকে এ সৎ কাজে এদেশে রাস্তার একটি নেড়ি কুত্তাও আসবে না। কিন্তু যাদের ডাকে এদেশের লক্ষ লক্ষ মানুষজন হুমড়ি খেয়ে পড়ে সেই হাসিনা-খালেদারা কেন দায়িত্ব এড়িয়ে যাচ্ছেন? আজকের এ অবস্থা তাদের রাজনৈতিক ব্যর্থতা এবং রাষ্ট্র পরিচালনার অজ্ঞতার ফল নয় কী? এটা অস্বীকার করার অপচেষ্টা তারা কেন করে যাচ্ছেন? কাউকে না কাউকে এদেশের এবং এ জাতির অনেক কিছুর দায়িত্ব নিতে হবে। সে কথা বলে এবং সে আশা দিয়েই তারা রাষ্ট্র রাজনীতির সব নেতৃত্বে পরিবার পরিজন নিয়ে দখল করে বসে আছেন। অথচ জাতির ভালবাসা ও মানবতার অনুভূতি এবং কোমলতাকে কাউকে না কাউকে সঠিক ভাবে জাগিয়ে তুলতে হবে। কিন্তু তিনি কে বা তারা কারা?

তবে যে বিষয়টি আজ আমার কাছে পরিষ্কার তাহলো, বাংলাদেশে ধর্মপন্থী কেহ সন্ত্রাস করলে তাকে জঙ্গি হিসেবে গণ্য করা হয়। তাকে বিনাবিচারে হত্যা করা হয় কিংবা বিনাবিচারে আটকে রাখা হয় বছরের পর বছর। আবার বিচার হলেও সবক্ষেত্রেই বাড়াবাড়ির শিকার হয়। কিন্তু ধর্ম বিরোধী বামপন্থীরা সন্ত্রাসী হলে তাদেরকে বিপ্লবী হিসেবে সম্মান জানানো হয়। পুলিশি, আইনি এবং বিচারিক বাড়াবাড়ির কিছুই পোহাতে হয় না। কেহ কেহ আবার মন্ত্রী হয়ে যান পরে। এক সময়ের সন্ত্রাসী এবং বর্তমান সরকারের তথ্যমন্ত্রী হাসানুল হক ইনু তারই একটি উদাহরণ। কিন্তু বাংলাদেশের প্রেক্ষাপটে একটি সত্য প্রকাশের জন্য এই কথিত সম্মানিত ব্যক্তিকে জাতীয় সংসদে নাকে খত দিতে হয়েছে সম্প্রতি। আর তার সে সত্যটি হল- কাবিখার চাল সহ দরিদ্রদের জন্য দেওয়া খাদ্য সাহায্যে এদেশের ছোটবড় সব ধরণের নির্বাচিত প্রতিনিধিরা ভাগ বসান। লুটপাট করে খান।

আসলে মন্ত্রী ইনুর উচ্চারিত ঐ সত্যির সাথে যে অনুচ্চারিত মহাসত্যটি আমরা সবাই জানি তাহলো, স্বাধীনতার পর থেকে এটিই হচ্ছে বাংলাদেশের চলমান ইতিহাস। এ বিষয়টি প্রধানমন্ত্রী হাসিনার জানা না থাকতে পারে। কিন্তু এদেশের কোটি কোটি জনগণের সবাই জানেন। এ সত্য প্রকাশে প্রধানমন্ত্রী এবং তার সংসদ সদস্যদের আত্মাভিমানে ঘা লেগেছে তাই তিনি বাধ্য করেছেন তার মন্ত্রীসভার সবচেয়ে বাচাল সদস্যকে সংসদে প্রকাশ্যে ক্ষমা প্রার্থনা করার জন্য। কিন্তু দেশের নির্বাচিত প্রতিনিধিদের ঐ নীচ কর্মকাণ্ডের জন্য দশকের পর দশক ধরে এদেশের কোটি কোটি সাধারণ জনগণ তাদের অন্তরে আঘাত পেয়ে আসছেন তার জন্য দেশের প্রধানমন্ত্রী কী ব্যবস্থা নিয়েছেন?

এ বিষয়ে আমাদের দেশের যারা সরকার এবং রাষ্ট্রের গুরুত্বপূর্ণ অবস্থানে থাকেন তারা কিছু করেন না। কখনও কিছু করার দরকার মনে করেন না। অথচ দেশের যোগ্য ব্যক্তিদের নিয়ে একটি উচ্চ পর্যায়ের তদন্ত কমিটি গঠন করে তাদের তদন্ত অনুযায়ী সুপারিশগুলো সঠিকভাবে বাস্তবায়ন করলেই এ ধরণের বেশির ভাগ সমস্যার সমাধান করা যায়। প্রধানমন্ত্রী নিজেও জানতে পারতেন বাস্তব অবস্থাটি। যেমন আমরাও জানতে চাই গুলশানে হলী আর্টিজান জঙ্গি হামলার পশ্চাতে আসলে কারা এবং কোন দেশ জড়িত ছিল? কিন্তু কী করে জানবো? যদি জঙ্গিদের গ্রেফতার না করে সুকৌশলে হত্যা করা হয়।

মমতা বনাম এদেশের এরা এবং ওদেশের ওরা

ভারত উপমহাদেশের সেরা মহিলা রাজনীতিবিদ কে? দিল্লীর সুলতানা রাজিয়া না ইন্দিরা গান্ধী? নাকি করাচী বা ঢাকার কেহ? এর উত্তর যদি আপনার জানা না থাকে তবে আপনি এক কাজ করে দেখতে পারেন। পাকিস্তানের বেলুচিস্তান থেকে শুরু করে বাংলাদেশের কক্সবাজার পর্যন্ত ছেলে-বুড়োর যে কাউকে জিজ্ঞেস করতে পারেন। তারা আপনাকে বলে দেবে এক বাক্যে। কোলকাতার স্বনামধন্য রাজনীতিবিদ মমতা ব্যানার্জীই এ উপমহাদেশের রাজনীতির সর্বকালের সেরা মহিলা রাজনীতিবিদ। শুনে আপনি অবাক হতেও পারেন আবার নাও হতে পারেন। এতে কোলকাতার মমতার কিছুই যায় আসে না। তিনি তার জায়গায় আছেন এবং থেকে যাবেন। আজকের রাজনীতির এ জায়গাটায় মমতা স্বামী বা পিতার হাত ধরে কিংবা স্বামী বা পিতার উত্তরাধিকার হয়ে আসেননি। এসেছেন নিজের চেষ্টায়। তৃনমূল থেকে রাজনীতি করে। প্রতিনিয়ত আন্দোলন-প্রতিবাদ করে এবং যথেষ্ট পরিশ্রম করে। সব সময় সাধারণ মানুষদের কাছাকাছি থেকে। তাই তিনি সাধারণ মানুষদের মনের এবং হাঁড়ির ভাষা যতটা বুঝেন এপারের হাসিনা-খালেদারা কিংবা দিল্লীর সোনিয়া এবং চেন্নাইয়ের লোলিতারা বুঝেন না। যদি ২০১৪ সালে সোনিয়া ষড়যন্ত্র কিংবা বোকামি না করতেন তাহলে দিল্লীর সিংহাসনে বাংলার মেয়ে মমতাই বসতেন। প্রণব বাবুর মত অন্যের জুতো পালিশ করে নয় বরং মেজাজি ও সাহসী রাজনীতিবিদ হিসেবে।

ভারতের রাজনীতি, কূটনীতি এবং সামরিকনীতি বেশ ভাল বুঝি আমি। তাই বিভিন্ন ক্যালকুলেশানে তখন আমার মনে হয়েছিল- বিজেপি এবং মোদী ঠেকানোর একটি মাত্র সহজ উপায়। তা হল- একটি মাত্র পরিষ্কার ঘোষণা, "নির্বাচনে জিতে অ-কংগ্রেসি নেতার নেতৃত্বে কংগ্রেসের কোয়ালিশন সরকার। যে অ-কংগ্রেসি এবং আঞ্চলিক দল লোকসভা নির্বাচনে সবচেয়ে বেশি আসন পাবেন সে দলের এবং তার নেতার নেতৃত্বেই গঠিত হবে ভারত সরকার।" এতেই দেখতে পেতেন কীভাবে টনিকের মত কাজ হত সে সময়। মোদী এবং হিন্দুভা উড়ে যেত, পাত্তাই পেত না বেশির ভাগ রাজ্যগুলোতে।

আবার আশ্চর্য হয়েছিলাম কংগ্রেসের দীর্ঘদিনের বন্ধু রাজনীতির চুলচেরা বিশ্লেষণকারী বামদের থেকেও ঐ রকম কোন প্রস্তাব সে সময় না উঠানোয়। হিন্দুভা ঠেকাতে অতীতে বামেরা চেষ্টার কোন ত্রুটি রাখেনি। এতে বামেরা যেমন

লাভবান হয়েছে তেমনি তাদের কম ত্যাগ স্বীকার করতে হয়নি। আসলে কট্টর হিন্দুত্বা বিরোধী ইস্যুতে বাম-কংগ্রেসের সর্বভারতীয় সখ্যতা এবং পরস্পর নির্ভরশীলতার কারণেই মমতার যাত্রা শুরু হয়েছিল। অথবা বলা যায়, মমতার নেতৃত্বে তৃণমূল কংগ্রেসের জন্ম হয়। না, মমতা হিন্দুত্বার সমর্থক ছিলেন না। বরং সে সময়কার পশ্চিমবঙ্গ যুব কংগ্রেস প্রধান মমতার অভিযোগ ছিল- সর্বভারতীয় ইস্যুতে কংগ্রেস-বামদের ঐক্যমত্যের কারণে পশ্চিমবঙ্গ রাজ্য রাজনীতি ক্ষতিগ্রস্থ হচ্ছে। কংগ্রেস হাই-কমান্ডের নির্দেশে পশ্চিমবঙ্গে ক্ষমতাসীন বামদের বিভিন্ন ইস্যুতে শুধুই ছাড় দেওয়া হচ্ছে। এর কারণে রাজ্য কংগ্রেস সভাপতি সোমেন মিত্রের নেতৃত্বে কংগ্রেস যেমন বামদের বিটিমে পরিণত হয়েছে তেমনি রাজ্য রাজনীতিতে বামেরা হয়ে পড়েছে বেপরোয়া এবং উদ্ধত।

মমতার কথা ছিল- এসব চলবে না, প্রতিরোধ করতে হবে। এবং তিনি প্রতিরোধে নেমে পড়েন একা। নিজের তরুণ সমর্থকদের সাথে নিয়ে। মমতার ঐ প্রতিরোধের রাজনীতি শুরু হয় আমি কোলকাতা যাওয়ার পরে, আমার কোলকাতায় উপস্থিতিতে এবং চোখের সামনে। ১৯৯৩ সালের ২৫শে মে আমি কোলকাতা যাবার পর দিন কয়েকের মধ্যে যে দুটি উল্লেখযোগ্য ঘটনা ঘটেছিল তার মধ্যে একটি হচ্ছে কংগ্রেস হাই কমান্ডের নির্দেশ অমান্য করে কোলকাতায় মমতার বামফ্রন্ট বিরোধী ধর্না। আর অন্যটি হচ্ছে, তৎকালীন ভারতের লোকসভার বিরোধী দলের নেতা এল কে আদভানীর নেতৃত্বে বাংলাদেশের চাকমাদের জন্য "স্বাধীন জুম ল্যান্ডের" দাবীতে কোলকাতার রবীন্দ্র-সদন থেকে ধর্মতলা পর্যন্ত বিক্ষোভ মিছিল।

যদ্দুর জানি, পশ্চিমবঙ্গের তৎকালীন ক্ষমতাসীন পূর্ববঙ্গীয় মুখ্যমন্ত্রী জ্যোতি বাবু পশ্চিম বঙ্গীয় রাজনীতিবিদ মমতাকে খুব স্নেহ করতেন। হয়ত তিনি বুঝতে পেরেছিলেন যে, রাজ্যে একটি শক্তিশালী বিরোধীদল দরকার। সে রকম না হলে পশ্চিমবঙ্গের মত রাজ্যে বিজেপি সহ অন্যান্য মৌলবাদীরা থাবা বসিয়ে দিতে পারে। তবে পশ্চিমবঙ্গে সে রকম কিছু না হওয়ার একমাত্র কৃতিত্ব যার তিনি হচ্ছেন অসাধারণ প্রতিভার অধিকারী ঝাঁঝালো রাজনীতিবিদ মমতা ব্যানার্জী। মমতা কোনমতেই জায়গা ছেড়ে দেননি বরং যে জায়গা অধিকার করার পণ করেছিলেন তা অধিকার করে দেখিয়ে দিয়েছেন। এখানেই মমতার কৃতিত্ব।

এখানে একটি কথা বলে রাখি- ১৯৯৬ সালে বাজপেয়ীর নেতৃত্বে বিজেপি ভারতের ক্ষমতায় আসার একমাত্র কারণ ছিল ভারতের মুসলিমদের একচেটিয়া

ভোট। বাবরি মসজিদ রক্ষায় ও মুসলিম বিরোধী দাঙ্গায় কংগ্রেসের ব্যর্থতা সেই সাথে অবিরলভাবে চলতে থাকা বঞ্চনা ও সীমাহীন বৈষম্যের কারণে ভারতের সব মুসলিম ভোটারেরা বিজেপিকে ভোট দিয়ে ক্ষমতায় এনে কংগ্রেসকে শিক্ষা দিয়েছিল। তা না হলে ভারতের রাষ্ট্র ক্ষমতায় বিজেপির আসা এত সহজ ছিল না। কিন্তু সোনিয়ার ভুলে কিংবা বেঈমানিতে এবারের ক্ষমতায় এসে গো রক্ষার নামে বিজেপির কেহ কেহ সত্যি সীমা লঙ্ঘন করে যাচ্ছে। তাই গোমাংস খাওয়ার মুসলিমদের অধিকারে হস্তক্ষেপ করে মুসলিম নির্যাতন আজ বিজেপি সরকারের মুখ্য বিষয় হয়ে দাঁড়িয়েছে। এ রকম পরিস্থিতিতে প্রতিবাদ এবং প্রতিরোধ করার সৎ ও সাহসী নেতৃত্ব হচ্ছেন পশ্চিম বঙ্গের মুখ্যমন্ত্রী মমতা ব্যানার্জী। এদেশের এরা বা ওদেশের ওরা নন। এদেশের এরা কোনদিন বাংলাদেশ-ভারত সীমান্তে ভারত সরকারের গণহত্যার প্রতিবাদ করেননি। অসংখ্য গরিব সাধারণ মানুষদের হত্যাকাণ্ডের জন্য ভারত সরকারের কাছে ক্ষতিপূরণ চাননি। অথচ বাংলাদেশ প্রধানমন্ত্রী তার বর্তমান বিদেশ সফরকালে চুপি চুপি ভারত সরকারের কাছে বার্তা পাঠিয়েছেন কাশ্মীরের সেনা ঘাঁটিতে হামলার নিন্দা জানিয়ে। তাও এমন একদিন যেদিন লালমনিরহাট সীমান্তে ভারতীয় সীমান্ত রক্ষীরা এক বাংলাদেশীকে গুলি করে হত্যা করেছে। শুধু তাই নয়, বাংলাদেশের সংখ্যালঘুদের স্বার্থে ভারত সরকার বাংলাদেশ সরকারের উপর চাপ সৃষ্টি করে থাকে প্রায়ই। কিন্তু ভারতে গোমাংস নিয়ে মুসলিমদের উপর চলমান অত্যাচার-নির্যাতনের প্রতিবাদ এদেশের এরা করেন না। করেন মমতা ব্যানার্জী।

অথচ মমতা ব্যানার্জী এশিয়ার আদর্শ মহিলা রাজনীতিবিদ হিসেবে স্বীকৃতি পান না। বিশ্বের ক্ষমতাশালী মহিলা রাজনীতিবিদ হিসেবে কারো লিস্টে আসেন না। পান না কোন আন্তর্জাতিক পুরস্কার। কারণ ঐসব বিষয়ে মমতা পশ্চিমা কোন সংস্থা কিংবা কোন বিখ্যাত ম্যাগাজিনকে গোপনে লক্ষ লক্ষ ডলার ঘুষ-ডোনেশান দেন না। দেয়ার দরকার মনে করেন না। তার চাইতে তার মনোযোগ তার জনগণের দিকে। এদেশের এদের মত লন্ডন, কানাডা এবং নিউ ইয়র্কের চার দিনের সফরকে অযথা সতের দিন বানিয়ে ফেলাকে তিনি কল্পনা করতে পারেন না। তাই তার পুরস্কার এবং স্বীকৃতি তার পশ্চিম বঙ্গের জনগণ দেন। ভালোবাসায় এবং শ্রদ্ধায়। গত নির্বাচনে মমতায় বিজয় তারই প্রমাণ। অন্যদিকে এদেশের এরা সব সময় জন বিচ্ছিন্ন, সে সাথে অনেকটা ধিকৃত। এবং চোর- নির্বাচন চুরিতে ওস্তাদ। ওস্তাদ এদেশের জনগণের অধিকার হরণ করতে।

পশ্চিম বঙ্গের মত রাজ্যের অনেক সীমাবদ্ধতা আছে এবং থাকাই স্বাভাবিক। কিন্তু এত সীমাবদ্ধতা থাকা সত্ত্বেও মমতা তার রাজ্যের সাত কোটির উপর দরিদ্র ও নিম্ন আয়ের লোকদের দু টাকা কেজি দরে চাল-আটা দিচ্ছেন। কল্পনা করতে পারেন? সে হিসেবে বাংলাদেশ প্রধানমন্ত্রী হাসিনা মিয়াঁর সম্প্রতি দেশের মাত্র পঞ্চাশ লক্ষ দরিদ্র লোকদের ১০ টাকা কেজি দরে চাল দেওয়ার প্রতিশ্রুতির বিষয়টি- "শৈবাল দিঘিরে বলে উর্ধ্ব করে শির, লিখে রাখ এক ফোঁটা দিলেম শিশির" এই রকমই মনে হয় আমার কাছে। আবার সবে তিনি বলেছেন কিন্তু বাস্তবায়ন হতে কত সময় লাগে এবং কারা কারা পাবেন সে বিষয়টি তো আছেই। এদেশের এরা তাদের চলমান পঁয়ত্রিশ-তেত্রিশ বছরের প্রথম শ্রেণির রাজনৈতিক জীবনে কিছু সৎ এবং নিঃস্বার্থ নেতা-কর্মী তৈরি করতে পেরেছেন এমন প্রমাণ আমি পাইনি। এদেশের এদের রাজনৈতিক থিউরি একটিই, তা হচ্ছে- "চুরি, চাটুকারি এবং লুটপাট- যত পার তোমরা কর নির্ভয়ে এবং আমাকে ভাগ দাও নিঃসঙ্কোচে " ইত্যাদি, ইত্যাদি।

সত্যি বলতে কি, এদেশের প্রধানমন্ত্রী হাসিনা মানুষকে দিতে জানেন না। তার বাবা তাকে সে রকম কিছু শিখিয়ে যাননি। দরকার বোধ করেননি হয়ত। কারণ তিনি তার পিতামাতার সে প্রত্যাশার জায়গাটিতে কোনকালেই ছিলেন না। কিছু লোককে দশ টাকা সের দরে চাল দেবেন এ ঘোষণা দেওয়ার পর প্রায় এক মাস কেটে গিয়েছে। কিন্তু এরই মধ্যে সারা বছরের উর্ধ্বগামী বাজারের অবস্থা কি অবস্থায় দাঁড়িয়েছে তা তিনি কখনও খোজ নিয়ে দেখেননি। গত একমাসে সবচেয়ে নিম্ন মানের চাল ত্রিশ টাকা থেকে আজ প্রায় চল্লিশ টাকায় বিক্রি হচ্ছে। নিত্য প্রয়োজনীয় জিনিষপত্রগুলোর দাম আগেও বাড়তি ছিল আজও বেড়েই যাচ্ছে। কিন্তু এদেশের এরা তার খোজ রাখেন না। নিজেদের খাওয়া পাওয়ার সবকিছু ভাল চললেই মনে করেন দেশের মানুষ অনেক সুখে আছে।

এখানেই ওপারের মমতার সাথে এপারের এদের ফারাক। এদেশের এরা যতটুকু না রাজনীতিবিদ তার চাইতে যেন অনেক বেশি ব্যবসায়ী এবং ধান্ধাবাজ। শুধুই তেল মাথায় তেল দিয়ে যান। গণতন্ত্র ও আইনের শাসনের ধার ধারেন না। পুলিশ দিয়ে বিরোধী নেতা-কর্মীদের নির্যাতন করান। আর ব্যবসায়ীদের সিন্ডিকেট দিয়ে নির্যাতন করান দেশের সাধারণ জনগণকে। কারণ দেশে গণতন্ত্র নেই। নেই জনগণের ভোটের অধিকার।

বর্ধমান বিস্ফোরণ কাণ্ড এবং কিছু সোজা কথা

আমি যদি ভারতে না যেতাম, যদি দীর্ঘদিন ওখানে না থাকতাম, যদি ঐ দেশের সরকারী বেসরকারী বিভিন্ন বিষয়ে আমার কোন জ্ঞান না থাকত তাহলে বর্ধমান বিস্ফোরণ কাণ্ডে ভারত সরকারের, ভারত সরকারের বিভিন্ন সংস্থাগুলোর এবং আনন্দবাজার পত্রিকাসহ বিভিন্ন ভারতীয় মিডিয়ার বক্তব্য আমি মেনে নিতাম এক বাক্যে।

মেনে নিয়ে আতঙ্কিত হয়ে কিংবা উল্লাস করে বলতাম, "একি কাণ্ড! এযে দেখছি আমাদের বাংলাদেশী সন্ত্রাসের বিশ্বজয়।" কিন্তু বাস্তবে স্বাভাবিকভাবে আমার মনে যে প্রশ্ন উঠছে তা হল- এ আবার কী করে হয়? কারণ সন্ত্রাস অর্থে যাকে সন্ত্রাস বলা হয় সে সন্ত্রাস আসলে বাংলাদেশের কোথাও নেই।

গত ত্রিশ বছরের বেশি সময় ধরে রাজনৈতিক কারণে অনেক কিছুতো দেখলাম। আসলে বাংলাদেশের সন্ত্রাস হচ্ছে পাতি সন্ত্রাস। দুর্বলের উপরে সবলের সন্ত্রাস, নিরস্ত্রের উপর অস্ত্রধারীদের সন্ত্রাস এবং চাঁদাবাজি, লুটপাট, সুবিধা-বাজি আর ভোগদখলের সন্ত্রাস। সে সাথে আছে সব সন্ত্রাসের বড় সন্ত্রাস আমাদের রাজনৈতিক দলগুলোর দলাদলির এবং দুর্নীতির সন্ত্রাস। আর সবই হচ্ছে দেশের সন্ত্রাস বিরোধী মহান নেত্রী হাসিনা, খালেদা এবং এক্স জেনারেল এরশাদসহ তাদের সহযোগীদের ছত্রছায়ায়।

হয়ত আপনাদের কেউ কেউ বলবেন যে, "না না আমরা এ সন্ত্রাসের কথা বলছি না, আমরা বলছি ধর্মীয় সন্ত্রাসের কথা"। তাহলে আমি বলবো, এদেশে ধর্মীয় সন্ত্রাসের কোন কারণ আমি দেখি না। আমি যা দেখি তা হচ্ছে এদেশের বেশির ভাগ মানুষ চায় এদেশে ভাল মাত্রায় ইসলামী শাসন ব্যবস্থা প্রতিষ্ঠিত হোক। কিন্তু আমি যা দেখতে পাচ্ছি না তা হচ্ছে এদেশের জনগণের এ ইচ্ছাকে প্রতিষ্ঠিত করার জন্য কোন সত্যিকারের গ্রহণযোগ্য একক বিশ্বাসযোগ্য নেতৃত্ব এবং একক রাজনৈতিক দল। ফলে আজ যা হচ্ছে তা হচ্ছে মানুষের এ ইচ্ছাকে দাবিয়ে রাখার জন্য। যা হচ্ছে তা হল মানুষের ঐ বিশেষ অনুভূতিকে নষ্ট করার জন্য বিশেষ পরিকল্পিত ষড়যন্ত্র। যা এখন পরিকল্পিতভাবে দেশের গণ্ডি ছাড়িয়ে অন্য দেশকে দিয়েও করানো হচ্ছে।

এ কারণেই ভারতের বর্ধমান বিস্ফোরণ কাণ্ডকে সারা বিশ্বে সরকারীভাবে প্রচার করা হচ্ছে বাংলাদেশী সন্ত্রাসীদের আন্তর্জাতিক সন্ত্রাসী কর্মকাণ্ড হিসেবে। বাস্তবে এ সমস্ত কিছু তাদেরই একটি ষড়যন্ত্রমূলক কর্মকাণ্ড যারা বাংলাদেশের জনগণের বিরুদ্ধে এবং তাদের বিশেষ ইচ্ছার বিরুদ্ধে অবস্থান নিয়েছে জনগণের কথিত রক্ষাকর্তা সেজে।

স্বভাবত আমার কাছে বর্ধমানের বোমা বিস্ফোরণ আসলে বাংলাদেশী সন্ত্রাসের বিশ্বজয় নয়। এটি আসলে আমাদের বাংলাদেশের ভারত সমর্থিত ভারতীয় স্বার্থ

রক্ষাকারী কথিত গণতন্ত্রের বিশ্বজয়। কারণ ভারতের খুবই পাওয়্যারফুল এবং পশ্চিমা আশকারা পাওয়া মিডিয়া আজ ভারত সমর্থিত বর্তমান বাংলাদেশের এ দুর্গন্ধময় গণতন্ত্রের ঝাণ্ডা বিশ্বের সর্বত্র উড়িয়ে দিচ্ছে বর্ধমান বিস্ফোরণ কাণ্ডের গল্প বলে বলে।

কিন্তু ভারতের এ প্রচেষ্টার বড় সমস্যা হচ্ছে যে, বিশ্ববাসী এসব নাটক দেখতে দেখতে আজকাল যেমন জ্ঞানী হয়ে উঠেছেন তেমনি হয়ে পরেছেন ক্লান্ত। বিশ্ববাসী আজ জেনে গিয়েছেন যে, পৃথিবীতে কোন ধরনের সন্ত্রাসী কর্মকাণ্ড হয় না কথিত সন্ত্রাস বিরোধী দেশগুলো বা শক্তিগুলোর পরোক্ষ এবং প্রত্যক্ষ অংশগ্রহণ বা সহযোগিতা ছাড়া।

এমন কী নিজেরা বিশেষ উদ্দেশ্যে সন্ত্রাস করেও খুব চালাকির সাথে অন্যের উপর চাপিয়ে দেন মিডিয়াকে ব্যবহার করে। এসব কিছুর উদ্দেশ্য একই। বিশ্বের সাধারণ মানুষকে ভয় পাইয়ে দেওয়া। ভয় পাইয়ে সাধারণ মানুষকে বিভ্রান্ত করা। সাধারণ মানুষের চিন্তা চেতনার সংঘবদ্ধ শক্তিকে নিয়ন্ত্রণ করে বা দমিয়ে রেখে নিজেদের উদ্দেশ্যকে সফল করা।

বাংলাদেশ ভারতের কেউ কেউ যে বিষয়টি বুঝাতে চাচ্ছে তা হল ভারতে হিন্দু মৌলবাদীরা ক্ষমতায় এলে এদেশের কোন সমস্যার বিষয় নেই। কিন্তু অন্যদিকে বাংলাদেশে যুতসই কোন ইসলামিক দল কিংবা এ জাতীয় অন্য কেউ ক্ষমতায় এলে নাকি ভারতের সমস্যার কারণ আছে। ফলে যে বিষয়টি বুঝতে কারো অসুবিধা হয় না তা হল, যদি ভারতের পছন্দের কেউ বাদে অন্য কেউ বাংলাদেশের ক্ষমতায় চলে আসে তাহলে বাংলাদেশে ভারতের আজ্ঞাবাহক কোন তাবেদার সরকার থাকবে না। আর এটিই হচ্ছে কথিত সন্ত্রাসের মুল কারণ।

একটি কথা ভুললে চলবে না যে, আগে যে সব সন্ত্রাস আই এস আই বা পাকিস্তান নিয়ন্ত্রণ করতো বলে বলা হতো তার বেশিরভাগ এখন ভারত নিয়ন্ত্রণ করে বিভিন্ন কায়দায়। সরাসরি কিংবা ভায়ায় বিভিন্ন চ্যানেলে। সে হিসেবে বাংলাদেশে ঘটে যাওয়া বিভিন্ন বড় বড় ধরনের সন্ত্রাসী কর্মকাণ্ডগুলোর নিরপেক্ষ তদন্ত হলেই প্রমাণ হতো যে, সে সব সন্ত্রাসী কর্মকাণ্ডগুলোতে ভারত সরকারীভাবে জড়িত ছিল কী জড়িত ছিল না।

দৃশ্যত বর্ধমান বিস্ফোরণ কাণ্ডকে কেন্দ্র করে ভারত যেন অতিমাত্রায় চিন্তিত হয়ে পড়ছে হাসিনা-খালেদার নিরাপত্তার বিষয়ে। সে কারণেই ভারত সরকার বর্তমানে বলে বেড়াচ্ছে যে, এদেশে নাকি হাসিনা-খালেদাদেরকে হত্যার ষড়যন্ত্র হচ্ছে। তবে এ প্রসঙ্গে যে বিষয়টি ভারতকে আজ জানিয়ে দেওয়া দরকার তা হল হাসিনা-খালেদার হত্যা প্রচেষ্টা এবং নিরাপত্তার বিষয় আমরা খুব ভাল বুঝি।

হাসিনা-খালেদার হাই ক্যাটাগরি নিরাপত্তা ব্যবস্থা হচ্ছে তাদেরকে এ মুহূর্তে পরিবার-পরিজন নিয়ে রাজনীতি থেকে সরে যাওয়া। তা না হলে গ্রেনেড

হামলাসহ অনেক কিছু হতে থাকবে। হাসিনা-খালেদারা ভয়ে ভারতের উপর আরও অনেক বেশি নির্ভরশীল হতে থাকবে। বাংলাদেশের চাইতে ভারতের স্বার্থ আরও অনেক বেশি মুখ্য হয়ে দাঁড়াবে তাদের কাছে।

আসলে হাসিনা-খালেদাদের তাদের পরিবার সহ রাজনীতি থেকে সরে যাওয়া দরকার যেমন তাদের নিরাপত্তার জন্য তেমনি এদেশের স্বাধীনতা সার্বভৌমত্বের জন্য। তাদের জন্য এদেশের বর্তমান বিচার বিভাগ, নির্বাচন কমিশন সহ বিভিন্ন স্বাধীন প্রতিষ্ঠানগুলো যে মাপের কথিত স্বাধীনতা ভোগ করছে বাংলাদেশের স্বাধীনতা সার্বভৌমত্ব ঠিক সে অবস্থায় এসে পৌঁছেছে আজ।

বস্তুত এ দেশের স্বাধীনতা সার্বভৌমত্বের এ করুন দশা আজ হঠাৎ করে শুরু হয়নি। কিন্তু যখন থেকে পারিবারিক উত্তরাধিকারের সূত্র ধরে অহেতুকভাবে হাসিনা-খালেদাকে রাজনীতিতে টেনে আনা হয়েছে তখন থেকেই শুরু হয়েছে। যেহেতু আমি তৃণমূল থেকে রাজনীতি শুরু করেছিলাম হাসিনার নেতৃত্বে সেহেতু আমার ভালো করেই জানা আছে যে হাসিনার নেতৃত্বাধীন আওয়ামী লীগ এ পর্যন্ত কখনও সুষ্ঠু এবং নিরপেক্ষ নির্বাচনের মাধ্যমে ক্ষমতায় যাওয়ার মত জন সমর্থন অর্জন করতে পারেনি। আর এ কারণটি হচ্ছে এদেশে বর্তমানের সব সমস্যার মুল কারণ। কারণ ভারত চায় নিজের স্বার্থে যে করেই হোক হাসিনাকে রাষ্ট্র ক্ষমতায় নেওয়ার জন্য এবং অগনতান্ত্রিকভাবে হলেও ক্ষমতায় টিকিয়ে রাখার জন্য।

বস্তুত হাসিনা-খালেদা নামক বাংলাদেশের রাজনীতির দুটি ঘসেটি বেগমরা এবং সামরিক মীরজাফর এরশাদ গত সাড়ে তিন দশকে নিজেদের স্বার্থে বাংলাদেশকে ভারতের এমন তাবেদার বানিয়েছে যে, বাংলাদেশ আজ হয়ে পড়েছে ভারত নির্ভরশীল। ভারতীয় পণ্যের একছত্র বাজার। আজ অবস্থা এমন দাঁড়িয়েছে যে, আমরা যদি আমাদের প্রাণপ্রিয় শিশুদের জন্য সখ করে দোকান থেকে একটি চকলেট কিনতে যাই আমরা বাধ্য হই ভারতে উৎপাদিত চকলেট কিনতে। এ অবস্থাই হচ্ছে আমাদের দেশে বিদেশী বিনিয়োগ আসার সবচেয়ে বড় প্রতিবন্ধকতা। সে সাথে ভারতে বিদেশী বিনিয়োগের জন্য চমৎকার অবস্থা। যেখানে ভারতে বিদেশী বিনিয়োগ হলে ভারতের বাজারের সাথে সাথে বাড়তি হিসাবে খুব সহজে বাংলাদেশের বাজার পাওয়া যায় সেখানে বাংলাদেশে বিনিয়োগ করে বিদেশী বিনিয়োগকারীদের লাভ কী?

আমি ভারতে থেকেছি অনেক দিন। কাজেই আমার জানা আছে যে, পশ্চিম বঙ্গ সহ ভারতের নর্থ ইস্টার্ন রাজ্যগুলোতে ভারতের ইনটেলিজেন্ট সেট আপ সম্বন্ধে। ফলে আমার কাছে কোনমতেই বিশ্বাসযোগ্য হচ্ছে না বর্ধমানের ঐ কথিত সন্ত্রাসী কর্মকাণ্ডের গল্প। আমার মতে ওটি হয় ভারত সরকার পরিচালিত। কিংবা ভারত বাংলাদেশ উভয় দেশের সরকারগুলোর যৌথ পরিচালিত।

বাংলাদেশের প্রধানমন্ত্রী হাসিনাকে দিয়ে ভারত সরকার সংশ্লিষ্ট কেউ বা কোন

সংস্থা আমেরিকার নিউ ইয়র্কে ভারতের প্রধানমন্ত্রী নরেন্দ্র মোদীর কাছে ভারতের মাটি ব্যবহার করে বাংলাদেশের বিরুদ্ধে কথিত সন্ত্রাসীদের কর্মকাণ্ড এবং সন্ত্রাসের অভিযোগগুলো হস্তান্তর করায়। তারপর বর্ধমানে বিস্ফোরণ ঘটানো হয়। দৃশ্যত, ঐ বোমা বিস্ফোরণ ঘটানো হয় পরিকল্পিতভাবে ভারতের প্রধানমন্ত্রী নরেন্দ্র মোদীর কাছে হস্তান্তর করা বাংলাদেশ সরকারের কথিত দাবীগুলো প্রমাণ করার জন্য। ফলে স্বাভাবিকভাবে যে কথাটি আমার মনে আসছে তা হচ্ছে যে, ঐ বিস্ফোরণে নিহতরা আসলেই সন্ত্রাসী ছিল, নাকি তাদের মধ্যে কেউ কেউ নিরপরাধ সাধারণ মানুষ ছিল যারা ভারতীয় সরকার পরিচালিত সন্ত্রাসের মিসএডভেঞ্চারের কারণে ভিক্টিম হয়েছিলেন। এটি ভালো করে তদন্ত করে দেখা দরকার।

সত্যি বলতে কী বর্ধমান বিস্ফোরণ কাণ্ড যে একটি সন্ত্রাসী ঘটনা এবং ভারত প্রধানমন্ত্রী নরেন্দ্র মোদীকে আনুষ্ঠানিকভাবে হস্তান্তর করা বাংলাদেশ প্রধানমন্ত্রী হাসিনার অভিযোগগুলো বাস্তব অবস্থার কারণে আমার কাছে বিশ্বাসযোগ্য মনে হচ্ছে না। কারণ যদি বাংলাদেশ সরকারের কাছে এমন কোন অকাট্য প্রমাণসহ অন্য কোন তথ্য থেকেই থাকে যে, বাংলাদেশের কেউ কেউ ভারতে গিয়ে ভারতের মাটি ব্যবহার করে বাংলাদেশ রাষ্ট্রের বিরুদ্ধে এমনকী বর্তমান বাংলাদেশ সরকারের বিরুদ্ধে সন্ত্রাসী কর্মকাণ্ড করার প্রচেষ্টা করে যাচ্ছে, তাহলে তা জানানোর জন্য এবং ব্যবস্থা নেওয়ার বিষয়ে আলোচনার জন্য কেন আমেরিকার নিউ ইয়র্ককে বেছে নেওয়া হল? কেন ডাক ঢোল পেটানো হল মিডিয়ার মাধ্যমে? ভারতের উত্তর পূর্ব রাজ্যগুলোর রাজনৈতিক ভিন্ন মতাবলম্বী নেতাদের বাংলাদেশের মাটি ব্যবহার করে বাংলাদেশ থেকে কথিত ভারত বিরোধী কর্মকাণ্ডে জড়িত থাকার অভিযোগে ভারত থেকে বিশেষ বাহিনী এসে অতি গোপনে বেআইনিভাবে ধরে নিয়ে যাওয়া হয়েছিল ২০০৯-১০সালে। বর্তমান বাংলাদেশ সরকারের সক্রিয় সহযোগিতায়। বাংলাদেশের স্বাধীনতা, সার্বভৌমত্ব এবং শাসনতন্ত্রকে বৃদ্ধাঙ্গুলি দেখিয়ে। সে সাথে সব ধরনের আন্তর্জাতিক আইনকে অবজ্ঞা করে।

তাহলে ভারতের সাথে বাংলাদেশের বর্তমান সরকারের এত সুসম্পর্ক থাকা অবস্থায় ঠিক একই কায়দায় বাংলাদেশ সরকার নিজেরা ভারতে গিয়ে কিংবা ভারত সরকারের মাধ্যমে তাদেরকে গোপনে কিংবা প্রকাশ্যে ধরে বাংলাদেশে নিয়ে আসার ব্যবস্থা কেন করেনি? যদি সত্যিই তারা বাংলাদেশের বিরুদ্ধে ভারত থেকে ভারতের মাটি ব্যবহার করে যে কোন ধরনের সন্ত্রাসী কর্মকাণ্ডে লিপ্ত থেকে থাকে বা থাকত।

আসলে ভারত সম্পর্কে আমি যতটুকু জানি ও বুঝি এবং বাংলাদেশ সম্বন্ধে যতটুকু জানি ও বুঝি তা বিশ্লেষণ করে আমার মনে হয় যে ভারত সরকার বা ভারত সরকারের কোন সংস্থা বর্তমানের খুব অদক্ষ বাংলাদেশ সরকারকে এবং সরকার

সংশ্লিষ্টদেরকে ব্যবহার করছে এবং করে যাচ্ছে ভারতের আভ্যন্তরীণ এবং আন্তর্জাতিক স্বার্থ রক্ষার বিষয়ে।

কিন্তু কী কারণে ভারত এমন আচরণ করছে? কারণ একটিই, তা হচ্ছে বিশ্বকে বোকা বানিয়ে বাংলাদেশে ভারতের তাবেদার সরকারকে ক্ষমতায় রাখা। বাংলাদেশের জনগণকে ভীতসন্ত্রস্ত করে রাখা যাতে ভারতের অপছন্দের কোন সরকার এদেশে ক্ষমতায় আসতে না পারে। কারণ অন্য কেউ ক্ষমতায় এসে পিলখানা হত্যাকাণ্ডের প্রতিবাদে, সীমান্তে গণহত্যার প্রতিবাদে, তালপট্টি ষড়যন্ত্র করে ছিনিয়ে নেওয়ার প্রতিবাদে, বাংলাদেশের বিরুদ্ধে পানি আগ্রাসন সহ ভারতীয় বিভিন্ন কূটকৌশলের প্রতিবাদে এবং গত এক দশকের বেশি সময় ধরে বাংলাদেশে ঘটে যাওয়া ভারত সরকারের সমস্ত সন্ত্রাসী কর্মকাণ্ডের প্রতিবাদে যদি ভারত থেকে ফেন্সিডিল সহ সমস্ত চোরাচালান এবং সমস্ত বৈধ পথে পণ্য আমদানি বন্ধ করে দেওয়া হয় তাহলে ভারতের জিডিপিতে দুটি শতাংশের বেশি ধ্বস নামবে।

এ বিশেষ সময়ে এমন হলে ভারতের মাথায় আকাশ ভেঙ্গে পড়ার মত অবস্থা দাঁড়াবে। চীন-জাপান কে নিয়ে আমেরিকা বিরোধী জোট গঠন করাতো দুরের কথা উলটো আমেরিকানদের পায়ে পড়া ছাড়া ভারত সরকারের আর কোন উপায় থাকবে না বলে আমার ধারনা। আবার আপাতদৃষ্টিতে ভারত চীন জাপানকে নিয়ে পশ্চিমা বিরোধী জোট গঠনের খায়েস হাসিনা সরকারেরও মিটে গিয়েছে বলে মনে হচ্ছে। মিটে যাওয়ার প্রধান কারণ হচ্ছে যে, ভারতের সাধারণ নির্বাচনের মাধ্যমে কংগ্রেস সরকারের পরাজয়ে ক্ষমতায় আসা বিজেপি সরকার অ্যামেরিকার বিপক্ষে উক্ত জোট গঠনে ইচ্ছুক নয়।

কিন্তু উক্ত জোট গঠন নিয়ে বর্তমান বাংলাদেশ সরকারের লম্ফ-জম্ফ অনেকের কাছে অস্বাভাবিক মনে হয়েছে। কারণ এ অঞ্চলের সার্কে যেখানে বাংলাদেশ প্রধানমন্ত্রীর প্রধান কাজ দাঁড়িয়ে যায় ভারত-পাকিস্তানের প্রধানমন্ত্রীদের সাথে শুধুমাত্র ফটোসেশনে অংশগ্রহন করার মত সেখানে রাশিয়া, চীন, জাপান এবং ভারতের জোট গঠনে বাংলাদেশ প্রধানমন্ত্রীর প্রধান কাজ স্বাভাবিক কারণে ঐ ফটোসেশনের বাইরে অন্য কিছু আছে বলে কারো দৃষ্টিগোচর হয় না । কিন্তু শুধুমাত্র এ কারণে বর্তমান বাংলাদেশ সরকার তার উদ্ভট এবং ক্ষতিকর পররাষ্ট্রনীতির কারণে বাংলাদেশের যে ক্ষতি করেছেন বর্তমান বিশ্বের এমন একটি বিশেষ সময়ে যা বাংলাদেশের দুশ বছরের উপনিবেশিক শাসন আমলের ক্ষতির চাইতে কোন অংশে কম নয় বলে মনে হয়।

ভারত বাংলাদেশে মৃত্যুদণ্ড শাস্তি এবং কিছু সহজ ভাবনা

বাংলাদেশের বিচার ব্যবস্থায় মৃত্যুদণ্ড শাস্তি এখনো টিকে থাকার একটিই কারণ তা হচ্ছে, ভারতের বিচার ব্যবস্থায় এর প্রচলন থাকা। আবার ভারতের বিচার ব্যবস্থায় মৃত্যুদণ্ড প্রথা বর্তমানে প্রচলিত থাকার একমাত্র কারণ হচ্ছে মার্কিন যুক্তরাষ্ট্রে এর প্রচলন থাকা। যদি মার্কিন যুক্তরাষ্ট্রে মৃত্যুদণ্ড প্রথা এখন বাতিল করা হয় তাহলে ভারতও এটি বাতিল করে ফেলবে অনতিবিলম্বে এবং বলা যায় বাংলাদেশও তা অনুসরণ করবে। আবার যদি এখন বাংলাদেশ নিজের উপরে ভারতের কর্তৃত্বকে এড়িয়ে গিয়ে মৃত্যুদণ্ড প্রথা বাতিল করে ফেলে তাহলে ভারতেও এ প্রথা বাতিলের দাবী উঠলেও উঠতে পারে। এটি হচ্ছে ভারত এবং বাংলাদেশের আইন এবং বিচার ব্যবস্থার উপর একটি মনস্তাত্ত্বিক অবজারবেসান। তবে মৃত্যুদণ্ড প্রথা সত্যি বাতিল করা দরকার, কারণ সব মৃত্যুদণ্ড প্রধানের ক্ষেত্রে সুস্থ বিচার বিবেচনা কখনো কাজ করে না বলে আমার ধারনা। কোন না কোনভাবে বিভিন্ন ধরনের অনুভূতি চলে আসে এবং তা বিচারে ও সিদ্ধান্ত গ্রহণে প্রভাবিত করে।

সর্বশেষ আলোচিত মৃত্যুদণ্ড কার্যকর করা হয়েছে ভারতে, বোম্বে বিস্ফোরণ মামলায় ইয়াকুব মেননের। বোম্বে বিস্ফোরণের মাস দুয়েক পর থেকে আমি ভারতে গিয়ে দীর্ঘদিন থাকলেও ভারতে ব্যাপক প্রচারিত এ বিষয়টির উপর আমার তেমন কোন মনোযোগ আকর্ষিত হয়নি। কাজেই এ বিষয়ে কখনও কোন কিছু বিচার বিশ্লেষণ করিনি আমি। ফলে আমি ঠিক মন্তব্য করতে পারছি না যে- কে কতটুকু দায়ী এবং মৃত্যুদণ্ড দেওয়া ঠিক হয়েছে, কী ঠিক হয়নি। তবে আমার সবচেয়ে বেশি মনোযোগ আকর্ষিত হয়েছে ভারতীয় জাতীয় পার্লামেন্টে হামলার মামলায় কাশ্মীরি আফজাল গুরুর ফাঁসির বিষয়টি। আমি জানি না আফজাল গুরু কতটুকু দায়ী ছিলেন বা দায়ী ছিলেন না। তবে ঐ বিষয়টি নিয়ে আমি অনেক ভেবেছিলাম এবং ভেবে ভেবে একটি বিষয় দাঁড় করেছিলাম। তা নীচে দিয়ে দেওয়া হল :-

** (বর্ধমান বিস্ফোরণের বিষয়টি আমাকে মনে করে দিয়েছিল ২০০১ সালের ১১ সেপ্টেম্বর পরবর্তী সময়ে ভারতে রহস্যজনকভাবে ঘটে যাওয়া দুটি সন্ত্রাসী ঘটনার কথা। তার একটি হচ্ছে ভারতের রাজধানী দিল্লীতে ভারতীয় জাতীয় পার্লামেন্ট ভবনে কথিত সন্ত্রাসী হামলা এবং আরেকটি হচ্ছে কলকাতার অ্যামেরিকান সেন্টারে বা কনস্যুলেটে কথিত সন্ত্রাসী হামলা। ঐ দুটি হামলা আদৌ কোন সন্ত্রাসী হামলা ছিল কী না এ নিয়ে কিছু লোক সন্দেহ প্রকাশ করেছিল সে সময়। কারো কারো মতে তৎকালীন অ্যামেরিকান সরকারের সম্মতিতেই ভারত সরকার নিজেই ঘটিয়েছিল ঐ ঘটনা দুটি। যাতে ভারত তৎকালীন কথিত সন্ত্রাস বিরোধী যুদ্ধে অ্যামেরিকার সাথে সামিল হতে পারে সহজে।

২০০১ সালের সেপ্টেম্বর এলিভেনের পর পর অ্যামেরিকা যখন আফগানিস্তান আক্রমণের জন্য যথাসম্ভব তাড়াহুড়া করছিল তখন অ্যামেরিকার বুশ প্রশাসনের কেউ কেউ এবং ইসরাইল ভারতের প্রয়োজনের উপরে জোর দেয়। সে সাথে ভারতের পক্ষ থেকেও গোপনে যথেষ্ট চেষ্টা তদবির চালানো হচ্ছিল এ সুযোগে অ্যামেরিকার সাথে বিশেষ সম্পর্ক তৈরি করার জন্য। কিন্তু কোল্ড ওয়্যার কালীন সময়ে এবং পরে অ্যামেরিকা বিরোধী পক্ষ রাশিয়ার সাথে ভারতের সুসম্পর্ক থাকার কারণে ভারতকে অ্যামেরিকা নেতৃত্বাধীন সন্ত্রাস বিরোধী যুদ্ধে অ্যামেরিকার সহযোগী করা হলে অ্যামেরিকার জনগণ এবং সশস্ত্র বাহিনীতে বিরূপ প্রতিক্রিয়া সৃষ্টি হতে পারে, এ রকম একটি আশংকা চলে আসে বুশ প্রশাসনের নেতৃস্থানীয়দের মনে। ঐ আশংকা দূর করার জন্যই ইচ্ছাকৃতভাবে দিল্লীতে এবং কোলকাতায় দুটি সন্ত্রাসী হামলার ঘটনা ঘটানো হয়।

অ্যামেরিকাতে টুইন টাওয়ার হামলা করেছে মুসলমান সন্ত্রাসীরা আবার ভারতের দিল্লীতে ভারতের গণতান্ত্রিক ঐতিহ্যের উপর এবং কোলকাতায় ভারত এবং অ্যামেরিকার স্বার্থের উপরও হামলা করেছে মুসলমান সন্ত্রাসীরা, এ হিসেব দিয়েই শুরু হয় যাত্রা। এতে ভারত খুব সহজে অর্জন করে ফেলে অ্যামেরিকার জনগণ এবং সশস্ত্র বাহিনীর সহানুভূতি। এ বিষয়ে সবচেয়ে গুরুত্বপূর্ণ ভূমিকা পালন করেছিল তৎকালীন অ্যামেরিকার প্রেসিডেন্ট বুশের নিরাপত্তা উপদেষ্টা মিস কন্ডেলিসা রাইস এবং ভারতের তৎকালীন নিরাপত্তা উপদেষ্টা। এর আগে একই উদ্দেশ্যে ২০০১ সালের সেপ্টেম্বর ১১ এর ঠিক একমাস পরে যাত্রীবাহী প্লেন দিয়ে ভারতে হামলা করার পরিকল্পনা করা হয়েছিল ইসরাইলের পরামর্শে। পরিকল্পনা অনুযায়ী বোম্বে থেকে কোলকাতাগামী ইন্ডিয়ান এয়ার লাইন্সের একটি যাত্রীবাহী প্লেন মাঝ আকাশে হাইজ্যাক হয়ে গিয়েছে এবং দিল্লীতে হামলা করতে এগিয়ে আসছে এমন ঘোষণা দিয়েও ভারত সরকার তা শেষ মুহূর্তে বাতিল করে দেয় ওয়াশিংটন থেকে আসা পরামর্শে। সে সময় এ বিষয়ে যা শুনেছিলাম তাহল, কন্ডলিসা রাইস শেষ মুহূর্তে ভারতকে জানিয়েছিল যে, এটির বিশ্বাসযোগ্যতা নাও পেতে পারে। আর বিশ্বাসযোগ্যতা না পেলে তার প্রভাব পড়বে যেমন ভারত অ্যামেরিকা রিলেশনে তেমনি থমকে যাবে মিত্রদের সাথে অ্যামেরিকার আফগানিস্তান আক্রমণের পরিকল্পনা।)

এখন কথা হচ্ছে যে, যদি বিষয়টি একদম এরকম বা এর কাছাকাছি হয়ে থেকে থাকে তাহলে ভারত সরকার কী তা প্রকাশ করবে ? সে সাথে ভারত রাষ্ট্র, ভারত সরকার এবং ভারতের আদালত কাকে কাকে ফাঁসি দিবেন ঐ দুটি সন্ত্রাসী হামলার বিষয়ে?

আগস্ট ২০১৫।

কাদের মোল্লার ফাঁসির রায় প্রসঙ্গ

আদালতে বিচারাধীন বিষয় নিয়ে আদালতের বাইরে প্রকাশ্যে কিছু বলা ভাল মনে করি না। তাই এতদিন কিছু বলিনি সরাসরি। কারণ আদালত বলে কথা। যে দেশে আদালত নেই, আদালতে আস্থা নেই, আদালত আদালতের মত নেই, সে দেশতো একটি নেই নেই দেশ। তা সে গ্রাম্য আদালত হোক, সর্বোচ্চ আদালত হোক কিংবা সামরিক আদালত হোক।

গণদাবীতে বিচার কার্যক্রম হতেই পারে, কিন্তু কখনও রায় হয় না, রায় হওয়া বাঞ্ছনীয় নয়। রায় হয় মানুষের পরম নির্ভরতা এবং আস্থার প্রতীক মহামান্য আদালতের ইচ্ছায়। আদালতের প্রধান স্তম্ভ মাননীয় বিচারপতিদের সুবিবেচনায়। সব রায়ে সব পক্ষ সন্তুষ্ট নাও হতে পারে। তবে সব রায়ে সংশ্লিষ্ট মাননীয় বিচারপতি বা বিচারপতিদের অবশ্যই সন্তুষ্ট হবে। যে তারা যুক্তিসংগত রায় দিয়েছেন। কাউকে শাস্তি ঘোষণার আগে সবকিছু বিবেচনা করেছেন। বিবেচনায় নিয়েছেন যে, অভিযুক্তেরও একটি অধিকার আছে। তা অভিযোগকারী থেকে কোন অংশে কম নয়। তা অভিযুক্ত আর অভিযোগকারী যেই হোক। সর্বোচ্চ শাস্তির বেলায় অবশ্যই এ বিবেচনা সর্ব বিবেচনায় সর্বোচ্চ রকম বেশি হওয়া উচিত।

২০০৭ সালে বাংলা-ভাইসহ কয়েকজন জঙ্গিদের ফাঁসির নিয়ে সর্বোচ্চ আদালতসহ সংশ্লিষ্টদের আচরণ আমাকে ভীষণভাবে আহত করেছে। ২০০৭ সালের ফাঁসি হয়ে যাওয়া জঙ্গিরা নিম্ন আদালতের রায় মৃত্যুদণ্ডের বিরুদ্ধে আপিল করেনি। সর্বোচ্চ আদালতে চিঠি পাঠিয়েছিল এ বলে যে, তারা আল্লাহর আদালতে বিশ্বাসী। মানুষের আদালতে আপিল করবেন না। আর তাতেই সর্বোচ্চ আদালত হই হই করে ওদের মৃত্যুদণ্ডের রায় বহাল রাখলেন। জানি আদালতেরও একটি সীমাবদ্ধতা আছে। কিন্তু বিষয়টি যখন মৃত্যুদণ্ডের এবং তা যখন সর্বোচ্চ আদালতের বিচার্য বিষয় তখন মহামান্য আদালত যদি আদেশ দিয়ে কিংবা প্রতিনিধি পাঠিয়ে অভিযুক্তদের বোঝাতে ব্যবস্থা করতেন। আদালতে যথাযথভাবে আপিল করার জন্য। সে সাথে তাদের জন্য কোন যোগ্য আইনজীবী ব্যবস্থা করতেন যখন কোন আইনজীবীই তাদের পক্ষে কাজ করতে রাজী ছিলেন না। তাহলে জানি না তাতে কী হত? তবে আমি সত্যিই গর্ব করতে পারতাম আমার দেশের মহামান্য সর্বোচ্চ আদালতের।

যখন একের পর এক হাজার হাজার মামলা সর্বোচ্চ আদালতে বছরের পর বছর পড়ে থাকে। আদালতের কজলিষ্ঠে আসে না মহামান্য আদালতের সুবিচারের অপেক্ষায় কারণ কারো কারো পকেট গরম হয় না বলে। কিম্বা অন্য কোন কারণে। সেখানে কোন একটি মামলা খুব তাড়াহুড়া করে শেষ করার মানে অধিকার ভঙ্গ নয়? কিংবা হস্তক্ষেপ করা? কিংবা মহামান্য আদালতকে কৌশলে বাধ্য করা নয়?

কাদের মোল্লার নিম্ন আদালতের রায় যাবজ্জীবন সাজার বিরুদ্ধে বিক্ষুব্ধ হয়ে উচ্চ আদালতে আপিল করা হল এবং সর্বত্র বলা হল যে মহামান্য আদালত সাজা বাড়াতেও পারেন আবার কমাতেও পারেন। যদিও আদালতকে প্রেশার দেওয়া হচ্ছিল সাজা বাড়াবার জন্য। কিন্তু কোন ধরনের রায়ের শাস্তির পরিমাণ বাড়ানো কমানোর বিষয় আসছে? যাবৎ-জীবন না হয়ে যদি পাঁচ-দশ বছরের সাজা হয় কিংবা যার পাঁচ-দশ বছরের সাজা হওয়া উচিত ছিল অথচ তার যাবত-জীবন হয়েছে। অর্থাৎ যদি সাজা যুক্তিযুক্ত না হয়। কিন্তু ঐ নিক্তির হিসেব কোথা থেকে আসছে? যেখানে মহামান্য আদালতের প্রধান বিচারপতি থেকে শুরু করে রাস্তার ভিখিরি পর্যন্ত বাজারে কিছু কেনার সময় পাল্লার ওজনে প্রতারিত হচ্ছেন। যেহেতু পয়সা আছে বলে কিছু পয়সা যাচ্ছে যাক মনে করে ব্যবস্থা না নিয়ে ঝামেলা এড়াচ্ছেন। আর সাধারণ মানুষ অসহায় বলে প্রতিবাদে লাভ নেই মনে করে খুব কষ্টে মেনে নিচ্ছেন। সেখানে মৃত্যুদণ্ড না হলে আদালতের জাত যাবে, কিংবা একদম বিচার পাওয়া যায়নি এমন ভাবা কী শোভনীয়?

সর্বোচ্চ আদালতের সামনে খোদাই করা ন্যায় বিচারের প্রতীক দাড়িপাল্লা ঠিক জায়গায় না থেকে কারো জন্য এদিকে ঝুলবে আর কারো জন্য ওদিকে ঝুলবে আবেগ আর চাপে পড়ে, তাহলে এদেশের ভবিষ্যৎ কী? আদালত কিংবা আদালতের প্রাঙ্গণ যদি রাজনীতির জায়গা হয় তাহলে কী অদূর ভবিষ্যতে দেখব মাননীয় বিচারপতিরা রায় ঘোষণা করেই আইনজীবীদের সাথে সামিল হবেন মিছিলে। ফাঁসি দিয়েছি, খালাস দিয়েছি এ শ্লোগানে। কিংবা এটর্নি জেনারেলের পেছনে মেঘের মত দাঁড়িয়ে টেলিভিশন ক্যামেরায় চেহারা দেখাবেন। আদালত প্রাঙ্গণে আপত্তিকরভাবে রাজনীতি হচ্ছে মিছিল হচ্ছে শক্তি প্রদর্শন হচ্ছে। সর্বোচ্চ আদালতের কী কিছুই বলার নেই?

মৃত্যুদণ্ড আদালতের রায়ে না থাকাই ভালো কারণ দৃশ্যত এটি এক ধরনের কো-অর্ডিনেটেড প্রতিহিংসা। প্রতিহিংসা কখনো শান্তি আনে না চরম অশান্তি ছাড়া। তা সে অশান্তি সরবে হোক আর নীরবে হোক। আবার প্রতিহিংসা পরায়ণ মানুষেরা সবসময় সুষ্ঠু এবং নিরপেক্ষ বিচারের বাধা হয়ে দাঁড়ায়। আর এজন্যই সুস্থ বিজ্ঞ-লোকেরা অনেক বিবেচনা করে প্রতিহিংসা শব্দটিকে আদালত থেকে নির্বাসন দিয়েছেন অনেক আগে। যেহেতু পৃথিবীর অনেক দেশের আদালত থেকে নির্বাসিত হয়েছে প্রতিহিংসা তাই সে সব দেশ থেকে নির্বাসিত হয়েছে মৃত্যুদণ্ডের বিধানও। কিন্তু বর্তমান বাংলাদেশে এক্সট্রা জুডিশিয়াল কিলিং এবং জুডিশিয়াল কিলিং কেন যেন এক রকম হয়ে গিয়েছে। সরকারীভাবে মানুষ হত্যা হচ্ছে তার সাথে থাকছে সস্তা অজুহাত। এদেশের সব জায়গায়ই মানুষের মানবিক অনুভূতিগুলো কেন যেন ভোতা হয়ে গিয়েছে। কারণ অহরহ হচ্ছে এমন কাণ্ডগুলো। যেন পাল্লা দিয়ে।

সাঈদীর যাবৎ-জীবন সাজা প্রসঙ্গে

এ পর্যন্ত যত জনের বিরুদ্ধে যুদ্ধাপরাধের তদন্ত করে যতগুলো অভিযোগ পত্র আদালতে দাখিল করা হয়েছে তার সবগুলো বিশ্লেষণ করে আমার কাছে এটিই প্রতীয়মান হয়েছে যে, সব অভিযোগগুলো নিতান্তই মামুলি আকারের যুদ্ধাপরাধের ঘটনা। সে কারণে এসব অভিযোগগুলোর বিচারের জন্য বাংলাদেশ পিনাল কোড এবং সাধারণ জেলা দায়রা জজ আদালত যথেষ্ট ছিল। কথিত মানবতা বিরোধী অপরাধের জন্য কথিত আন্তর্জাতিক আদালত প্রতিষ্ঠা করে কোঅর্ডিনেটেড হিপোক্রেসি প্রদর্শন না করলেও চলতো। আবার যেহেতু আন্তর্জাতিক অপরাধ সংক্রান্ত আদালত প্রতিষ্ঠা করা হয়েছে বিচারের জন্য তাই কিছু আন্তর্জাতিক মাপের অপরাধ "উদর পিণ্ডি বুদর ঘাড়ে চাপানোর জন্য" টেনে আনা হয়েছে দৃশ্যত আদালত প্রতিষ্ঠার যথার্থতা প্রমাণ করার জন্য।

সে অনুসারে সাঈদীর লাইফ টার্ম পানিশমেন্ট আমার কাছে খুব যুক্তিযুক্ত মনে হয়েছে। আবার সে অনুসারে কাদের মোল্লার পানিশমেন্ট খুব অতিরিক্ত মনে হয়েছে এবং গোলাম আযমের পানিশমেন্ট কম মনে হয়েছে। কারণ তখনকার জামায়াতে ইসলামের প্রধান হিসাবে সব যুদ্ধাপরাধীদের সমস্ত অপরাধের অংশীদার হচ্ছে গোলাম আযম। তারপরও গোলাম আযমকে বাদ দিয়ে কম গুরুত্বপূর্ণ কাদের মোল্লাকে ফাঁসি দেওয়া হয়েছে। কারণ কাদের মোল্লার দেশীয় বা আন্তর্জাতিক কোন শক্তিশালী লবি ছিল না। যারা তার পক্ষে প্রেশার ক্রিয়েট করে সংশ্লিষ্ট কর্তৃপক্ষের উপর। প্রধানমন্ত্রী হাসিনাকে জন কেরি এবং বান কি মুনের টেলিফোনে ফাঁসি না দেওয়ার অনুরোধ ছিল একটি বিজনেস আস ইউজুয়াল মেটার বাংলাদেশের রাজনৈতিক অবস্থার বিশ্লেষণে।

১৯৮৮ সালে যখন আওয়ামী লীগ সভানেত্রী হাসিনা গৃহবন্দী ছিলেন তখন তার মুক্তির দাবীতে আওয়ামী লীগ নেতৃত্বাধীন ৮ দল, বি এ পির নেতৃত্বাধীন ৭ দল, বাম দলীয় ৫ দল এবং জামাতের যৌথ মিছিল শেষে কাকরাইলে কাদের মোল্লাও বক্তব্য রেখেছিল। বলেছিল-"অবিলম্বে হাসিনার মুক্তি দেওয়া না হলে সমস্ত দল মিলে দুর্বার গন আন্দোলন করা হবে, সারা দেশ অচল করে দেওয়া হবে" ইত্যাদি, ইত্যাদি। সেদিনই কাদের মোল্লাকে আমি প্রথম এবং শেষ বারের মত দেখেছিলাম। ভাগ্যের কী নির্মম পরিহাস, সে হাসিনাই কাদের মোল্লাকে ফাঁসি দিলেন যা তার প্রাপ্য ছিল না তার অপরাধ অনুযায়ী। হাসিনা তাকে ফাঁসি দিলেন রাগ-অনুরাগ, ক্রোধের বশবর্তী হয়ে এবং অন্যের ভুল পরামর্শে। উচ্চ আদালতও তার সাজা বাড়িয়ে দিলেন আদালত বহির্ভূত প্রেশারের কারণে।

বড় ধরনের যুদ্ধাপরাধ হচ্ছে মাস কিলিংয়ের সাথে সরাসরি সংশ্লিষ্টতা। কিন্তু আজ পর্যন্ত তদন্ত করে ঢাকার মানবতা-বিরোধী অপরাধের বিচারিক আদালতে যে সব

অভিযোগপত্রগুলো দেওয়া হয়েছে এবং যে সব অভিযোগের ভিত্তিতে যতগুলোর বিচারকার্য সম্পন্ন হয়েছে তার কোনটিই মাস কিলিংয়ের পর্যায়ের বড় ধরনের যুদ্ধাপরাধ নয়। এটি কিন্তু আমাদের মনে রাখতে হবে।

বড় ধরনের যুদ্ধাপরাধ হচ্ছে বাংলাদেশে পাক বাহিনীর একটি অংশ যেগুলো করেছিলো। আফ্রিকার গৃহযুদ্ধে যা অহরহ হচ্ছে। কসভো বসনিয়ায় যে ভাবে ঘটেছিল। আফগানিস্তানে, ইরাকে, লিবিয়ায়, সিরিয়ায়, গাজায় যা হয়ে আসছে বছরের পর বছরের ধরে। অর্থাৎ কোর্ডিনেটেট মাস কিলিং। আফগানিস্তানের যুদ্ধাপরাধের একটি উদাহরণ দেই। ২০০১ সালে ন্যাটো বাহিনী যখন সমগ্র আফগানিস্তান দখলে নেয় তখন উত্তর আফগানিস্তানে মাজারে শরিফে কয়েক হাজার তালেবান যোদ্ধা আত্মসমর্পণ করার পরে তাদেরকে মাজারে শরিফের জেলখানায় রাখা হয়েছিল। কিন্তু একদিন পরে ন্যাটো বাহিনী ঐসব আত্মসমর্পণকারী তালেবান যোদ্ধাদের সবাইকে জেলখানা ভিতরে নিরস্র অবস্থায় ব্রাশ ফায়ার করে হত্যা করেছিল। এ হত্যাকাণ্ড ধামাচাপার দেওয়ার জন্য আমেরিকার বিভিন্ন টিভি চ্যানেল সহ বিশ্বের বিভিন্ন টিভি চ্যানেলে ঐ ঘটনা নিয়ে মিথ্যা গল্পের এক প্রতিবেদন দেখানো হয়েছে এবং আজও হচ্ছে। এ মিথ্যে প্রতিবেদনও যুদ্ধাপরাধ আইনের ভাষায় যুদ্ধাপরাধের অংশ। যুদ্ধাপরাধ যেমনি এক তরফা হয় তেমনি উভয় তরফের হয়। যেমন বাংলাদেশে পাক বাহিনীরা, মুক্তিযোদ্ধারাও এমন কী ভারতীয় বাহিনী আত্মসমর্পণকারী যোদ্ধাদের আত্মসমর্পণের পরে অনেক ক্ষেত্রে গুলি করে হত্যা করেছিল যা জেনেভা আইনের সুস্পষ্ট লঙ্ঘন এবং যুদ্ধাপরাধ। বাংলাদেশের সংবিধানে যুদ্ধকালীন সময়ের মুক্তিযোদ্ধাদের সমস্ত কর্মকাণ্ডের কোন এক ধরনের ইমিউনিটির আভাষ দেওয়া হয়েছে। কিন্তু যে কোন ধরনের ইমিউনিটি জেনেভা আইন লঙ্ঘনকারী অপরাধের বিষয়ে কোনমতে কার্যকর নয়। এটি কিন্তু মনে রাখতে হবে।

বাংলাদেশে যুদ্ধাপরাধ বা মানবতা বিরোধী অপরাধের বিচারের বিশেষ উদ্দেশ্য হচ্ছে অপরাধীদের শাস্তি দেওয়া এবং ঐসব অপরাধের বিরুদ্ধে দেশীয় এবং আন্তর্জাতিক জনসচেতনতা গড়ে তোলা। এজন্য যে বিষয়টি সবচেয়ে বেশি দরকার ছিল তা-হচ্ছে আদালতের ভিতরে ও বাইরে একটি সুস্থ এবং গুরুগম্ভীর পরিবেশ সৃষ্টি করা। খুব ঠাণ্ডা মাথায় সবার বোধগম্য হয় এভাবে সবকিছু আলোচনা করা এবং পর্যালোচনা করা। বিচারের পরিবেশের জন্য সবচেয়ে বেশি দরকার ছিল আদালতের ভিতরে বাইরে কথিত মুক্তিযুদ্ধের পক্ষের লোকদের আদালত বহির্ভূত আচরণের বিরুদ্ধে ব্যবস্থা নেওয়া। আদালতের বিচারাধীন বিষয়ে উস্কানিমূলক বক্তব্য দেওয়ার জন্য তখনকার আইনমন্ত্রী কামরুল ইসলাম, মন্ত্রী হাসান মাহমুদ, আওয়ামী লীগ নেতা মাহবুবুল হক হানিফ সহ আদালতের কিছু আইনজীবীদের অন্তত কয়েক মাসের জেল দেওয়া উচিত ছিল।

দুদকে এবং সুপ্রিমকোর্টে একদিন !

২০১৩ সালের নভেম্বরে সেগুনবাগিচায় দুদক অফিসে গিয়েছিলাম দুদক চেয়ারম্যান বদিউজ্জামান সাহেবের সাথে দেখা করতে। দেখা হওয়ার পরে কথায় কথায় চেয়ারম্যান সাহেবকে বললাম "দুদকের পেছনে জাতির যে পরিমাণ অর্থ ব্যয় হচ্ছে সে অনুযায়ী কিন্তু ফল আসছে না।"
তিনি বললেন, "কেন? আমরা কাজ করে যাচ্ছি জোর কদমে। টেলিভিশন ক্যামেরা এভোয়েট করছি বলে আপনার এমন মনে হচ্ছে।"
আমি বললাম, "দুর্নীতি যে হারে উচ্চতর গণিতের ফর্মুলা অনুযায়ী প্রতিদিন লাফিয়ে লাফিয়ে বাড়ছে। দুদকের পিছনে আমরা যে পরিমাণ অর্থ খরচ করছি সে অনুযায়ী প্রতি মাসে সবচেয়ে কম করে হলেও এক ডজন গুরুত্বপূর্ণ দুর্নীতিবাজ লোকদের শাস্তি হবার কথা।"
তিনি বললেন, "কোর্ট মামলা শেষ করতে দেরি করলে আমরা কী করবো? হাইকোর্টে কত মামলা পড়ে আছে, ওনারা মামলা শেষ করছেন না, ঝুলিয়ে রাখছেন।"
বললাম– স্পেশাল ট্রাইব্যুনালের তৈরির ব্যবস্থা নিচ্ছেন না কেন?
তিনি বললেন যে, এ বিষয়ে দুদকের কথা কেউ কানে তুলছে না।
তারপর আমি বললাম– সারা ঢাকা শহরের দুর্নীতি দমনের চিন্তা কমিয়ে দুদক অফিসের চতুর্দিকে দু কিলোমিটার ব্যাসার্ধের মধ্যে সমস্ত সরকারী অফিসগুলোর বর্তমান এবং অতীতের দুর্নীতিবাজদের বিরুদ্ধে কড়া ব্যবস্থা নিলে ভালো হয়।
আরও বললাম বাংলাদেশের অনেক দুর্নীতি একটি রীতি অনুযায়ী চলে। আজকে যে সরকারী পদে বসে কেউ যে ধরনের দুর্নীতি করছেন ঠিক একই ধরনের দুর্নীতি অতীতে যিনি ঐ পদে ছিলেন তিনিও করেছিলেন বা করে থাকতে পারেন। ভবিষ্যতেও যিনি আসবেন তারও করার সম্ভাবনা বেশি।
তাই কোন দুর্নীতি মামলার চার্জশীট দেওয়ার আগে তদন্ত করে দেখুন যে, ঐ একই পদে থেকে একই ধরনের অপরাধ কমবেশি অতীতে কেউ করেছিল কিনা। যদি করে থাকে তাহলে তাদের বিরুদ্ধেও তদন্ত করে একই সাথে চার্জশীট দিন এবং একই সাথে শাস্তির ব্যবস্থা করুন। তাহলে দেখবেন এদেশে দুর্নীতি কী হারে কমে যায়।
আমার কথা শুনে ওখানে বসে থাকা দুদকের একজন বয়োবৃদ্ধ কর্মকর্তা মন্তব্য করলেন– এতে ঠক বাছতে গাঁ উজাড় হবার মত অবস্থা দাঁড়াবে।
ঐ কথা শুনে আমি বিরক্ত হয়ে চেয়ারম্যান সাহেবের রুম থেকে বেরিয়ে এলাম। বয়োবৃদ্ধ ভদ্রলোকটিও এলেন পিছনে পিছনে। আমাকে তার অফিস রুমে বসে চা খেয়ে যেতে রিকোয়েস্ট করলেন। আমি তার কথায় কান না দিয়ে বললাম, এদেশের সবাই দুর্নীতিবাজ নয় যে, দুর্নীতির বিরুদ্ধে কৌশলগত ব্যবস্থা নিলে গাঁ উজাড় হবার মত অবস্থা দাঁড়াবে।
দুদক অফিস থেকে বেরিয়ে যেতে যেতে ভাবলাম সুপ্রিম কোর্টে গিয়ে মাননীয় প্রধান বিচারপতির খাস কামরায় গিয়ে তার সাথে দেখা করে এ বিষয়ে আলাপ

করলে কেমন হয়। তিনিই ভালো বলতে পারবেন যে, দুদক চেয়ারম্যান সাহেবের বক্তব্য অনুযায়ী কেন কোর্টে মামালা দীর্ঘসময় ধরে পড়ে থাকে? নিষ্পত্তি হয় না।

দুদক অফিস থেকে হাইকোর্টের দিকে হাঁটতে হাঁটতে ভাবলাম- আমি ২০০৬ এর মাঝামাঝি দেশে ফিরে এসেছি এবং সে সময় থেকে আজ দুর্নীতি বেড়েছে বহুগুণ। তা যেমনি সংখ্যায় তেমনি টাকার অংকের হিসেবে। বি এন পি আমলের দুর্নীতি যদি ছিঁচকে চুরি হয় তাহলে আমাদের পার্টি আওয়ামী লীগের এবারের ক্ষমতার আসার পরে করা দুর্নীতিগুলো হচ্ছে পুকুর চুরির মত কিংবা তারও বেশি কিছু।

তাছাড়া দুর্নীতি করার জন্য যে সব উন্নয়ন করা হচ্ছে তাতে কিন্তু আরও সমস্যার পাহাড় তৈরি হচ্ছে দিনকে দিন। আবার এমন অবস্থা দাঁড়িয়েছে যে, প্রকাশ্যে দুর্নীতি করছেন আর প্রকাশ্যে বড় বড় কথা বলছেন। চোখে মুখে লজ্জা শরমের কোন চিহ্নই নেই। দেশের প্রধানমন্ত্রী যেন ভাজা মাছ উল্টে খেতে জানেন না।

মাননীয় প্রধান বিচারপতির খাস কামরায় ঢুকতে যাব ঠিক এমনি সময় এলেন সুপ্রিম কোর্টের রেজিস্টার্ড সাহেব। ভদ্রলোকের সাথে ওখানেই দাঁড়িয়ে আমি কিছুক্ষণ আলাপ করলাম।

দুদকের অভিযোগের কথা উঠতেই তিনি বললেন যে, দুদকই কিন্তু বেশিরভাগ মামলায় চার্জশীট দিতে বছরের পর বছর দেরি করে।

আমি বললাম, আপনারা বলছেন দুদকের দোষ আর দুদক বলছে আপনাদের দোষ।

তখন তিনি বললেন, আপনি প্রতিদিন কোর্টে আসুন। শুনানি দেখুন। আমরা আপনাকে রেকর্ডপত্র দেব, দুদক থেকেও নিবেন কাগজপত্র যা দরকার মনে হয়। কেস বাই কেস দেখে তারপর যা বলতে হয় আপনি বলুন মাননীয় প্রধান বিচারপতি সাহেবকে এবং দুদক চেয়ারম্যান সাহেবকে।

আমি বললাম যে, উত্তম কথা। এবং চলে এলাম। চলে আসতে আসতে ভাবলাম, ভদ্রলোকেরা শুধু ইউরোপে নেই, বাংলাদেশেও দু একজন আছেন।

কিন্তু উচ্চ আদালতের মেইন গেট থেকে বেরোবার পর ভাবলাম এসব বিষয়ে হস্তক্ষেপ করার জন্য আমার লিগ্যাল অথরিটি কী? কারো স্বার্থে আঘাত পড়লে তখন সব কিছু উলটো বইতে শুরু করবে, তখন অবস্থা কী রকম দাঁড়াবে? আর আমার কথায় সত্যি যদি কিছু হত তাহলে গত ছয়-সাত বছরে এদেশের অনেক কিছু সত্যি পাল্টে যেত।

জানুয়ারি ২০১৪

সেই ৩১ কোটি টাকা

বাংলাদেশের জাতির পিতা জননেতা শেখ মুজিবুর রহমান সাহেব নিহত হবার পর থেকে এ মাসাধিকাল আগে পর্যন্ত শুনেছিলাম যে, তার ব্যাঙ্কের একাউন্টে কয়েকটা ছেঁড়া নোট ছাড়া আর কিছুই ছিল না। এমনি নির্লোভ এবং জন-দরদী রাষ্ট্রপতি ছিলেন তিনি। আবার প্রেসিডেন্ট জিয়াউর রহমান সাহেব নিহত হবার পরে শুনেছিলাম যে, তার সুটকেস থেকে ছেঁড়া গেঞ্জি আর পুরানো কাপড়-চোপড় ছাড়া অন্য আর কিছুই পাওয়া যায়নি। এমনি সাধারণ জীবন-যাপনকারী রাষ্ট্রপতি ছিলেন তিনি।

কিন্তু তার অনেক দিন পরে বর্তমান প্রধানমন্ত্রী হাসিনার মুখে শুনলাম যে, জিয়া সাহেবের সে সুটকেস থেকে সবচেয়ে দামী শিফনের শাড়ি বের হয় এখন। শুনে ভাবলাম, হবে না আবার, দিন যে এখন বদলে গেছে। চুরি আর লুটপাটে রাজনীতি যে একদম লাটে উঠছে। স্বাধীনতা ঘোষণার এবং বীরাঙ্গনা হবার পয়সা উসুল করতে হবে না?

তারও অনেক অনেক দিন পরে এ ক'দিন আগে বিএনপি নেতাদের মুখে শুনলাম যে, জিয়া সাহেব নাকি তার নিহত হওয়ার কয়েক দিন আগে হাসিনা দেশে ফেরার কয়েক দিন পর ১৯৮১ সালের মে মাসে হাসিনা কাছে তার পিতা প্রেসিডেন্ট মুজিবের রেখে যাওয়া ৩১ কোটি টাকা ফেরত দিয়েছিলেন। শূনে আমি যেন আকাশ থেকে পড়লাম। এটি আবার কী করে হল? তখনকার ৩১ কোটি টাকা যে বর্তমান হিসেবের তিন হাজার কোটি টাকারও অনেক বেশি। এত টাকা এলো কোত্থেকে?

তাহলে এতদিন বাংলার কথিত জন-দরদী নেত্রী হাসিনা শপথ করিয়া তার অর্থ সম্পদের যে হিসাব দিয়েছিলেন তার সবই কী মিথ্যে? তাহলে একজন ইচ্ছাকৃত আইনভঙ্গকারী কী করে আমাদের জাতীয় সংসদের সদস্য হলেন? কী করে আমার দেশের প্রধানমন্ত্রী হন? কী করে আমার পার্টি আওয়ামী লীগের প্রেসিডেন্ট হন? এর জবাব কার কাছে? আদালতের কাছে? জাতীয় সংসদের কাছে? আওয়ামী লীগের নেতা কর্মীদের কাছে? এদেশের জনগণের কাছে? নাকি ভারতের কাছে?

এতদিন বাংলার কথিত জন-দরদী নেত্রী হাসিনা সংসদের ভিতরে বাইরে বিএনপির চোর নেত্রী খালেদাকে কত না ভেংচি কাটলেন বিশেষ ট্যাক্স আইনের সুযোগে অবৈধভাবে অর্জিত ২০ কোটি টাকা বৈধ করে নেওয়ার কারণে। কিন্তু তিনি নিজে বা কেন সে একই সুযোগে তার পিতার বৈধভাবে কিংবা অবৈধভাবে

অর্জিত সে ৩১ কোটি টাকা বৈধ করে নেননি? আর কেন তিনি এ অর্থ-সম্পদের কথা এতদিন গোপন রেখেছিলেন এদেশের জনগণের কাছে?

শুনেছিলাম যে, ১৯৭১ সালের ১৭ই মার্চ জননেতা শেখ মুজিবুর রহমান সাহেবের জন্মদিনে কবি বেগম সুফিয়া কামাল একটি কবিতা লিখেছিলেন। যাতে ছিল "উমরের মত নেতার পাগড়ি ধরিয়া জবাব চাবে.." এমনি পঙ্ক্তিমালা। আজ যদি শেখ সাহেব বেঁচে থাকতেন তাহলে তার গলার গামছা ধরে জিজ্ঞাসা করতাম, কী দু টাকার মুহুরির ছেলে জাতির পিতা! তুমি বাবা এতো টাকা কোথা থেকে পেলে? আর ৭৪-এর দুর্ভিক্ষের সময় যখন দেশজুড়ে মানুষ না খেয়ে ছিল তখন এগুলো বের করে দাওনি কেন?"

কিন্তু জননেতা শেখ সাহেব আজ আর বেঁচে নেই। মহান আল্লাহই ভালো জানেন সবকিছু। কিন্তু তার মেয়ে হাসিনা বেঁচে আছেন এবং তিনিই এখন দেশের প্রধানমন্ত্রী, কাজেই তিনিই যেন তার কিছু জবাব দেন। কিসের অর্থ সম্পদ ঐগুলো? আর কেনই বা তিনি এতদিন গোপন করে রেখেছিলেন?

কিন্তু বর্তমান প্রধানমন্ত্রীর এ অবৈধ টাকার বিষয়ে বিড়ালের গলায় এখন ঘণ্টা কে বাঁধবেন? নির্বাচন কমিশন? আদালত? দুদক? জাতীয় সংসদ? কিংবা অন্যরা? আমার মনে হয় না যে এদেশের কেউ বাঁধবেন। কারণ এ কর্মটি যেন তাদের এখতিয়ারের মধ্যে পড়ে না। এখতিয়ারের মধ্যে না পড়ার সবচেয়ে বড় কারণ হচ্ছে বোধহয়, এদেশের কাকে ক্ষমতায় বসাবে আর কাকে ক্ষমতায় না বসাবে তা শুধুই যেন ভারতের হাতে!

(২০১২ সালের শেষ দিকে এক উপনির্বাচনে আমি পার্টির নমিনেশন চাইতে ধানমণ্ডির আওয়ামী লীগ সভানেত্রীর অফিসে গিয়েছিলাম। গিয়ে পার্টির কেন্দ্রীয় অফিস সম্পাদক মৃণাল দাসকে বললাম– "আমি পার্টির খরচে নির্বাচন করতে চাই, কারণ আমি দুর্নীতি করিনি, বৈধ কিংবা অবৈধভাবে টাকা আয় করিনি পার্টির ক্ষমতায় থাকার সুযোগ নিয়ে। এটি আপাকে বলে সবকিছুর ব্যবস্থা করুন"।

মৃনালদা ফোন করলেন সাধারণ সম্পাদক আশরাফ ভাইকে এবং আশরাফ ভাই নাকি আপাকে ফোন করে তারপর মৃনালদাকে জানালেন– "ওর যখন টাকা নেই তাহলে নির্বাচন করার ওর কোন ক্রাইটেরিয়া নেই।" এ কথা ওখানে বসে থাকা পার্টির কেন্দ্রীয় নেতাদের অনেকে শুনলেন। কিন্তু দু এক জন বাদে কেউ প্রতিবাদ করলেন না। আমি পার্টি অফিস থেকে বেরিয়ে যেতে যেতে ভাবলাম হাসিনা আপা এবং আশরাফ ভাইদের রাজনীতি করার, সংসদ সদস্য হওয়ার, প্রধানমন্ত্রী-মন্ত্রী

হওয়ার ক্রাইটেরিয়ন আসলে কী কী?

আমার আব্বা হঠাৎ করে মারা যান করাচী থেকে বাংলাদেশে আসার আড়াই বছরের মাথায়, তাই আমার জন্য কিছুই রেখে যেতে পারেননি। কিন্তু হাসিনা মিয়াঁ এবং আশরাফুল ইসলামের আব্বারা অনেক কিছু রেখে গিয়েছেন। আস্তে আস্তে তার অনেক কিছু হয়ত প্রকাশ পাবে। আর এগুলোই হচ্ছে তাদের সেই কথিত ক্রাইটেরিয়ন!

১৯৭৬ সালের মে মাসে আমার আব্বা মারা যাওয়ার পর থেকে আমাদের খুব কঠিন সময় যাচ্ছিলো। ছোট ছোট ভাইবোন নিয়ে আমাদের দিন যেন আর চলছিল না। ফলে আমি এবং আমার আম্মা গিয়েছিলাম তখনকার প্রেসিডেন্ট জিয়াউর রহমানে সাথে দেখা করতে। তখন ১৯৮০ সাল। জিয়াউর রহমান সাহেব সব শুনলেন কিন্তু কিছুই খুঁজে পেলেন না আমাদের কী দেবেন। উপস্থিত তার এমপি মন্ত্রীরাও কিছু খুঁজে পেল না। তারা তারপর জিয়াউর রহমান সাহেবকে বললেন, স্যার আপনি চিন্তা করবেন না আমরা দেখবো। কিন্তু তারা আর কিছু দেখেননি।

সেই ঘটনার তের বছর পর আমি কোলকাতা যাবার পরে জানলাম কীভাবে জিয়াউর রহমান সাহেব দেশের সামরিক গোয়েন্দা সংস্থাকে ব্যবহার করে নেতৃত্ব নির্বাচনকে কেন্দ্র করে আওয়ামী লীগের অভ্যন্তরে দ্বন্দ্ব কোন্দল সৃষ্টি করে হাসিনাকে আওয়ামী লীগের সভানেত্রী বানিয়েছিলেন। আজ যখন ঐ ৩১ কোটি টাকার কথা শুনলাম তখন ভাবলাম জিয়াউর রহমান সাহেব আমাদের দেওয়ার জন্য কিছুই পেলেন না কিন্তু হাসিনা দেশে আসা মাত্রই তার কাছে পাঠিয়ে দিলেন প্রাক্তন প্রেসিডেন্ট শেখ মুজিবুর রহমান সাহেবের রেখে যাওয়া সেই টাকা। আর এগুলোই হচ্ছে হাসিনার রাজনীতির ক্রাইটেরিয়ন!)

ইতিহাস: হাসিনা যখন বাংলাদেশে ছিলেন না

১৯৭৭ সালের পর থেকে সারা বাংলাদেশের জামাত-শিবিরের নেতা-কর্মীরা তখনকার প্রেসিডেন্ট জিয়াউর রহমানকে উদ্দেশ্য করে নিচের গানটি গাইত। আমার নানাবাড়ীর আত্মীয়-স্বজনদের কেউ কেউ জামাত-শিবিরের রাজনীতি করত। তারা দেলোয়ার হোসেন সাইদির ওয়াজের সাথে যে ক্যাসেটটি বাজাত সে ক্যাসেটের অংশ ছিল নিচের সমবেত কণ্ঠে গাওয়া গানটি।

> "তোকে চিনি! আর কতকাল করবিরে তুই শয়তানী!
> আশি লক্ষ যুবক থুইয়া
> ওইমেন পুলিশ বানাইয়া
> লজ্জা-শরম খাইলিরে তুই ধুইয়া!
> আর কতকাল করবিরে তুই শয়তানী..............."

জিয়াউর রহমান সাহেবের সাথে যদি তখন জামাত শিবিরের সখ্যতা থাকত তাহলে নিশ্চয় তারা এভাবে তার বিরুদ্ধে গান গাইত না। যেমন জাসদের ইনু ভাইরা এক সময় শ্লোগান দিত "শেখ মুজিবের চামড়া তুলে নিব আমরা" কিংবা শেখ মুজিবের চামড়া দিয়ে জুতা সেলাই করা এবং পরে "মুজিব গেছে যে পথে জিয়া যাবে সে পথে" ইত্যাদি ইত্যাদি। কিন্তু আজ ইনু ভাইদের সাথে মুজিব কন্যা হাসিনার খুব সখ্যতা। তাই তাদের শ্লোগান-বক্তব্য একদম পালটে গিয়েছে। হালুয়া-রুটির ভাগ-বাটোয়ারা পাওয়া বলে কথা। এর চাইতে বৈজ্ঞানিক সমাজতন্ত্র আর কী হতে পারে এদেশে? হাসিনা যতটুকু বৈজ্ঞানিক সমাজতন্ত্র আজ বুঝেন তা কিন্তু শেখ মুজিবুর রহমান সাহেব তখন বুঝতেন না।

জিয়াউর রহমান সাহেব যাদের নিয়ে সরকার এবং রাজনৈতিক দল গঠন করেছিলেন তাদের অনেকে ছিল মুসলিম লীগের। এটি ছিল ১৯৭৫ সাল পরবর্তী রাজনৈতিক বাস্তবতা। ১৯৭২ থেকে ১৯৭৫ সাল পর্যন্ত জননেতা শেখ মুজিবুর রহমান এবং তার নেতৃত্বাধীন আওয়ামী লীগ যে কাণ্ডকারখানা করেছিল তারজন্য এদেশের বেশির ভাগ মানুষ প্রচণ্ড রকমের আওয়ামী লীগ বিরোধী হয়ে গিয়েছিল। এজন্য সবচেয়ে বেশি দায়ী ছিল আজকের হাসিনা সরকারের শিল্প এবং বাণিজ্য মন্ত্রীদের মত লোকদের তখনকার শৈল্পিক এবং বাণিজ্যিক কর্মকাণ্ডগুলো। ১৯৭৫ সালের পরে এদেশের মানুষ কী রকম আওয়ামী লীগ বিরোধী হয়ে যায় তার একটি

উদাহরণ দেই। আমি যখন ক্লাস ফাইভে পড়ি তখন আমার খালা বাড়ী বেড়াতে গিয়ে নিহত শেখ মুজিবুর রহমান সাহেবের পক্ষে একটি শ্লোগান লিখা দেখেছিলাম রাস্তার পাশের দেওয়ালে। ফিরে এসে সে শ্লোগান আমি প্রাইমারী স্কুলের এবং হাইস্কুলের ভিতরে এবং বাইরে কাঠের উপর চক দিয়ে লিখে দিয়েছিলাম। সে অপরাধে আমার টিচাররা ঐ এলাকার লোকদের চাপে এবং পরামর্শে আমাকে বেত দিয়ে এতক্ষণ ধরে এমন অমানুষিকভাবে মেরেছিলেন যে আজ পর্যন্ত আমি শুনিনি কাউকে স্কুলে এভাবে মারতে। আজও আমার সে সময়ের কোন কোন সহপাঠী সে কথা মনে করে আঁতকে উঠে। আমার মনে হয় তারা যেন শেখ মুজিবুর রহমান সাহেব এবং তার আওয়ামী লীগের সাড়ে তিন বছরের গলাবাজির, লুটপাট এবং অত্যাচারের প্রতিশোধ আমার উপর দিয়ে নিতে চেয়েছিল। তখন এদেশের অন্তত ৮০%-৯০% ভাগের উপর মানুষ শেখ মুজিবুর রহমান এবং আওয়ামী লীগের উপর প্রচণ্ড ক্ষুব্ধ ছিল, তাদের সাথে রাজনৈতিক এবং অর্থনৈতিক প্রতারণা করার জন্য। মুজিব হত্যার কারণে বাংলাদেশ ভিয়েতনাম হয়নি কিন্তু আমাকেই ভিয়েতনামি বানিয়ে কঠিন শাস্তি দেওয়া হয়েছিল ঐ শ্লোগানটি লিখার কারণে।

জিয়াউর রহমান সাহেব স্বাধীনতা বিরোধীদের রাজনীতি করার সুযোগ দিয়েছিলেন। যদিও তাও ছিল ১৯৭৫ সালের ১৫ই আগস্টের পূর্বে গঠিত এক দলীয় শাসন "বাকশাল" পরবর্তী বাস্তবতা। বহুদলীয় রাজনৈতিক ব্যবস্থা প্রবর্তনের পর সবাই রাজনীতি করার সুযোগ পেয়েছিল এবং তা ছিল সংবিধান সম্মত। এক সময় স্বাধীনতার বিরোধিতা করেছিল বলে কেউ স্বাধীন দেশে রাজনীতি করার সুযোগ পাবে না, এমন কথা যৌক্তিক নয়। এদেশের হিন্দুরা পাকিস্তান স্বাধীন হওয়ার বিরোধিতা করেছিল ১৯৪৭ এর আগে সব সময়। কিন্তু তাই বলে স্বাধীন পাকিস্তানে কখনো তাদের রাজনৈতিক অধিকার কেড়ে নেওয়া হয়নি। বরং পাকিস্তান আমলে বঙ্গবন্ধু আইয়ুব খানের সময়ে ১৯৫৮ সাল থেকে অন্তত ১৯৬২ সাল পর্যন্ত পূর্ব পাকিস্তান বা বাংলাদেশ শাসিত হয়েছিল বাঙালী উচ্চ শিক্ষিত হিন্দু নেতৃত্বে এবং হিন্দু সংখ্যাগরিষ্ঠ মন্ত্রীসভার নেতৃত্বে।

তাছাড়া আওয়ামী লীগ এখনো প্রমাণ করতে পারেনি যে তারা স্বাধীনতার পক্ষের দল। কারণ আওয়ামী লীগ সে প্রথম থেকে আজতক যতটুকু না স্বাধীনতার পক্ষে তার চেয়ে বেশি হচ্ছে ভারতের গোলামী করার পক্ষে। অথচ পাকিস্তান স্বাধীন হওয়ার পর থেকে এদেশের কিছু লোকের অযথা গোলামীর জন্যই দু পাকিস্তানের মধ্যে সম্পর্কের চির ধরেছিল। ঐসব গোলামদের প্রশ্রয় দিতে গিয়ে পশ্চিম

পাকিস্তানীরা এদেশের মানুষের বিরোধিতায় পড়েছিল। তাতে পাকিস্তান ভেঙে দু ভাগ হয়ে যায়। আজকে যারা বৃদ্ধ তারাই ভালো বলতে পারবেন কোন কোন মুসলিম লীগ নেতাদের কিছু কিছু আচার আচরণ এবং বক্তব্যের কথা। আমি যেটুকু শুনেছি তাতে আমার কাছে মনে হয় যে, আজকের প্রধানমন্ত্রী হাসিনার আচরণ ও বক্তব্য অনেকটা সে সময়কার কোন কোন মুসলিম লীগ নেতাদের সাথে একদম মিলে যায়। আজকে আওয়ামী লীগের ভিতরে বাইরে ভারত পক্ষের "চাটার" দলের বক্তব্য এবং আচার আচরণ অনেকটা নুরুল আমিন এবং মোনায়েম খান সাহেবদের অনুসারীদের মত।

স্বাধীনতার পর থেকে আওয়ামী লীগ যতবার ক্ষমতায় এসেছে ততবারই দরকারহীনভাবে ভারতের গোলামী করেছে এবং করে যাচ্ছে নির্লজ্জের মত। অথচ ভারত তার নিজের স্বার্থে ১৯৭১ সালে আমাদের সাহায্য করেছিল। আওয়ামী লীগের এ ভারত গোলামীর চর্চা আজ এমন জায়গায় পৌঁছেছে যে, বি এন পি সহ সব রাজনৈতিক দলগুলোও এ প্রতিযোগিতায় নেমে পড়েছে। ভাবতে কষ্ট হয় যে, কত নীচ মানসিকতার রাজনৈতিক নেতৃত্ব দ্বারা আমাদের দেশের রাজনৈতিক দলগুলো পরিচালিত হয়ে আসছে। স্বাধীনতার পরে শেখ মুজিবুর রহমান সাহেব ভারতীয় গোলামদের পাল্লায় পড়ে নিজেও যেন ভারতের গোলাম হয়ে গিয়েছিলেন। সে কারণেই তিনি ভারতকে ফারাক্কা ব্যারেজ উঠিয়ে নিতে না বলে বরং ভারতের ফারাক্কা ব্যারেজ চালু করার বিষয়টি মেনে নিয়েছিলেন।

তবে আমার ধারণা যে, যে ব্যক্তিটি জননেতা শেখ মুজিবুর রহমান সাহেবকে বুদ্ধি দিয়ে সবচেয়ে বেশি সহযোগিতা করতে পারতেন তিনি ছিলেন তখনকার আওয়ামী লীগের সবচেয়ে অভিজ্ঞ এবং বুদ্ধিমান নেতা খন্দকার মোস্তাক আহমেদ সাহেব। এবং আওয়ামী লীগের বাইরে জননেতা মাওলানা ভাসানী। যদি তিনি সে পথে হাঁটতেন তাহলে আজকের ইতিহাস কিন্তু অন্য রকম হত। অপরদিকে জিয়াউর রহমান সাহেব কিন্তু ক্ষমতায় এসে মুসলিম লীগের অভিজ্ঞ লোকদের পরামর্শ নিয়েছিলেন। অনেকটা সফল হয়েছিলেন দেশের মানুষের এমন থেকে অস্থিরতা দূর করার জন্য। তবে জিয়াউর রহমানের সবচেয়ে বড় ভুল ছিল মীরজাফর এরশাদকে সেনাবাহিনীর প্রধান বানানো আর এজন্যই তিনি প্রাণ দিয়েছিলেন।

আমি আগেও বলেছি, আজও বলছি এবং কালও বলবো যে, শেখ মুজিবুর রহমান সাহেবের সবচেয়ে বড় ভুল ছিল জিয়াউর রহমানকে সেনাবাহিনীর প্রধান না বানানো। হিংসুক ছোটলোকদের পরামর্শে তাকে পুরাপুরি বিশ্বাস না করা।

জিয়াউর রহমানের সবচেয়ে বড় ভুল ছিল মীরজাফর এরশাদকে সেনাবাহিনীর প্রধান বানানো এবং তাকে বিশ্বাস করা। তাদের ভুলের জন্য তারা অসহায়ভাবে নিহত হয়েছিলেন।

তারপর থেকে আমাদের এ দেশ ইতর মানসিকতার রাজনৈতিক এবং অন্যান্য নেতৃত্ব দ্বারা পরিচালিত হয়ে আসছে। তবে জিয়াউর রহমান সাহেব রাজাকার-আল বদর এবং জামাত শিবিরের সাথে মাখামাখি করেছিলেন তার এমন কোন প্রমাণ নেই। বরং জামাত শিবির সহ রাজাকার আলবদররা রাজনৈতিকভাবে প্রতিষ্ঠিত হয় এরশাদ আসার পরে। এরশাদ ও হাসিনার প্রত্যক্ষ এবং পরোক্ষ সহযোগিতায়। বিশেষ করে ১৯৮৬ সালের নির্বাচনের পর থেকে ১৯৯৬ সালের নির্বাচন পর্যন্ত।

(ইতিহাস কীভাবে লিখবেন- কী লিখবেন সে বিষয়টি সম্পূর্ণ নির্ভর করে যিনি লিখবেন তার উপরে। আবার যিনি পড়বেন তার উপর নির্ভর করছে তিনি তার বুদ্ধিবিবেচনা এবং অভিজ্ঞতা দিয়ে বিশ্লেষণ করে কতটুকু গ্রহণ করবেন আর কতটুকু গ্রহণ করবেন না। ইতিহাস যেমন গুলিয়ে খাইয়ে দেওয়ার বিষয় নয় তেমনি লোশন-মলমের মত গায়ে মেখে দেওয়ার বিষয় নয়। ইতিহাস হচ্ছে, কী হয়েছিল এবং কেন হয়েছিল যদ্দুর সম্ভব জানতে এবং অনুধাবন করতে চেষ্টা করার জন্য একটি বিষয়। বর্তমানের হিসেবে অতীতে যা হয়েছিল তার জায়গায় আসলে ঠিক কী হওয়া উচিত ছিল বা কী হলে ভালো হত তা চিন্তা করে বের করা। এ প্রক্রিয়াটি অনেক সময় মানুষের মস্তিষ্ককে এমন তীক্ষ্ণ এবং সজাগ করে তোলে যাতে বর্তমানে ঠিক কী কী সিদ্ধান্ত নেওয়া হলে ভবিষ্যতে কী রকম হতে পারে জাতীয় অনুভূতি মানুষের মনে সর্বদা বিরাজমান থাকে স্বাভাবিক কারণে।)

জানুয়ারি ২০১৫।

বিতর্ক ঃ মুজিব হত্যাকাণ্ডে জিয়ার ভূমিকা

১৯৭৫ সালের ১৫ই আগস্টে জননেতা শেখ মুজিবুর রহমান সাহেব এবং তার পরিবারের নিরপরাধ সদস্যদের হত্যাকাণ্ডের বিষয়ে যাকে সম্ভব হয় তাকে দোষারোপ করার জন্য আওয়ামী লীগের উপর বর্তমানে চেপে বসা বহিরাগত নেতাদের প্রায় "কাজ না থাকলে ক্ষই ভাজ" জাতীয় চর্চায় ব্যস্ত থাকতে দেখা যায়। এতে প্রধানমন্ত্রী হাসিনা বাদে আওয়ামী লীগের বা নিহত প্রেসিডেন্ট শেখ মুজিবুর রহমান বা তার পরিবারের নিহত সদস্যদের কোন লাভ হয়েছে, এমন কোন প্রমাণ কখনও পাওয়া যায়নি। আওয়ামী লীগ নেতাদের প্রায়ই বলতে শুনা যায় যে, একবার জেনারেল জিয়াউর রহমান সাহেব ধানমন্ডির বাসায় এসে প্রেসিডেন্ট জননেতা শেখ মুজিবুর রহমান সাহেবের সাথে ডাইনিং টেবিলে বসে খাবার খাচ্ছিলেন তখন ভারত থেকে ফোন এসেছিল। ফোনে কথা বলে প্রেসিডেন্ট যখন ডাইনিং টেবিলে ফিরে এলেন তখন তাকে খুব চিন্তিত দেখে জেনারেল জিয়াউর রহমান সাহেব তার কারণ জিজ্ঞেস করেছিলেন। তখন প্রেসিডেন্ট জননেতা মুজিবুর রহমান সাহেব জানিয়েছিলেন যে, ভারত তাকে জানিয়েছে যে, তাকে হত্যার জন্য ষড়যন্ত্র করা হচ্ছে। সে কথা শুনে জেনারেল জিয়াউর রহমান সাহেব নিজেকে দেখিয়ে বলেছিলেন যে, সে রকম কিছু হলে তিনি জীবন দিয়ে প্রেসিডেন্টকে রক্ষা করবেন। এ প্রসঙ্গ উঠিয়ে বর্তমান আওয়ামী লীগ হাই কমান্ডের জিজ্ঞাসা হচ্ছে যে, তাহলে ১৯৭৫ সালের ১৫ই আগস্টে জেনারেল জিয়াউর রহমান সাহেব প্রেসিডেন্ট জননেতা শেখ মুজিবুর রহমান সাহেবকে রক্ষা করতে কেন এগিয়ে আসেননি? যেহেতু তিনি ঐদিন প্রেসিডেন্টকে রক্ষা করতে এগিয়ে আসেননি বা কোন ধরনের চেষ্টা করেননি তাকে বাঁচাতে। তাই তারা ধারনা করছে যে, জেনারেল জিয়াউর রহমান সাহেব হয়ত ঐ অভ্যুত্থান এবং হত্যাকাণ্ডের ষড়যন্ত্রের সাথে জড়িত ছিলেন।

কিন্তু কোনদিনই যে প্রশ্নটি আওয়ামী লীগ হাই কমান্ডের মাথায় আসে না, তা হলো– কেন ভারত বিশেষ করে ঐদিন বাংলাদেশ প্রেসিডেন্টকে ফোন করেছিল? যখন জেনারেল জিয়াউর রহমান সাহেব প্রেসিডেন্টের বাসায় প্রেসিডেন্টের সাথে অনির্ধারিতভাবে দেখা করতে এসেছিলেন। এর উত্তরে এটিই ধারনা করা যায় যে, খুব সম্ভবত ভারত ঐ ষড়যন্ত্রের সাথে সরাসরি কিংবা পরোক্ষভাবে জড়িত ছিল এবং ঐ সম্পর্কে সবকিছু প্রথম থেকে জানত। তাই জেনারেল জিয়াউর রহমান সাহেব যখন হঠাৎ করে প্রেসিডেন্টের বাড়িতে চলে আসেন প্রেসিডেন্টের সাথে সময় কাটাতে তখন ঐ ষড়যন্ত্রের সাথে জড়িত কেউ যারা জেনারেল জিয়াউর রহমান সাহেবের উপর নজর রাখছিল তারা ভারতকে তৎক্ষণাৎ জানিয়ে দেয়। এ ভেবে যে, জিয়াউর রহমান সাহেব খুব সম্ভবত সেনাবাহিনীতে ষড়যন্ত্র সম্বন্ধে জেনে গিয়েছেন এবং যেচে প্রেসিডেন্টের বাড়ী এসেছেন প্রেসিডেন্টকে ষড়যন্ত্র

সম্পর্কে জানাতে। বোধ হয় এ কারণেই ভারত থেকে ফোন করা হয়েছিল প্রেসিডেন্ট মুজিবুর রহমান সাহেবকে। যাতে প্রেসিডেন্ট শেখ মুজিবুর রহমান সাহেবের কাছ থেকে কৌশলে জেনে নেওয়া যায় আসলেই জেনারেল জিয়াউর রহমান সাহেব প্রেসিডেন্টকে তাকে হত্যা বা উৎখাত করার জন্য সেনাবাহিনীতে চলা ষড়যন্ত্র সম্পর্কে জেনে গিয়ে কিছু জানিয়েছিলেন কী না? তবে এ বিষয়ে আরও নিশ্চিত করে বলা যেত যদি জানা যেত– কে ভারত থেকে ঐদিন প্রেসিডেন্ট জননেতা মুজিবুর রহমান সাহেবকে ফোন করেছিল?

আসলে জননেতা মুজিবুর রহমান সাহেবের হত্যাকাণ্ডের জন্য জেনারেল জিয়াউর রহমান জড়িত ছিলেন এখন পর্যন্ত এ ধরণের কোন প্রমাণ পাওয়া যায়নি। হতে পারে জিয়াউর রহমান সাহেব শেষ মুহূর্তে ষড়যন্ত্র সম্বন্ধে কিছু জেনে থাকতে পারেন এবং তা সংগত কারণে সে সময়ের প্রেসিডেন্ট জননেতা মুজিবুর রহমানকে জানাননি, কোন লাভ হবে না ভেবে। জানালে তিনি বিশ্বাস করতেন না এবং উলটো জিয়াউর রহমানকে দোষারোপ করতেন, তাতে জিয়াউর রহমানের চাকরি যাওয়ার এবং নিহত হবার আশংকা ছিল। এমনি খারাপ চক্রের মধ্যে নিজেকে পর্যায়ক্রমে আটকে ফেলেছিলেন প্রেসিডেন্ট মুজিবুর রহমান। যা থেকে বের হবার কোন উপায় রাখেননি তিনি। এ চক্রটির জন্যই তিনি ধরাকে সরা ভাবতে শুরু করেছিলেন। ওই চক্রটিই চাটুকারী করে এদেশের সাধারণ জনগণের মুজিবুর রহমানকে প্রথমে ১৯৭১ সালে বঙ্গবন্ধু (?), ১৯৭২ সালে জাতির পিতা এবং তারপর ১৯৭৩ সালে তৃতীয় বিশ্বের নেতা উপাধি দিয়ে তাকে আকাশে তুলে জন বিচ্ছিন্ন করে বলির পাঠা বানিয়ে দেয়। এ জন্যই ১৯৭৫ সালে যখন তিনি নিহত হন এদেশের মানুষ আবেগ প্রবণ না হয়ে খুব স্বাভাবিক থাকে এবং সবকিছু অবশ্যম্ভাবী হিসাবে ধরে নেয়। শুধু এটুকু বলে সান্ত্বনা পায় যে, “তিনি হয়ত ভালো ছিলেন কিন্তু তার সঙ্গী সাথীরা চোর-জোচ্চোর ছিল। এবং ঐসব চোর-জোচ্চোরদের কারণেই তিনি এদেশের মানুষদের থেকে বিচ্ছিন্ন হয়ে পড়েন।”

নিয়তির কারণে হোক কিংবা চাটুকারদের পাল্লায় পড়ে ধরাকে সরা মনে করার কারণে হোক কিংবা অন্যের কু-পরামর্শে তিনি অহেতুকভাবে রাষ্ট্রনীতি এবং পররাষ্ট্রনীতিতে এক খুব জটিল অবস্থার সৃষ্টি করেছিলেন। যা তাকে এবং সমস্ত বাংলাদেশকে একটি চরম দুরবস্থার দিকে ধাবিত করে। তখনকার বাংলাদেশের এবং বাংলাদেশের জনগণের অবস্থার কথা চিন্তা না করে অন্যের উস্কানিতে অহেতুক নিজেকে হাই-প্রোফাইল আন্তর্জাতিক নেতা হিসাবে তুলে ধরার জন্য তার দরকার-হীন মার্কিন বিরোধিতা এবং পূর্ব প্রস্তুতি ছাড়া অন্যের পরামর্শের উপর নির্ভর করা সমাজতান্ত্রিক খিচুরি মার্কা মতাদর্শ ছিল সবচেয়ে বিপদজনক। এতে তিনি নিজেকে এবং এদেশের কয়েক কোটি দরিদ্র মানুষদের নিশ্চিন্ত মৃত্যুর দিকে ধাবিত করেছিলেন। কিন্তু দরকারহীনভাবে একজন ডিক্টেটর হবার জন্য তার ইচ্ছা, রাষ্ট্রনীতি ও পররাষ্ট্রনীতিতে অদূরদর্শিতা এবং সর্বোপরি সরলতা, মানুষের প্রতি

বিশ্বাস ও আস্থা তাকে মৃত্যুর দিকে ধাবিত করে। বাঁচিয়ে দেয় এদেশের কোটি কোটি দরিদ্র মানুষদের।

তিনি পররাষ্ট্রনীতিতে মার্কিন যুক্তরাষ্ট্র সহ পশ্চিমাদের ভুলভাবে এবং নেগেটিভ-ভাবে রিড করেন কিংবা করার জন্য অন্য কারো দ্বারা বিশেষভাবে প্রভাবিত হন। এ কারণে বাংলাদেশে কাল্পনিক পশ্চিমা সামরিক হস্তক্ষেপের কথা ভেবে তিনি ভারতের উপর অর্থহীনভাবে নির্ভরশীল হয়ে পড়েন। যা ছিল তার ব্যক্তিত্ব এবং স্বাভাবিক রাজনৈতিক দৃষ্টিভঙ্গির বিপরিত। এতে ঐ সময়ের বিশ্বব্যবস্থায় আন্তর্জাতিক সহানুভূতিকে এবং আন্তর্জাতিক রাজনীতিকে কাজে লাগিয়ে উন্নয়ন এবং প্রগতিতে বিশেষ সুবিধা নিতে বাংলাদেশ চরমভাবে ব্যর্থ হয়। ফলে ঐসব উন্নয়ন এবং প্রগতির সম্ভাবনাগুলো পরবর্তীতে পর্যায়ক্রমে কয়েক যুগ ধরে ভারতের দিকে ধাবিত হয়। ভারত তা চালাকির সাথে আঁকড়ে ধরে এবং বাংলাদেশকে পর্যায়ক্রমে তাদের পণ্যের বাজার বানিয়ে ফেলে। ২০০১ এর সেপ্টেম্বর ১১-এর আগ পর্যন্ত এটি ছিল মার্কিনীদের কাছে ছিল খুবই অসহ্য এবং অগ্রহণযোগ্য বিষয়। এ রকম পরিস্থিতিতে তার মত বড় মাপের নেতাকে ক্ষমতা থেকে যে কোনোভাবে সরানোর জন্য গোপন চক্রান্ত সাধারণত হয়ে থাকত ঐ সময়কার বিশ্বে। বাস্তবে তার বেলায়ও সে রকম হয়েছিল। তাতে তিনি নিহত হন পরিবার পরিজনসহ।

জিয়াউর রহমান সাহেবকে ১৯৭৫ সালের হত্যাকাণ্ডের জন্য দোষ দিয়ে আসলে আওয়ামী লীগ নেতৃবৃন্দ যা বলতে চাচ্ছে তা হচ্ছে জিয়াউর রহমান সাহেব কেন পরে শেখ মুজিববিহীন আওয়ামী লীগের হাতে ক্ষমতা ফিরিয়ে দেয়নি? আসলে সে সময় শেখ মুজিব বিহীন আওয়ামী লীগের কাছে ক্ষমতা ফিরিয়ে দেয়া হলে আওয়ামী লীগ একটুও সময় ব্যয় না করে এদেশে পুনরায় ভারতীয় সামরিক আগ্রাসন ঘটিয়ে দিত। এতে দেশে চরম গৃহযুদ্ধ লেগে যেত, লক্ষ লক্ষ লোক যুদ্ধে নিহত হতো এবং কোটি কোটি লোক দুর্ভিক্ষে মারা যেত।

জিয়াউর রহমান সাহেবের সবচেয়ে বড় কৃতিত্ব হচ্ছে জাসদকে একদম দুর্বল করে দেওয়া যা আগে শেখ মুজিবুর রহমান সাহেবের আওয়ামী লীগ কোনভাবে করতে পারেনি। কর্নেল তাহের সাহেব সত্যিকারের বীর মুক্তিযোদ্ধা হলেও সেনাবাহিনীতে গোপনে জাসদের সংগঠন তৈরি করে বিদ্রোহ ঘটানোর কুকর্ম করেছিলেন যা মৃত্যুদণ্ড যোগ্য অপরাধ ছিল। বলতে গেলে, ১৯৭৫ সালের ১৫ই আগস্টে সামরিক অভ্যুত্থান না হলেও পরে অন্য কোন সময় জাসদ সৃষ্ট সামরিক অভ্যুত্থানে জননেতা শেখ মুজিবুর রহমান সাহেব নিহত হতেন। এ বিষয়টি প্রায় নিশ্চিত ছিল। সেনাবাহিনীর বিভিন্ন অবস্থানে কর্নেল তাহের সাহেবের শক্ত সাংগঠনিক কর্মকান্ড সে রকমই নির্দেশ করছে।

খাদ্যে স্বয়ংসম্পূর্ণতা নিয়ে সত্য-অসত্য বক্তব্য

আমাদের পার্টি আওয়ামী লীগ ক্ষমতায় এলেই কি করে যেন দেশ ছয় মাসের মধ্যে খাদ্যে স্বয়ংসম্পূর্ণ হয়ে যায় এবং ক্ষমতা থেকে বিদায় নেওয়ার পর ছয় মাস যেতে না যেতে কেন যেন আবার দেশে খাদ্য টেনশন শুরু হয়ে যায়। কিন্তু এটি কী করে হয়? এ নিয়ে আমার ভাবনার যেন শেষ নেই। ভাবছি আসল ম্যাজিকটি কী?

সেই ১৯৯৬ সালে আওয়ামী লীগ ক্ষমতায় আসার পরে কত কিছু না ঘটে গেল এদেশে। ১৯৯৯ সালের মধ্যে দেশকে খাদ্যে স্বয়ংসম্পূর্ণ করে চাল পর্যন্ত রপ্তানি করার ইচ্ছে পর্যন্ত প্রকাশ করে ফেলেছিল তৎকালীন হাসিনা সরকার। ক্ষমতার ঐ সময়ে আমি তখন কোলকাতায়। তাই আমার কাছে ঐসব চাপাবাজির অনেক কিছু অজানা ছিল না। আমদানি-রপ্তানির অনেক খোলাখুলি খবর-গোপন খবর পেয়ে যেতাম বিভিন্ন জনের কাছ থেকে। আর এবারের ক্ষমতার এখন পর্যন্ত আমি দেশেই আছি। ফলে যে খবর আমি অহরহ পাচ্ছি তা থেকে সহজে যা বুঝতে পারছি তা হচ্ছে "দেশ খাদ্যে উৎপাদনে স্বয়ংসম্পূর্ণ" এ কথা বলে বলে এদেশের সরকার প্রধান থেকে শুরু করে অন্যরা সবাই জঘন্য রকমের রাষ্ট্রদ্রোহ অপরাধ করে যাচ্ছেন অহরহ। কারণ আলোর বাস্তবতা এক রকম এবং অন্ধকারের বাস্তবতা সত্যি অন্য রকম। ঐ বাস্তবতাগুলোর হিসেবে আমার মনে প্রশ্ন জাগে যে, এ যে বলা হচ্ছে "দেশ খাদ্যে স্বয়ংসম্পূর্ণ কিংবা খাদ্যে ভরপুর" এর কৃতিত্ব কাদের? এদেশের কৃষকদের? না স্থল ও নৌ-সীমান্তে পাহারা দেওয়া কথিত অতন্দ্র প্রহরী, কাস্টমস ও চোরাচালানকারীরা সহ অন্যান্যদের?

এমন নয় যে এদেশে খাদ্য উৎপাদনে স্বয়ংসম্পূর্ণ করা সম্ভব নয়। এদেশকে কৃষি খাদ্য উৎপাদনে স্বয়ং-সম্পূর্ণ করতে হলে দরকার কমপক্ষে ২৫/৩০ বছরের সর্বাত্মক নিখুঁত বিশেষ পরিকল্পনা যা পর্যায়ক্রমে খুব সতর্কভাবে দেশের জনগণকে সাথে নিয়ে বাস্তবায়ন করা। আর যদি ক্ষমতায় আসার ছয় মাস যেতে না যেতেই দেশ আলাদীনের চেরাগের মত খাদ্যে স্বয়ংসম্পূর্ণ হয়ে যায় এবং ক্ষমতা থেকে যেতে না যেতে ছয় মাসের মধ্যে আবার দেশে খাদ্যে ঘাটতি পড়ে যায় তাহলে চিরদিন এদেশ অন্য দেশের উপর চাহিদা অনুযায়ী খাদ্যের জন্য খুব অসহায়ভাবে নির্ভরশীল হয়ে থাকবে সব সময়।

বছর দুয়েক আগে উত্তর বঙ্গের কিছু লোক এসেছিলো আমার কাছে খাদ্য মন্ত্রণালয়ের ঘোষিত খাদ্য প্রকিউরমেন্টের জন্য কোটা বরাদ্দ পাওয়ার জন্য। যদি আমি বর্তমান বাংলাদেশ প্রধানমন্ত্রীর রিকোমেন্ডাশান এনে দিতে পারি তাহলে ওদের সুবিধা হয় কোটা বরাদ্ধ পেতে। যত হাজার হাজার টনের ধান-চালের

কিংবা গমের কোটা হোক কোন অসুবিধা নেই, চাল ঠিক মত পৌঁছে যাবে গোডাউনে। যেমনটি এদেশের অনেক কোটা-ধারীরা পাঠায়। তখন বিভিন্ন জনের কথাবার্তা থেকে সহজে বুঝতে পেরেছিলাম যে কোথা থেকে চাল এনে কীভাবে সরকারী গোডাউনে পাঠানো হয় খাদ্য মন্ত্রণালয়ের মন্ত্রী থেকে কর্মকর্তা কর্মচারীদের সহ বিভিন্ন জনের বিশেষ সহযোগিতায়।

এদেশে খাদ্যে স্বয়ংসম্পূর্ণ বলতে সব সময় ধান-গমের পর্যাপ্ত উৎপাদন বুঝায় সকলের কাছে। এদেশে জনসংখ্যা অনুপাতে কত পরিমাণ ধান-চাল দরকার? কী পরিমাণ জমিতে ধান চাষ হয়? কী পরিমাণ ধান উৎপাদন হয়? এ বিষয়টি কখনও পরিষ্কার নয়। তবে এ বিষয়টি একদম পরিষ্কার যে, আজ থেকে পনের/বিশ বছর আগে যে পরিমাণ জমিতে ধান-গম চাষ হত তার চাইতে গড়ে অন্তত ত্রিশ/চল্লিশ ভাগ কম জমিতে আজ ধান চাষ হয় অন্যান্য ফসল উৎপাদনসহ বিভিন্ন কারণে। এর সাথে মরার উপড়ে খাড়ার ঘা দেওয়ার মত অবস্থা দাঁড়িয়েছে কৃষিজমি ক্রয়ে এদেশের হঠাৎ করে বড়লোক হয়ে যাওয়া অ-কৃষকদের অবৈধ পয়সা বিনিয়োগের প্রতিযোগিতা। ফলে একটি গুরুত্বপূর্ণ পরিমাণ জমি রেগুলার চাষাবাদে যাচ্ছে না। আবার এ ধরনের জমি প্রান্তিক কৃষকদের মাধ্যমে চাষাবাদে গিয়ে যেমন উৎপাদন খরচ বাড়ছে তেমনি জমির উর্বরতা কমছে পর্যায়ক্রমে। কারণ অন্যের জমির উর্বরতা বাড়াতে কিংবা ঠিক রাখতে এক্সট্রা কষ্ট করতে কেউ চায় না কিংবা কেউ বাধ্য নয়। সে সাথে প্রতিবেশী দেশের কারণে পানি সমস্যায় চাষাবাদে সব সময় এদেশে হাহাকার লেগেই আছে। আবার বীজ-কীটনাশক-সার সমস্যায় প্রতি বছর কোন না কোন জেলায় রেগুলারলি রেগুলার উৎপাদন ব্যাহত হচ্ছে। এ অবস্থায় "দেশে খাদ্য সমস্যা নেই", "দেশ খাদ্যে ভরপুর" এবং "দেশ খাদ্যে উৎপাদনে স্বয়ংসম্পূর্ণ" এ কথা এত ঠাণ্ডা মাথায় গর্বের সাথে বলা হচ্ছে কী হিসেবে? তা আমার সুস্থ মাথায় একদম ঢুকছে না।

দু হাজার পাঁচ-ছয়-সাত আট সালে ভারতে উৎপাদিত ফসলের মূল্য না পেয়ে কৃষি ঋণ দায়গ্রস্ত কৃষকের আত্মহত্যা করা ছিল অহরহ ঘটনা। কিন্তু ২০০৯ থেকে বর্তমান হাসিনা সরকার ক্ষমতায় আসার পর থেকে তেমন কিছু শুনা যায় না আজকাল। আমি এখন সত্যি জানি না যে, বাংলাদেশের খাদ্য চাহিদার একটি অংশ ভারত থেকে আসছে কী না এবং তা কীভাবে আসছে? আর কী কারণে কারো কারো মুখে সাফল্যের হাসি যেন আর ধরে না?

ভাবতে আসলে কষ্ট হয়। আমাদের কৃষি উৎপাদনের আসল অবস্থা আসলে কোথায়? আর কোথায় বা যায় কৃষির উপরে দেওয়া হাজার হাজার কোটি টাকার বাজেট? সে সাথে আমাদের দেশের এবং আমাদের দেশের সর্বস্তরের জনগণের স্বাধীন সত্তার বর্তমান-ভবিষ্যৎ কী? চট্টগ্রাম, ৩০শে মার্চ ২০১৪।

শিক্ষাক্ষেত্রে বৈষম্য দূর করার সরকারের কী অদ্ভুত উপায়!

সরকার এখন স্কুলের পাঠ্যবই বিনামূল্যে বিতরণ করছেন। বিনামূল্যে শিক্ষা উপকরণ বিতরণের বিষয়টি সাধারণত দরিদ্র এবং কম আয়ের পরিবারের ছাত্রছাত্রীদের মধ্যে সীমাবদ্ধ থাকে। কিন্তু সীমাহীন বৈষম্যের এদেশে আমাদের অতি-পণ্ডিত, অতি-আদর্শবাদী এবং অতি-সমাজবাদী বর্তমান হাসিনা সরকার বোধহয় গভীরভাবে চিন্তা করে দেখেছেন যে, যদি দরিদ্র এবং কম আয়ের পরিবারের ছাত্রছাত্রীদের বিনামূল্যে পাঠ্যবই দেওয়া হয় তাহলে ধনী এবং সক্ষম পরিবারগুলো বৈষম্য ফিল করতে পারে। এ জটিল বৈষম্য যাতে বাংলাদেশে না থাকে তাই সম্ভবত সরকার সবাইকে বিনামূল্যে পাঠ্য বই বিতরণ করছেন।

মজার কথা হচ্ছে, পাকিস্তান আমলেও যেমন এদেশের অন্তত ৩০% পরিবারগুলোর ছাত্রছাত্রীদের জন্য স্কুলের পাঠ্য বইগুলো কেনার জন্য অর্থনৈতিক সক্ষমতা ছিল। ঠিক তেমনি স্বাধীনতার এত বছর পরে আজ পর্যন্ত তত সংখ্যক বা তারও কিছু বেশি সংখ্যক পরিবারগুলোর স্কুলের পাঠ্যবই কেনার মত অর্থনৈতিক সক্ষমতা আছে ভালোমতো। কিন্তু যে ক্ষমতাটি এসব সক্ষম পরিবারগুলোর আজ নেই তা হচ্ছে শিক্ষাক্ষেত্রে যে চরম অব্যবস্থা তাকে গ্রহণ করা।

শিক্ষাক্ষেত্রে এ চরম অব্যবস্থা যে কত বিশাল এবং কত গভীর তা বোধকরি এ দেশের সরকার বাদে অন্য কাউকে ভালো করে বুঝিয়ে বলতে হবে না। প্রত্যেকটি পিতামাতা তার শিশুকে বা শিশুদের স্কুলে পাঠানোর চিন্তা করা থেকে শুরু করে একদম শেষ পর্যন্ত যে অমানুষিক দৈহিক এবং মানসিক পীড়ন ভোগ করে থাকেন তাও বোধকরি আর বলে বুঝাতে হবে না। এ পীড়ন বিনা মূল্যে পাঠ্য বই কিংবা অন্য কিছু দিয়ে কম্পেনসেট করা সম্ভব নয় কোনভাবে। একমাত্র কোয়ালিটি শিক্ষাই এর উপশম হতে পারে।

কিন্তু সে কোয়ালিটি শিক্ষা এদেশে কই? তাই এদেশের প্রায় সব বাবামায়ের অব্যক্ত ভাষা হচ্ছে-বিনামূল্যে বই দিবেন আর একই সাথে ছেলেমেয়েদের ভবিষ্যতের পশ্চাতে ব্যাম্বো দিবেন এবং আত্মতৃপ্তি বোধ করবেন তাত হয় না। আসলে এদেশের ধনী দরিদ্র সবাই বিনামূল্যে পাঠ্য বই নিচ্ছেন আর নোট বই এবং কোচিং টিউশানির পেছনে কত মূল্যবান অর্থ এবং সময় ব্যয় করছেন, তার কী কোন হিসেব আছে? যদি বিনামূল্যে পাঠ্য বই না দিয়ে বিনামূল্যে নোট বই এবং বিনামূল্যে কোচিং টিউশানি দেওয়া হত তা হলে না হয় বুঝা যেত যে, কিছু একটি মহাকাণ্ড হয়েছে এদেশে।

বিনামূল্যে নোটবই দেওয়া এবং বিনামূল্যে কোচিং টিউশানি দেওয়া বলে বুঝাতে চাচ্ছি শ্রেণিকক্ষে পাঠদানের বিষয়টির কথা। শ্রেণিকক্ষের এ পাঠদানের বিষয়টির তারতম্য খুঁজতে গিয়ে বাবা-মায়েরা ছেলেমেয়েদের নিয়ে যেভাবে এ-স্কুল সে-স্কুল, এ-অঞ্চল সে-অঞ্চল ছোটাছুটি করেন তার হিসেবও কিন্তু ঐসব মহা মূল্যবান হিসেবের মধ্যে পড়ে। সে হিসেবে ধানমন্ডি, গুলশান, বনানী এবং উত্তরা টাইপের

শিক্ষায় কোন একটি বিদেশী ভাষা ভালোমতো শেখা ছাড়া এদেশের চাহিদামত জ্ঞান অর্জিত হয়েছে, এমন কোন প্রমাণ কিন্তু আজতক পাওয়া যায়নি। বরং এটি সারা দেশের শিক্ষা ব্যবস্থায় তেলে জলে এমনভাবে মিশে এমন অবস্থা হয়েছে যে "পাত্রটি তেলের না জলের এ রকম প্রশ্ন উঠি উঠি করছে কিংবা উঠছে অনেক আগে"।

"শিক্ষা যেমন মানবিক অধিকার তেমনি ধনী-গরিব সবার ছেলেমেয়েদের একত্রে শিক্ষাও সর্বশ্রেষ্ঠ মানবিক দৃষ্টিভঙ্গির গুরুত্বপূর্ণ একটি বিষয়"। কিন্তু শিক্ষার ঐ তারতম্যের মধ্যে পড়ে এক শ্রেণির পিতামাতা এ ভেবে আত্মতৃপ্তি পান যে টাকার জোরে তাদের ছেলেমেয়েরা বিশেষ স্কুলে পড়ে এবং প্রাইভেট পড়ে বা কোচিং টিউশিনী পড়ে অন্যের চাইতে সুযোগ-সুবিধায় অনেক বেশি এগিয়ে থাকবে। আবার অন্যদিকে বিশাল সংখ্যক বাবা-মায়েরা এ ভেবে মনে মনে কষ্ট পান যে, এ প্রতিযোগিতার বাধ্যবাধকতায় খরচের ধাক্কায় সঞ্চয় যেন হয়ে উঠছে না। তেমনি ঠিক রাখতে পারছেন না নিজের বিবেক-বিবেচনা এবং নৈতিকতাকে।

এদেশের সরকারসহ সবাই বিনা তর্কে স্বীকার করেন, "শিক্ষা আপনার এবং আপনার শিশুর মানবিক অধিকার"। কিন্তু আবার সবাই বিনা তর্কে এও স্বীকার করে যে, শিক্ষা নামক মানবিক অধিকারটি ভালভাবে পেতে হলে আপনাকে পয়সা খরচ করতে হবে এবং তা পরিবারের অন্য যে কোন ক্ষেত্রে খরচের চাইতেও বেশি হারে। "যত গুড় তত মিষ্টি" তেমনি অনেক ক্ষেত্রে এদেশে "যত খরচ তত ভাল বিদ্যা"। আসলে খরচের এমন ঘূর্ণিস্রোতে পড়ে ঐসব বিশাল সংখ্যক পরিবারদের বর্তমানের মত ভবিষ্যৎ হয়ে পড়ছে আরেকটি দুঃস্বপ্ন। আর প্রতিদিনকার দুঃস্বপ্নের সাথে সাথে ঐ দুঃস্বপ্নের ভার যে কতটা তা বুঝতে পারা যেত যদি এদেশের প্রত্যেকটি পিতামাতা এবং ছেলেমেয়েদের সাইক্লোজিষ্টদের দিয়ে ভালো করে পরীক্ষা করানো যেত।

দৃশ্যত "মধ্যবিত্ত ও উচ্চবিত্ত পরিবারের ছেলেমেয়েদের জন্য পয়সা আর প্রভাব অনুযায়ী দামী শিক্ষার সুযোগ, নিম্নবিত্ত পরিবারের ছেলেমেয়েদের জন্য নিম্নমানের শিক্ষা, বস্তির ছেলেমেয়েদের জন্য বস্তি মানের শিক্ষা" এগুলোই হচ্ছে এদেশের এ যাবৎকাল পর্যন্ত ক্ষমতায় আসা রাজনৈতিক দলগুলোর শিক্ষা বিষয়ে কথিত মহাকীর্তি।

ফলে বুঝাই যাচ্ছে যে, বিনামূল্যে পাঠ্যবই বিতরণ করে এদেশের সরকার নিজেদেরই সৃষ্ট শিক্ষা বৈষম্যের সমন্বয় সাধন করে যাচ্ছেন, যেন ছেলে ভূলানো গান গেয়ে। এদেশের কথিত শিক্ষা বিশেষজ্ঞদের পরামর্শে। বস্তুত নিজেদের রাজনৈতিক ব্যর্থতাকে ঢাকার জন্য কয়েকটি শিক্ষা পণ্যগুলোকে বাজার থেকে সরিয়ে নিতে গিয়ে এবং ইতিমধ্যে সরিয়ে নিয়ে বর্তমান বাংলাদেশ সরকার যে মেধা, সময় এবং অর্থ ব্যয় করছেন তা যদি শিক্ষাকে এবং শিক্ষা ব্যবস্থাটিকেই ব্যবসা-পণ্য হয়ে যাওয়া থেকে উদ্ধার করার জন্য ব্যয় করতেন তাহলে এদেশের সব শ্রেণির মানুষদের ভীষণ উপকার হত। ঢাকা, জানুয়ারি ২০১৫।

নির্বাচন এবং জনগণের আইন হাতে নেওয়া

২০০৮ সালের সাধারণ নির্বাচন থেকে বর্তমানের সিটি কর্পোরেশন নির্বাচন পর্যন্ত যতগুলো নির্বাচন হয়েছে তার সবটিতে বাংলাদেশের প্রধান প্রধান রাজনৈতিক দলগুলোর এবং তাদের প্রার্থীদের অসংখ্য কর্মসূচী এবং প্রতিশ্রুতির কথা শুনে যাচ্ছি। কিন্তু এসবের মধ্যে যে বিষয়টি সবসময় মিসিং থাকে তা হল ঢাকা শহরের ভাড়াটিয়াদের স্বার্থ-সংশ্লিষ্ট বিষয়টি। মিসিং থাকার প্রধান কারণ হচ্ছে-এদেশের রাজনৈতিক দলগুলোর গুরুত্বপূর্ণ নেতা নেত্রীরা এবং ঢাকা শহরের নির্বাচিত সমস্ত জন প্রতিনিধিরা সবাই বাড়ীওয়ালা। অথচ এ শহরের জনসংখ্যার প্রায় ৯০ শতাংশের উপর মানুষ ভাড়াটিয়া।

বাড়িওয়ালা প্রার্থীরা প্রতি নির্বাচনে ভোটের জন্য ভাড়াটিয়াদের কাছে আসেন এবং ভাড়াটিয়ারা ভোট দিয়ে দেন স্বতঃস্ফূর্তভাবে। দৃশ্যত ভাবনা চিন্তা না করে। ভোট দিয়ে দেন দলীয় সমর্থনের ভিত্তিতে অন্ধ বিশ্বাসে। নিজের গণতান্ত্রিক অধিকার এবং গণতান্ত্রিক চিন্তা-চেতনা সম্বন্ধে পর্যাপ্ত জ্ঞানের অভাব থাকার জন্য। ভোট দিয়ে দেন ভোটারদের হাতে ভোটের দিনের ম্যাজিক কার্ডের ব্যবহার সম্বন্ধে না জানা এবং নিজেরদের উপর আত্মবিশ্বাস না থাকার কারণে। এর প্রধান কারণ হচ্ছে এদেশে কখনও গণতান্ত্রিক পরিবেশ তৈরি করা হয়নি। এদেশের শিক্ষিত-অশিক্ষিত সব ধরনের জনগণকে এ যাবৎ-কাল কেউ শেখায়নি গণতন্ত্র সম্পর্কে। গণতান্ত্রিক চিন্তা চেতনা সম্পর্কে। ভোটের অধিকার প্রয়োগের সুচিন্তিত ও কৌশলগত দিকগুলো সম্পর্কে। সত্যি বলতে কী, প্রথম থেকে আজতক সবসময় সব রাজনৈতিক প্রতারকরা গণতন্ত্রের নামে এদেশকে শাসনের নামে এদেশের মানুষের সাথে শুধুই প্রতারণা করে গিয়েছেন। তাই এদেশে গণতন্ত্র এবং নির্বাচন বলতে বহুলাংশে প্রতারণা করা এবং প্রতারিত হওয়াকে ধরে নেওয়া হয় সহজ ভাষায়। নীরবে এবং বিনা তর্কে। যেন এটিই নিয়ম।

যে বিষয়টি সবচেয়ে বেশি দৃশ্যমান এদেশে তাহলো-রাজনীতি, গণতন্ত্র এবং ভোট প্রয়োগের অধিকার এবং দায়িত্ব সম্পর্কে অজ্ঞতার কারণে অনেকেই সাধারণত ভেবে দেখেন না সহজ সরল অনেক বিষয়গুলো। যদি তারা মনে করেন কিংবা যদি অন্য কেউ তাদের মনে করাতে বাধ্য করেন যে, নারী নেতৃত্ব এবং নারী নেতৃত্বের সরকার দরকার এদেশে তাহলে হাসিনা-খালেদাদের বাদ দিয়ে তাদের চাইতে আরও অনেক যোগ্যতাসম্পন্ন কেউ আছে কিনা সে সম্পর্কে আগ্রহ প্রকাশ করা। কিংবা দীর্ঘদিনের একঘেয়ে নারী-নেতৃত্ব পরিবর্তন করে পুরুষ-নেতৃত্ব নিয়ে আসা যায় কিনা সেদিকে আগ্রহ প্রকাশ করা। আগ্রহ প্রকাশ করা আওয়ামী লীগ, বিএপি, জামাত, জাতীয় পার্টি এ চার রাজনৈতিক সিন্ডিকেটের বাইরে অন্য কাউকে সমর্থন দেওয়া যায় কী না। এ ধরনের আগ্রহ প্রকাশের কারণ হচ্ছে নিজেদের বৃহত্তর স্বার্থের এবং রাষ্ট্রীয় স্বার্থের বিভিন্ন দিক বিচার বিবেচনা। প্রতিবার এ আগ্রহ প্রকাশ করা

এবং তার বাস্তব রূপ দেওয়ার বিশেষ এবং সহজ উপায় হচ্ছে নির্বাচনে ভোটের অধিকার সুচিন্তিতভাবে প্রয়োগ করা। এক্ষেত্রে বৃহত্তর স্বার্থে ঢাকার ভাড়াটিয়ারা প্রচলিত দলীয় সমর্থন বাদ দিয়ে যদি একটু ভিন্ন ধরনের চিন্তা করেন তাতে ক্ষতি কী? ভোট যখন ভোটারের হাতের ট্রাম কার্ড এবং তা ব্যবহার করে ঢাকার ৯০ ভাগ ভোটাররা যদি নিজেদের প্রতি অবহেলা, বৈষম্য এবং অবিচারের প্রতি সঙ্ঘবদ্ধ জবাব দেন, তাতে ক্ষতি কী? সত্যি বলতে কী কোন ক্ষতি নেই বরং গণতন্ত্র এবং নির্বাচন সম্পর্কে ভোটারদের বিজ্ঞতা প্রকাশ পাবে।

বাড়িওয়ালারা ভাড়া নির্ধারণ, ভাড়া বাড়ানো এবং চাপিয়ে দেওয়ার বেলায় সবাই সংঘবদ্ধ। এ বিষয়ে আওয়ামী লীগ, বিএনপি, জামাত, জাতীয় পার্টি, মুক্তিযোদ্ধা, রাজাকার ইত্যাদি ধরনের সব বাড়িওয়ালারা একজোট হয়ে যান। আবার যদি অন্য কারণে কোন বাড়িওয়ালা ভাড়া বৃদ্ধি না করেন তখন মহল্লা বা পাড়ার সব বাড়িওয়ালারা তাকে প্রেশার দিয়ে ভাড়া বাড়াতে বাধ্য করেন। কিন্তু কোন বাড়িওয়ালা যদি বেশি ভাড়া দাবী করেন তখন অন্য বাড়িওয়ালারা এ বিষয়ে নাক গলান না। ঢাকা শহরের প্রতিটি ভাড়াটিয়া একথা খুব ভালভাবে স্বীকার করেন যে, ঢাকা শহরের বাড়ী বা বাসা ভাড়া অযৌক্তিক, অতিরিক্ত। এটি তাদের উপর মানসিক, দৈহিক এবং নৈতিক চাপ সৃষ্টি করে যাচ্ছে অবিরত এবং বিরামহীনভাবে। বাস্তবে এ বিষয়টি এমন ভাবে চলছে যে, যেন এদেশে কোন সরকার নেই, আইন নেই, আদালত নেই-মগের মুল্লুক চলছে। তাতে ভাড়াটিয়ারা যেন অধিকার বঞ্চিত জেলখানার কয়েদি। যেভাবে নির্ধারণ করে দেওয়া হবে সেভাবেই চলতে হবে।

ভাড়াটিয়ারা নিজেদের অস্তিত্বের জন্য, নিজেদের জীবন যাত্রার উপর ভার লাঘব করার জন্য সংঘবদ্ধে হয়ে রাস্তায় নামতেও পারেন আবার অন্য কোন বিশেষ উপায়ে ব্যবস্থা নিতে পারেন। সুচিন্তিত এবং সুকৌশলে ভোট প্রয়োগ করাই হচ্ছে সে বিশেষ ব্যবস্থা। এদেশের সরকার যখন আপনার কাজে আসছে না। আইন যখন আপনার কাজে আসছে না। আদালত যখন আপনার কাজে আসছে না। তাহলে সর্বোত্তম উপায় হচ্ছে আপনার হাতে আপনি আইন তুলে নিন ভোটের দিন। ভোট প্রয়োগের মাধ্যমে আপনি শাস্তি দিন। আপনি জবাব দিন আপনার প্রতি অবিচারের, অবহেলার এবং অর্থনৈতিক জুলুমের বিরুদ্ধে। আপনার অধিকার হরণের বিরুদ্ধে।

আপনার প্রয়োজনে আপনি অন্য কাউকে সমর্থন দিন, ভোট দিন। নূতনত্ব আনুন। রাষ্ট্র পরিচালনায় আপনার গুরুত্ব আপনি বুঝিয়ে দিন শক্তভাবে। তা না হলে অন্যে কী করে বুঝবেন যে, গণতন্ত্র সম্পর্কে আপনার পর্যাপ্ত জ্ঞান আছে এবং নির্বাচনে ভোট দেওয়ার বিষয়ে আপনার সুস্থ মানসিকতা এবং সঠিক বিবেচনা আছে। বিশেষ করে আপনি যখন বসবাস করেন বাংলাদেশের রাজধানী ঢাকা শহরে।

২৮ ডিসেম্বর ২০১৩-এর পর সাধারণ নির্বাচন কেন অবৈধ এবং অযৌক্তিক ছিল?

১৯৭২ সালে শিশু বাংলাদেশের শাসনতন্ত্র রচিত হয়েছিল অনেকটা শিশু আইনজীবীদের এবং শিশু আইন প্রনেতাদের দ্বারা। এজন্য এদেশের শাসনতন্ত্র প্রণয়নের জন্য যতটুকু বাহবা মিলেছিল প্রকৃত অর্থে ততটুকু উদ্দেশ্য সাধিত হয়নি। এর কারণ হচ্ছে এদেশের কয়েক ভাগে বিভক্ত একটি সুবিধাবাদী গোষ্ঠীর সর্বদা নিজেদের স্বার্থে রাষ্ট্রীয় শাসনতন্ত্র মানতে বা সুষ্ঠুভাবে ব্যবহার করতে অনীহা। আর এজন্যেই এদেশে ক্ষণে ক্ষণে শাসনতান্ত্রিক জটিলতার সৃষ্টি হয়। এতে ইচ্ছাকৃতভাবে চেপে যাওয়া হয় অনেক সত্যকে এবং কৌশলে চাপিয়ে দেওয়া হয় কিছু কিছু অশাসনতান্ত্রিক এবং অযৌক্তিক পদক্ষেপগুলো।

বর্তমান পরিস্থিতিতে দেশের অনেক রাজনৈতিক এবং অরাজনৈতিক গুরুত্বপূর্ণ ব্যক্তিবর্গ আশা করছেন এবং যুক্তি দেখাচ্ছেন ৫ই জানুয়ারি ২০১৪ এর সাধারণ নির্বাচন পিছানোর জন্য। কিন্তু আমার কথা হচ্ছে যে, যেখানে আসন্ন ৫ই জানুয়ারির নির্বাচনকে অশাসনতান্ত্রিক মনে হচ্ছে সেখানে নির্বাচন পিছানোর দাবী তোলা অশাসনতান্ত্রিক অবস্থাকে শাসনতান্ত্রিক হিসাবে চালিয়ে দেওয়া। কিংবা জেনেশুনে মেনে নেওয়া ছাড়া অন্য কিছু নয়। এ রকম গেঁড়াকল মার্কা অবস্থায় দেশকে ফেলে দিয়ে অনেকে বিজ্ঞের মত বলেন যে, "আরে, শাসনতন্ত্র মানুষের জন্য। একটু এদিক ওদিক হলে কিছু হয় না"। কিন্তু এর উত্তরে বলা যায় যে, "যখন যার যেভাবে দরকার সে অনুযায়ী যখন তখন এদিক ওদিক করার জন্য কখনও কোন দেশের শাসনতন্ত্র তৈরি হয় না"।

ফলে এ প্রসঙ্গে আমার কথা হচ্ছে যে, গেঁড়াকলে ফেলে দেওয়ার আগে যদি তারা এ বিষয়ে একটু চিন্তা করতেন তাহলে দেশকে আজ এমন অবস্থায় এসে পরতে হতো না। সে হিসেবে এ মুহূর্তে সত্যি সত্যি গেঁড়াকলে পরতে যাবার আগে যদি কোন যুক্তিসঙ্গত উপায় থেকে থাকে তাহলে দেশের শাসনতন্ত্র নিয়ে এদিক-ওদিক খেলার দরকার কী? এ অর্থে আমার মতে, আসন্ন ২৮ ডিসেম্বরের পরে যে কোন দিন শাসনতান্ত্রিক ভাবে নির্বাচন করতে হলে ২৮ ডিসেম্বরের মধ্যে অবশ্যই জরুরী অবস্থা জারি করা দরকার। অন্যথায় ২৮শে ডিসেম্বরের পরে যে কোন সাধারণ নির্বাচন অনুষ্ঠান করা হলে তা অশাসনতান্ত্রিক বা এক্সট্রা শাসনতান্ত্রিক কর্ম বলে গণ্য হবে। এখন কথা হচ্ছে কেন ২৮ ডিসেম্বর ২০১৩ এর পর সাধারণ নির্বাচন অনুষ্ঠান করা অযৌক্তিক এবং অশাসনতান্ত্রিক হিসেবে বিবেচিত হবে?

আসলে শাসনতন্ত্র তৈরির সময় এবং সংশোধনের সময় কিছু গুরুত্বপূর্ণ বিষয়ে পরিষ্কার ব্যাখ্যা দরকার ছিল। তাহলে শাসনতন্ত্র ব্যবহারের ক্ষেত্রে সতর্কতা আসতো এবং এ সতর্কতাই অপব্যবহারের ক্ষেত্রে বিশাল বাধা হয়ে দাঁড়াত। এক্ষেত্রে অনেকে বলেন যে, "শাসনতন্ত্র এমন একটি বিষয় যাকে বুদ্ধি বিবেচনা ধারা বিশ্লেষন করতে হয় এবং সততা দিয়ে ব্যবহার করতে হয়"। ভালো কথা। কিন্তু যখনই কোন নির্বাচিত সরকারের শেষ সময় এসে উপস্থিত হয় তখন মেয়াদ

পূর্তির সর্বশেষ দিনটি নিয়ে প্রতিবার একটি ভিন্নমতের সৃষ্টি হয়।

কেউ বলেন অমুক দিনটি সরকারের শেষ দিন। আবার কেউ বলেন, না এ দিন না অন্য দিনটি শেষ দিন। দৃশ্যত এ বিশেষ দিনটি নিয়ে কোন ঐক্যমত্য এদেশে এ যাবত কালে কখনো হয়নি। এক্ষেত্রে একটি এক্সট্রা শাসনতান্ত্রিক আচরণ লক্ষণীয় হয় প্রতিবার। এ কারণে মেয়াদ পূর্তির এ শেষদিনটি যদি ফিক্সড করে দেওয়া যেত তাহলে এ জাতি অনেকগুলো ইচ্ছাকৃত এবং অনিচ্ছাকৃতভাবে সৃষ্ট শাসনন্তান্ত্রিক জটিলতা মুক্তি পেয়ে যেত সহজে।

বাংলাদেশের সাধারণ নির্বাচন সংক্রান্ত মেয়াদ পূর্তির এ ঝামেলাটি অতীতে তত্ত্বাবধায়ক সরকার ব্যবস্থার আগে ছিল যদিও তখন কোন সরকারই মেয়াদ পূর্তি দিন পর্যন্ত যেতে পারেনি, তত্ত্বাবধায়ক সরকার ব্যবস্থার সময়ে ছিল এবং বিতর্কিত শাসনতন্ত্র সংশোধন অনুযায়ী বর্তমান স্বঘোষিত তত্ত্বায়বাধায়িকা সরকার ব্যবস্থার সময়েও তৈরি হয়েছে।

আমার সবচেয়ে অবাক লাগে এজন্য যে, কেন সংসদের প্রথম অধিবেশন শুরুর প্রথম দিনকে সরকারের মেয়াদের প্রথম দিন হিসাবে শাসনতন্ত্র সম্মত করা হল? অথচ কেন আজ থেকে পাঁচ বছর আগের সাধারণ নির্বাচনের দিন ২৮শে ডিসেম্বর ২০০৮ কে যুক্তিযুক্তভাবে পাঁচ বছর মেয়াদকালের প্রথম দিন হিসাবে ধরা হচ্ছে না? কেন ২৮শে ডিসেম্বর ২০১৩ এর আগের তিন মাসকে সংবিধান নির্দেশিত সাধারণ নির্বাচনকালীন সময় ধরা হল না? সাধারণ নির্বাচনের দিনকে পাঁচ বছরের প্রথম দিন হিসেবে ধরার প্রধান যুক্তি হচ্ছে যে, সাধারণ নির্বাচনের মাধ্যমে নির্বাচিত ব্যক্তিবর্গরা সংসদে সংসদ সদস্য হিসাবে শপথ নেয়ার এবং প্রথম অধিবেশন ডাকার ও যোগ দেওয়ার অটোমেটিক এবং বাধাহীন অধিকার প্রাপ্ত হন। যেখানে সাধারণ নির্বাচনই সংসদীয় সরকার ব্যবস্থার একমাত্র মূল ভিত্তি সেখানে ঐ বিশেষ দিনটিকে সরকারের মেয়াদের প্রথম-দিন বা শেষ-দিন না ধরা যেমন অযৌক্তিক তেমনি ভীষণ অমিল।

নির্বাচনকালিন সম্পূর্ণ নিরপেক্ষ সরকার ছাড়া এদেশে সুষ্ঠু নির্বাচন কখনই সম্ভব নয় একথা জেনেও যখন বর্তমান প্রধানমন্ত্রী স্বঘোষিত কথিত তত্ত্বায়বধায়িকা সরকার ব্যবস্থা প্রবর্তন করলেন তখন তাকে এ ধরনের অনেক কিছু বিবেচনা করা উচিত ছিল। একদম প্রথম থেকে সে ধরনের দায়িত্বশীল রাজনৈতিক আচরণ করার দরকার ছিল। আর এ দায়িত্বশীল রাজনৈতিক আচরণের ধারাবাহিক পদক্ষেপ হওয়া উচিত ছিল ২৮ শে ডিসেম্বর ২০১৩- এর ঠিক ৯০ দিন আগে তার নিজের পদত্যাগ সহ মন্ত্রীদের পদত্যাগ পত্রগুলো রাষ্ট্রপতির কাছে হস্তান্তর করা। সে সাথে রাষ্ট্রপতি থেকে পরবর্তী প্রধানমন্ত্রী নিয়োগ না হওয়া পর্যন্ত অস্থায়ী দায়িত্ব নেয়া।তারপর বিরোধীদলগুলোর সাথে আলাপ আলোচনা করে একটি অস্থায়ী মন্ত্রীসভা গঠন করে কিংবা গঠন করতে সহায়তা করে নিরপেক্ষ নির্বাচন অনুষ্ঠানের মাধ্যমে নির্বাচিত সরকারের কাছে ক্ষমতা হস্তান্তর করা। কিন্তু সে রকম কিছু তিনি করেননি। কারণ সে রকম যুক্তিসঙ্গত কিছু করার জন্য রাজনৈতিক জ্ঞান

তার নেই। আর এখন সে অবস্থাও নেই বা সে সময় চলে গেছে অনেক আগে। এজন্য কে দায়ী?
দৃশ্যত বাংলাদেশের নির্বাচন কমিশনাররা কখনও শাসনতান্ত্রিক নির্বাচন কমিশনার হতে পারেননি হুকুমের চাকর ছাড়া। সে অনুযায়ী বিশ্লেষণ করা দেখা দরকার যে, ২০০৬ সালের বিতর্কিত নির্বাচন কমিশনার আজিজ সাহেব থেকে তার পরবর্তী নির্বাচন কমিশনাররা কতটুকু ভিন্ন বা উন্নত মানসিকতার।
ফলে সবকিছু বিবেচনায় নিয়ে আবারো বলছি, ২৮শে ডিসেম্বরের মধ্যে জরুরী অবস্থা জারি করে তারপর নির্বাচন অনুষ্ঠান করা শাসনতন্ত্রের জন্য ভালো, গণতন্ত্র এবং রাজনীতির জন্য ভালো। ভালো এদেশের জনগণের জন্য।

১৪ই ডিসেম্বর ২০১৩।

শাপলা চত্বরে এ্যাকশান প্রসঙ্গে

আগেই বলে নেই, আমি হেফাজতে ইসলামের কোন মুখপাত্র নই। এর সাথে কিংবা অন্য কোন ধর্মীয় বা অধর্মীয় রাজনীতির সাথে সংশ্লিষ্ট নই। আমি মধ্যপন্থী রাজনীতিবিদ, রাজনীতির বিচার-বিশ্লেষণ করে এবং দেশের সর্বশ্রেণির মানুষের দাবী কিংবা চিন্তাধারার অনেক কছু আমাকে বিবেচনায় আনতে হয়। কারণ সবার দাবীর সাথে মিলেমিশে আমার নিজের দাবীও জড়িত। তা হচ্ছে আমার নিজের রাজনৈতিক অধিকার, আমার এদেশ শাসনের অধিকার। কিন্তু কোথায় আমার অধিকার?
আমি বুদ্ধিদীপ্ত রাজনীতিতে বিশ্বাস করি। পারিবারিক কিংবা সুবিধাবাদী আনুগত্যের রাজনীতিতে বিশ্বাস করি না। বিশ্বাস করি না রাজনীতির নামে প্রতারণা করা। গত ত্রিশ বছরের বেশি সময় ধরে অনেককে দেশ এবং রাজনীতি শাসন করতে দেখেছি। কিন্তু যোগ্যতার মাপকাঠিতে দেশ শাসনের জন্য এরা কেউ নয়। এদের কাজ হচ্ছে লুটপাট করা। উন্নয়নের নামে ভুলভাবে উন্নয়ন করে এদেশকে ধ্বংস করা। এদেশের ভবিষ্যতকে নষ্ট করা।
আমি হেফাজত ইসলামের দাবী এবং অবস্থান ধর্মঘট অন্যসব রাজনৈতিক ঘটনার মতই স্বাভাবিক মনে করি। এ কারণে যে এটি একটি গনতান্ত্রিক এবং রাজনৈতিক আচরণ। যেখানে অসংখ্য মানুষের সংযোগ আছে। দাবী আছে। আছে প্রতিবাদের ভাষা। সে সাথে আছে দৃঢ়তা।
তা না হলে কী করে তারা দেশের সে প্রত্যন্ত অঞ্চল থেকে শত শত মাইল পার হয়ে অনেক বাধা অতিক্রম করে এসে দেশের সমস্ত সুবিধাবাদী রাজনীতি এবং লুটপাটের কেন্দ্রবিন্দু ঢাকায় এসে আন্দোলন করে। প্রতিবাদ করে। তাদের আন্দোলন এদেশের নষ্ট চরিত্রের রাজনীতির প্রতি একটা চ্যালেঞ্জ। এজন্য তা অন্য বিরোধী রাজনৈতিক দলগুলির আন্দোলনের চেয়েও ভিন্নতর এবং শক্তিশালী।

এ বিষয়ে বিস্তারিত বলার আগে শাপলা চত্বরে সরকার এবং সরকারী দলের হামলার কথা না বললেই নয়। রাজনৈতিক আন্দোলন হোক আর অন্য যে কোন কর্মক্ষেত্রে হোক সবক্ষেত্রেই পরিশ্রান্ত মানুষের বিশ্রাম দরকার, দরকার ঘুমের। আর এসব পরিশ্রান্ত-ঘুমন্ত মানুষদের উপর আধুনিক অস্ত্র দিয়ে রাতের অন্ধকারে হামলা করে তাদের আহত-নিহত করে আহতসহ নিহত লাশগুলো গুম করে ফেলা, এবং ভোর হওয়ার আগে গণহত্যার সমস্ত প্রমাণ মুছে দেয়া কোন জাতির পিতার আদর্শ?

আদর্শ কথা দিয়ে, গল্পের ইতিহাস তৈরি করে হয় না। আদর্শ উপস্থাপন কিংবা প্রতিষ্ঠার যুক্তিসংগত দিক আছে, অনেক বিচার-বিশ্লেষণ আছে। যেখানে বাস্তবে কোন আদর্শ নেই সেখানে কিসের স্বাধীনতা? সে অর্থে আদর্শের নামে রাষ্ট্র শাসনের এ কেমন অধিকার? কুশাসন আর দুর্নীতির রেকর্ড গড়া আর ভাঙ্গার অধিকার? মানুষের সাথে পশুর মত আচরণের অধিকার?

কোনভাবেই আমি কোন কারণ খুঁজে পাচ্ছি না হেফাজতের আন্দোলনের প্রতি এমন নিষ্ঠুর আচরণ সরকারের এবং অন্যান্য কায়েমী স্বার্থবাদী গোষ্ঠীর। কিইবা ছিল তাদের দাবীগুলো? নিতান্ত সাদাসিধা কতকগুলো দাবী যা তাদের পারিপার্শ্বিক অবস্থার সাথে সংশ্লিষ্ট, সংশ্লিষ্ট এদেশের অনেক সাধারণ মানুষের চিন্তাধারার সাথে।

যদিও তা এদেশের অনেক সুবিধাবাদী গণতান্ত্রিক এবং তথাকথিত প্রগতিশীল মুখোশধারীদের কাছে যারা গণতন্ত্র এবং প্রগতির অর্থ বুঝে না, এর গভীরতা জানে না তাদের কাছে অন্য কিছু বলে মনে হয়। যারা নিজেদের রাজনৈতিক, সামাজিক এবং গণতান্ত্রিক দায়িত্ব পালনের ব্যর্থতা সম্পর্কেও সজাগ নয়, অন্যের গণতান্ত্রিক অধিকারকে যারা সম্মান দেখাতে পারে না এবং বিচার-বিশ্লেষণ করে সমাধান করতে পারে না তারা কী করে এদেশে গণতন্ত্র এবং প্রগতির কিছু হয়ে যায়? কী করে গণতন্ত্র এবং প্রগতির মুরব্বি বনে যায়?

যে দাবীনামা ঘোষণা করা হয়েছিল হেফাজতে ইসলামের পক্ষ থেকে তা ছাড়া অন্য কী দাবীনামা তাদের পারিপার্শ্বিক অবস্থার সংশ্লিষ্ট ছিল? দেশের কৃষক-শ্রমিক এবং অন্যান্য মানুষেরা যদি কোন দাবী নামা পেশ করে কিংবা তা নিয়ে আন্দোলন করে তাহলে তা কী ধরনের হতে পারে? কী দাবী নামা হতে পারে এ ঢাকা শহরের বসবাসরত বেশিরভাগ মানুষের যারা আজ বিভিন্ন ভাবে নির্যাতিত। দ্রব্যমূল্যে সহ অন্য সব ধরনের অর্থনৈতিক চাপে নিষ্পেষিত? নিশ্চয় ফেন্সিডিলের অবাধে পাওয়ার দাবী নয়। যে ফেন্সিডিল আজ প্রধানমন্ত্রী থেকে শুরু করে দেশ ও সমাজের তথাকথিত চালক শ্রেণির কাছে খুবই সমাদৃত। চুক্তি করে ভারত থেকে পানি আনতে পারেননি কিন্তু ফেন্সিডিল আনছেন অবাধে। এ ফেন্সিডিল দিয়ে জাতিকে ধ্বংস করে দেশ উদ্ধার করবেন– এটি যাদের ইচ্ছা তাদের কাছে হেফাজতসহ দেশের সমস্ত সাধারণ মানুষের দাবীগুলো অন্য রকম মনে হতে পারে এবং হচ্ছে।

বাস্তবে এদেশের মানুষের ইচ্ছা-অনিচ্ছা আশা-আকাঙ্ক্ষা উপেক্ষিত হচ্ছে

রাজনীতি, গণতন্ত্র, আইনের শাসনে এবং উন্নয়নে অজ্ঞ কিন্তু লুটপাটে পরিপক্ব সরকার, রাবার স্ট্যাম্প মার্কা সংসদ এবং রিমোটে নিয়ন্ত্রিত বিচারালয় দিয়ে। কী করার আছে এদেশের মানুষের প্রতিবাদ করা ছাড়া-কঠোর আন্দোলন করা ছাড়া?

শাহবাগ আন্দোলনের কথা ভাবুন। শুধুমাত্র কাদের মোল্লা, গোলাম আযম, নিজামী, সাঈদী সহ অন্যান্য অপরাধীদের ফাঁসির জন্য সর্বশ্রেণীর মানুষ শাহবাগে গিয়েছিল? না অন্য কোন কারণ ছিল? আবার দেশের বিভিন্ন অঞ্চলের কিছু সাধারণ মানুষের কথা ভাবুন যারা যুদ্ধ অপরাধীদের ফাঁসির প্রতিবাদে পুলিশের নির্বিচার গুলিতে প্রাণ দিয়েছিল। কিন্তু ঐসব যুদ্ধাপরাধীদের ফাঁসি হলে কী আর না হলেই কী?

এরাও এদেশের সে সব নষ্ট এবং সুবিধাবাদী রাজনৈতিক সিন্ডিকেটের অংশ। যারা কেউ ধর্মের নামে, কেউ ধর্মহীনতার নামে কেউ ধর্মনিরপেক্ষতার নামে এবং কেউ রাজনীতিতে পারিবারিক উত্তরাধিকারের দাবী নিয়ে নিজেদের আপন আপন লাভ ক্ষতির হিসাব মিলাতে ব্যস্ত। তাহলে ঐসব মানুষেরা কেন প্রতিবাদ করলো? নারী-শিশু-পুরুষ নির্বিশেষে কেন অগণিত মানুষ প্রাণ দিলো পুলিশের গুলিতে?

একাত্তরের যুদ্ধের পক্ষ-বিপক্ষের স্বার্থপরতা, লোভ-লালসা, বিভিন্ন উপায়ে লুটপাটে এদেশের মানুষ আজ আশাহত। আজ এ দুটি পক্ষই নারী পুরুষ নির্বিশেষে দুর্নীতি লুটপাটের সাথে সাথে গণহত্যার মত অপরাধে অপরাধী। এদেশের সব শ্রেণির মানুষ আজ নিজেদের জানা-অজানায় বিক্ষুব্ধ হয়ে আছে। প্রতিবাদে উত্তাল হয়ে পরিবর্তন আনতে চায়। প্রতিবাদের জন্য সংঘবদ্ধ হতে চায়, প্লাটফর্ম চায়, সঠিক ভাষা চায়, চায় সঠিক নেতৃত্ব। আর এজন্য যে যেভাবে পারছে প্রতিবাদ করছে। কিংবা প্রতিবাদে শামিল হচ্ছে এবং হতে চাচ্ছে।

দেশের সর্বশ্রেণির মানুষের এ ইচ্ছাকে যারা বুঝে না বা বুঝতে চায় না তারা অবহেলা করছে বাস্তবতাকে। আর যারা এ ইচ্ছাকে ভয় পায় তারা এটিকে ভিন্ন খাতে প্রবাহিত করার চক্রান্তে লিপ্ত হয়েছে বিভিন্নভাবে। কোথাও নিজস্ব ইচ্ছার পুতুল নেতৃত্ব দাড় করিয়ে। কোথাও গুলি করে মানুষ হত্যা করে। গণহত্যা করে লাশ গুম করে। মিডিয়ার অপরিপক্ব, আনাড়ি এবং লোভী অংশকে ব্যবহার করে প্রপাগান্ডার মাধ্যমে ।

আজ আমাদের দেশের সবচেয়ে বড় সমস্যা ৪৫ আগে বছর যা হয়েছিল তা নয় বরং আমাদের সবচেয়ে বড় সমস্যা এখন যা হচ্ছে সেগুলো। বর্তমানে এদেশে গনতন্ত্রহীনতা, আইনের শাসনের অভাব, শোষণ বঞ্চনা এবং দুর্নীতি লুটপাটই হচ্ছে সবচেয়ে বড় সমস্যা। আর এগুলো হচ্ছে এদেশে মুক্তিযুদ্ধের চেতনার নামে এবং যুদ্ধাপরাধের বিচারের নামে বড় বড় বুলি আউড়িয়ে।

কিন্তু যারা যুদ্ধাপরাধ করেনি। যারা দুর্নীতি-লুটপাটের বিরুদ্ধে। যারা শোষণ বঞ্চনার বিরুদ্ধে। যারা গণতন্ত্র এবং আইনের শাসনের পক্ষে। তারা কেন ভিন্ন ভিন্ন অবস্থানে অবস্থান করে নিজেদের বিক্ষুব্ধতা প্রকাশ করে যাচ্ছে? কেন তারা ভিন্ন ভিন্ন অবস্থানে থেকে কায়েমী স্বার্থবাদীদের স্বার্থে নিজেরা একে অপরের বিরুদ্ধে লড়ে যাচ্ছে? আজ সময় এসেছে এসব বিক্ষুব্ধ মানুষদের এক করার। একই প্লাটফর্মে নিয়ে আসার। সবাইকে প্রতিবাদের এক এবং অভিন্ন ভাষা দেওয়ার।

মে ২০১৩।

ছাত্রলীগের একাল সেকাল!

আমি যেসময় ছাত্রলীগ করতাম তখন ছিল ছাত্রলীগের খুব কঠিন সময়। ঢাকা শহরের মিরপুরের বাংলা কলেজ এবং ঢাকা বিশ্ববিদ্যালয়ের জহুরুল হক হল বাদে অন্য কোথাও ছাত্রলীগের তেমন কোন শক্ত ঘাটি ছিল না। সর্বত্রই ছিল এরশাদের জাতীয় ছাত্র সমাজের রমরমা অবস্থা। আর ঢাকা বিশ্ববিদ্যালয়, ঢাকা কলেজ এবং ইডেন কলেজ ছিল ছাত্রদলের শক্ত ঘাটি। সেসময় (এমন কি আজও) উচ্চবিত্ত, মধ্যবিত্ত এবং নিম্ন মধ্যবিত্ত পরিবার থেকে আসা তরুণেরা সংকীর্ণ এবং ক্ষণস্থায়ী স্বার্থের বিষয়টি খুব গুরুত্ব দিত। এটি ছিল আমাদের দেশের ১৯৭১ সালের প্রথম থেকে ১৯৭৫ সালের শেষ পর্যন্ত চলতে থাকা ভুল, ক্ষীণদৃষ্টি সম্পন্ন এবং আভিজাত্যহীন রাজনীতির ফসল। এর কারণেই দেশ, জাতি, সমাজ ইত্যাদি নিয়ে মানুষের আদর্শিক চিন্তা চেতনার গিঁট হালকা হয়ে যায়। দিন দিন মানুষ স্বার্থপর হয়ে উঠতে থাকে। সুবিধাবাদীদের সুবিধাজনক অবস্থান পর্যবেক্ষণ করে করে।

ফলে আমার সময়ে দেশের বেশির ভাগ আর্থিকভাবে সচ্ছল পরিবারের ছেলেরা ছাত্রলীগ করতে আসত না। আবার আওয়ামী লীগ সমর্থিত সচ্ছল পরিবারের ছেলে মেয়েরাও সক্রিয়ভাবে ছাত্রলীগ করত না। (যদিও ক্ষমতায় আসার পর তারাই সব সুবিধা ভোগ করে যায়।) এই ঢাকা শহরের বিভিন্ন ওয়ার্ড, থানা এবং বিভিন্ন কলেজ ও বিশ্ববিদ্যালয়ের হলগুলোর ছাত্রলীগের পূর্নাংগ কমিটি করার জন্য সে সংখ্যক ছাত্র পাওয়া যেত না। ফলে পূর্নাংগ কমিটি করার জন্য গোঁজামিলের আশ্রয় নিতে হত। ঢাকা বিশ্ববিদ্যালয়ে মিছিল করার জন্য সে সংখ্যক ছাত্রছাত্রী পাওয়া যেত না। ফলে ঢাকার বিভিন্ন কলেজ থেকে ছাত্রলীগ নেতা কর্মী এনে ঢাকা বিশ্ববিদ্যালয়ে মিছিল করানো হত। এটিই ছিল ১৯৮১ সালের পর থেকে ১৯৯০ সালের আগ পর্যন্ত ছাত্রলীগের বাস্তবতা।

ঢাকা মেডিক্যাল কলেজ এবং বুয়েটের অবস্থা ছিল খুব খারাপ। ছাত্রলীগ করত খুব হাতে গোনা কয়েকজন। যথেষ্ট সংখ্যক ছাত্র সমর্থন না থাকা সত্তেও ঢাকা মেডিক্যাল কলেজ, বুয়েটে এবং জাহাঙ্গীরনগর বিশ্ববিদ্যালয়ে ছাত্র সংসদ নির্বাচনে ছাত্রলীগ ভিপি পদগুলোতে জয় লাভ করেছিল। ছাত্র সংগ্রাম পরিষদের কারণে এবং সে সময়ের ডাকসু ভিপি এবং ছাত্রলীগ সভাপতি সুলতান মোঃ মনসুর আহমেদের সফল নিগোসিয়েশানে। যদি কেন্দ্রীয় ছাত্র সংগ্রাম পরিষদ এবং সুলতান ভাইয়ের হস্তক্ষেপ না থাকত তাহলে ঐ তিনটি উচ্চ শিক্ষা প্রতিষ্টানে ছাত্রলীগ ভিপি পদে পাশ করাতো দূরের কথা খুব কম ভোট পেত। কিন্তু আজ যেখানেই যাই এবং যার সাথে দেখা হয় আমাকে সে সময়কার অনেক গল্প বানিয়ে

বলে যায়। যারা ছাত্রলীগ করতো না তারা আজ সুবিধা পাওয়ার জন্য নিজেদের ছাত্রলীগ পরিচয় দিয়ে যায় নির্লজ্জের মত। আমি শুধু চুপ করে শুনে যাই।

সে সময়ে যারা কলেজ বিশ্ববিদ্যালয়ে সক্রিয়ভাবে সার্বক্ষণিক ছাত্রলীগ করতো তাদের আর্থিক অবস্থা অতটা ভালো ছিল না। ফলে প্রায়ই আওয়ামী লীগ নেত্রী হাসিনা অনুযোগ করতেন যে ছাত্রলীগের নেতা কর্মীরা সাধারণ ছাত্র ছাত্রীদের ইমপ্রেস করতে পারছে না ছাত্রলীগে যোগদান করার বিষয়ে। আসলে হাসিনার ঐ অনুযোগের খুব একটি ভিত্তি ছিল না। হাসিনা ছাত্রলীগ নেতা-কর্মীদের খুব একটি আর্থিক সহযোগিতা করতেন না। বড় ধরণের চাঁদা পেলে বা মোটা অংকের ধান্ধা হলে তিনি তা সাথে সাথে তার ভারতীয় ব্যাংক একাউন্টে পাঠিয়ে দিতেন ফিক্স ডিপোজিট করার জন্য। অন্যদিকে সাধারণ ছাত্রছাত্রীরা আওয়ামী লীগ এবং ছাত্রলীগের নিকট ভবিষ্যৎ সম্বন্ধে সন্দিহান ছিল। আমরা যে খুব তাড়াতাড়ি ক্ষমতায় আসতে পারবো না তা তারা বুঝতে পারতো। ফলে আমাদের সাথে ছাত্রলীগ করতে এবং মিশতে চাইতো না। কারণ ওরা বুঝতে পারতো কোন ঝামেলা হলে আমরা প্রটেকশান দিতে পারবো না। আবার যারা সৎ এবং আদর্শিক রাজনীতির চিন্তা করতো তারা ছাত্রলীগে আসার চাইতে বামপন্থী রাজনীতির দিকে বেশি ঝুঁকত। কারণ আমাদের কাছে মুজিব আদর্শ নামক দুটি ফাঁপা বুলির শব্দ ছাড়া আর কিছুই ছিল না। এ দুটির শব্দের সাথে ছিল স্বাধীনতা এবং মুক্তিযুদ্ধ ইত্যাদি বিষয়। যা এদেশের বেশীরভাগ মানুষদের কাছে পরিণত হয়েছিল স্বাধীনতার এবং মুক্তিযুদ্ধের নামে রাজনৈতিক এবং অর্থনৈতিক ফায়দা লোটার হাতিয়ার হিসেবে।

আসলে স্বীকার করতে বাঁধা নেই যে আজ সে অবস্থার অনেক অনেক উন্নতি হয়েছে। সে কৃতিত্ব একমাত্র আওয়ামী লীগ সভানেত্রী হাসিনার। কয়েক বার ক্ষমতায় এসে আগের অবস্থার অনেক অনেক পরিবর্তন করে ফেলেছেন। তবে কোন ধরণের গুণগত পরিবর্তন হয়নি। যে কারণে আগে ছাত্ররা জাতীয় ছাত্র সমাজ বা ছাত্রদল করতো সে কারণে আজ তারা ছাত্রলীগ করছে। কারণ হাসিনা যতবার ক্ষমতায় এসেছেন অন্যদের মত এক প্রকার পেছনের দরজা ব্যবহার করেই এসেছেন। সময় নিয়ে সৎ এবং আদর্শবান নেতা কর্মী তৈরি করে জনগণের আস্থা নিয়ে আসেননি। ফলে ছাত্রলীগে পঙ্গপালের সংখ্যা বেড়েছে। আবার আদর্শবান নেতা কর্মীর সংখ্যা কমেছে অনেক। প্রায় নেই বললেই চলে। কারণ পাল্লা দিয়ে টিকতে পারছে না। হাসিনার কৃতিত্ব বলতে এখানেই। আর এটি সম্ভব হয়েছে নিজের ক্ষমতার স্বার্থে ছাত্রলীগকে পলিউটেড করে বুড়িগঙ্গার জলের মত নোংরা করে ফেলে। এতে তাকে সহযোগিতা করেছে এমন কিছু নেতারা যারা

অন্য দল থেকে এসে ছাত্রলীগ এবং আওয়ামী লীগে সুবিধাজনক অবস্থান নিয়ে নিয়েছিল। বামপন্থী বা বামপন্থী নামধারীরা নিজেদের বলয় থেকে যখন সরে এসে অন্য দলে যোগ দেয় তখন এরা ভয়ংকর রকমের সুবিধাবাদী হয়ে উঠে। আনুগত্য এবং মোসাহেবিতে এদের সাথে সংগঠনের আসল নেতা কর্মীরা কখনও পেরে উঠে না।

বলতে গেলে এর দ্বিতীয় ধাপের যাত্রা শুরু হয়েছিল ১৯৯১ সালের সাধারণ নির্বাচনে আওয়ামী লীগের পরাজয়ের পর থেকে। ঐ সময়ে আওয়ামী লীগে টাকাওয়ালাদের সাথে সাথে বামপন্থীদের ব্যাপক অনুপ্রবেশ ঘটেছিল। আসলে সে সময় নির্বাচনে আওয়ামী লীগের পরাজয়কে ভুলভাবে বিশ্লেষণ করা হয়েছিল। বলা হয়েছিল যে, নির্বাচনে টাকাওয়ালাদের নমিনেশন না দেওয়ার কারণে আওয়ামী লীগ হেরে গিয়েছিল। বাস্তবে হারার প্রধান কারণ ছিল হাসিনার রাজনৈতিক অপরিপক্বতা এবং অজ্ঞতা। একদিকে যেমন নির্বাচন ব্যবস্থায় সীমাহীন ত্রুটি ছিল তেমনি আওয়ামী লীগ প্রধান হিসেবে হাসিনা কখনও জনগণের আস্থা পুণঃউদ্ধারের জন্য সে ধরণের কোন যুক্তিসঙ্গত পদক্ষেপ নেননি। শুধুই বলে গিয়েছেন ১৯৭৫ সালের ১৫ই আগস্ট হত্যাকাণ্ডের বিচার হলেই দেশের সব অবস্থার উন্নতি হয়ে যাবে। জনগণকে পরিষ্কারভাবে বুঝানোর কোন চেষ্টা তিনি করেননি- কিভাবে তিনি জনগণের অর্থনৈতিক এবং রাজনৈতিক অবস্থার পরিবর্তন ঘটাবেন। জনগণ যেমন সে ধরণের কোন পরিকল্পনা দেখেনি তেমনি দেখেনি কোন ধরনের হোম ওয়ার্ক। নির্বাচনের একমাস আগে কোন এক ধরণের ইশতেহার দিয়ে দিলেই দেশের জনগণ তা হাততালি দিয়ে গ্রহণ করে নেবে এ ধারণাটি ভুল। আর ক্ষমতায় এসে জনগণকে বাদ দিয়ে কথিত উন্নয়নের নামে যেসব কিছু চাপিয়ে দেওয়া হচ্ছে তা জনগণ গ্রহণ করছে না। কারণ যে কথিত উন্নয়ন করা হবে তা আগে থেকে দেশের জনগণকে জানানো হয়নি। বুঝানো হয়নি। পর্যালোচনা করা হয়নি। এতে জনগণের রাগ বা অভিমান কত গভীর তা বুঝা যেত যদি কোথাও সুষ্ঠু এবং নিরপেক্ষ নির্বাচন হত। কারণ দেশের জনগণ উন্নয়নকে দেখছে লুটের জন্য কিছু করতে হয় তাই করে যাওয়া।

তবে আমাদের দেশের ছাত্র রাজনীতির সবচেয়ে ভয়ংকর বিষয় হচ্ছে পার্টিতে গণতন্ত্রের কোন ধরণের চর্চা না থাকা। মুখে গণতন্ত্রের জন্য অনেক কথা বলা হলেও বাস্তবে গণতন্ত্রের অনুপস্থিতি সর্বত্র দৃশ্যমান। আবার পার্টির কেহ কোনদিন গণতন্ত্রের কথা বললেই তিনি চিহ্নিত হয়ে যান এবং কোণঠাসা হয়ে যান। ফলে যারা ছাত্র রাজনীতি করে তারা অনেকে বিবেক বিবেচনা হারিয়ে নিজের স্বার্থ আর সুবিধার বিষয়টি বেশি দেখে। অন্যদিকে কথিত মুক্তিযুদ্ধ এবং এর সাথে জুড়ে

থাকা কথিত চেতনার বিষয়টি এত পচে গিয়েছে যে তরুণ যুবকদের মনে দেশ এবং জাতি প্রেম সেভাবে জাগ্রত হচ্ছে না। সবাই কেমন যেন বিভ্রান্তির অতলান্ত সাগরে ডুবে গিয়েছে। এর থেকে উত্তরণের উপায় হচ্ছে ১৯৭১ সাল এবং ১৯৭১ সালের আগের ইতিহাসকে নিরপেক্ষভাবে বিশ্লেষণ করা। আমাদের চেতনা এবং প্রতিযোগিতার টার্গেটি ঠিক করা। আমরা এখন স্বাধীন আছি না প্রতিবেশী দেশের কোন এক ধরণের স্বায়ত্তশাসন নিয়ে আছি তা বুঝতে চেষ্টা করা এবং এ অবস্থা থেকে সরে আসার জন্য জনমত পরিচালনা করা।

আসলে আমরা উর্দুর বিরোধিতা না জেনে না বুঝে এমনভাবে করেছিলাম যে আজ হিন্দির কাছে আমাদের আত্মসমর্পণ করতে হয়েছে। ১৯৪৭ পরবর্তী উর্দু বিরোধিতার ভুল কৌশলগুলো পর্যায়ক্রমে আমাদের নীরবে টেনে নিয়ে এসেছে বর্তমানের পরাধীনতার আর একটি জটিল ধাপে। ১৯৪৭ পরবর্তী এবং ১৯৭১ সালের আগে পরের ছাত্র রাজনীতি আমাদের ভুল পথে নিয়ে গিয়েছিল। আজও আমরা ভুল পথেই আছি। আমাদের জাতীয় স্বার্থটি আসলে কি এটি উপলব্ধি করতে ভুল করছি কিংবা অবহেলা করে যাচ্ছি সংকীর্ণ স্বার্থের কারণে। এ অবক্ষয় এদেশের সর্বত্রই বিরাজমান।

ছাত্র রাজনীতির যুক্তি এবং কৌশলগুলো যদি হাসিনা-খালেদার ব্যানেটি ব্যাগ থেকে আসে কিংবা অন্য কারো পকেট থেকে আসে তাহলে সর্বনাশের আর কোন সীমা পরিসীমা থাকে না। হাসিনা বা খালেদারা ক্ষমতায় থাকাকালীন সময়ে অজ্ঞতা, অবহেলা এবং দ্বায়িত্বহীনতার কারণে যদি কোন ভুল করে ফেলেন সে ভুল শোধরাবার জন্য ছাত্র রাজনীতি থেকে সম্মিলিতভাবে কোন প্রেশার আসে না। বরং ভুলের পক্ষে সাপোর্ট আসে। আমাদের জাতীয় জীবনের সবচেয়ে ক্ষতিকর দিক হচ্ছে এটি। ফলে আমরা প্রতিনিয়ত হারছি এবং জাতীয় স্বার্থ ব্যাপকভাবে ক্ষতিগ্রস্ত হচ্ছে। সমুদ্র আদালতে আমরা হেরেছি অথচ হাসিনা আওয়ামী লীগ ছাত্রলীগকে বুঝিয়ে দিয়েছিলেন যে আমরা জিতে এসেছি। এতেই সবাই না জেনে না বুঝে বোকার মত আনন্দে উল্লাসে ফেটে পড়েছে। কিন্তু যখন সবাই বুঝতে পারলো যে সরকার খামখেয়ালিপনা করে মারাত্মক ভুল করে আমাদের ডুবিয়েছেন তখন সরকারের কাছ থেকে তার জবাব চাওয়া হয়নি। আবার সীমান্তে ভারতীয় গণহত্যার প্রতিবাদে ছাত্র রাজনীতি থেকে কোন প্রতিবাদ বিক্ষোভ হয়নি। ফলে যে প্রশ্নটি সর্বপ্রথম এসে যায় তাহলো ছাত্র রাজনীতি আসলে কিসের জন্য?

কয়েক মাসের ব্যবধানে সারা দেশ ব্যাপি ছাত্র আন্দোলন হয়ে গেল। এই আন্দোলনে হাসিনা, ছাত্রলীগ এবং আওয়ামী লীগের ভূমিকা ছিল ভিলেনের মত। হাসিনা সরকারেরর ভুল নেতৃত্বের কারণে ছাত্রলীগ ঐ আন্দোলনের সাথে সম্পৃক্ত

না হয়ে বরং আন্দোলন দমনে মারমুখী ভূমিকা নিয়েছে। আর আওয়ামী লীগ ঐ আন্দোলনকে কালার দিয়েছে বিরোধী দলের ষড়যন্ত্র হিসেবে। সাধারণ জনগণ বা সাধারণ ছাত্রদের আবেগ অনুভূতি এবং চিন্তা চেতনাকে হিসেবের মধ্যে নিয়ে সুবিবেচনা না করে নির্দয়ভাবে দমন করা হয়েছে। এখানেই হাসিনা, আওয়ামী লীগ এবং ছাত্রলীগ হেরে গিয়েছে। যে আঘাত দেশের স্কুল, কলেজ এবং বিশ্ববিদ্যালয়ের শিশু এবং তরুণেরা দেহে এবং মনে পেয়েছেন তার ক্ষতিকর দিকটি হাসিনা, আওয়ামী লীগ এবং ছাত্রলীগের জন্য অবশ্যই দীর্ঘমেয়াদী। পরিত্রাণের সহসা কোন উপায় নেই। অথচ ছাত্রলীগ নেতৃবৃন্দ নিজেদেরকে এই আন্দোলনের সাথে পুরোপুরি সম্পৃক্ত করে ছাত্রদের বৃহত্তর স্বার্থের কথা চিন্তা করে সাধারণ ছাত্রদের নিয়ে সরকারের সাথে নেগোসিয়েসান করতে পারত। কিংবা মধ্যস্থতা করতে পারতো। কিন্তু সে কাজটি ছাত্রলীগ করতে পারেনি। বরং বিরোধিতা করেছে চরমভাবে চরমপন্থা অবলম্বন করে।

প্রধানমন্ত্রী হাসিনা হয়ত এর জবাবে ধানমন্ডীতে তার অফিসে হামলার বিষয়ে প্রশ্ন তুলবেন। কিন্তু এর প্রশ্নের জবাব আমার কাছে আছে প্রধানমন্ত্রী হাসিনার কাছে নেই। কারণ প্রধানমন্ত্রী হাসিনা কখনও আমার মত তৃনমূল থেকে রাজনীতি করে উঠে আসেননি। ফলে আমি ভালো করেই জানি ওয়ার্ড পর্যায়ে ছাত্রলীগ সহ বিভিন্ন লীগের সাথে সম্পৃক্ত অছাত্র, চাঁদাবাজ এবং নেশাখোরের ভূমিকা। এরা গুলিস্তানের আওয়ামী লীগ অফিসকে কেন্দ্র করে কিভাবে কি উদ্দেশে এদিক সেদিক হামলা করত তা আমি যখন ছাত্রলীগ করতাম পর্যবেক্ষণ করেছিলাম দীর্ঘদিন। ফলে এ ধরণের হামলার জবাবে সাধারণ ছাত্ররা যদি আওয়ামী লীগ অফিস মুখী মিছিল নিয়ে যাত্রা করে থাকে তাকে দোষ দেওয়া যায় না। সহানুভূতি নিয়ে দেখতে হয়। সে সহানুভূতি দেখাতে ৭০ বছর বয়সী প্রধানমন্ত্রী হাসিনা ব্যর্থ হয়েছেন। ছাত্রলীগ সহ বিভিন্ন লীগের সশস্ত্র হামলায় আন্দোলনরত যত নিরস্ত্র ছাত্রছাত্রীরা জখম হয়েছেন প্রধানমন্ত্রী হাসিনা তাদের দেখতে যাননি। সহানুভূতি নিয়ে চিকিৎসার ব্যবস্থা করেননি। আইনি বিষয়ে সাধারণ ক্ষমা ঘোষণা করেননি। বরং হামলাকারী বিভিন্ন লীগদের পরোক্ষভাবে পিঠ চাপিয়েছেন হাঁসি মুখে। এখানেই প্রধানমন্ত্রী হাসিনার রাজনৈতিক অদূরদর্শিতার বিষয়টি চোখে আঙুল দিয়ে দেখিয়ে দিয়েছে। একটি "টোটাল ইনজাস্টিজের" দেশে "জাস্টিস" চাওয়া যে কত বড় ধৃষ্টতা তা তিনি দেশের সাধারণ ছাত্রছাত্রী এবং তাদের অভিভাবকদের বুঝিয়ে দিয়েছেন নিষ্ঠুরভাবে।

আগস্ট ২০১৮

পদ্মা সেতুর কিছু বিশেষ কথা!

যেখান যেখান দিয়ে পদ্মা সেতুগুলো তৈরি করার পরিকল্পনা করা হয়েছে সেখান সেখান দিয়ে পদ্মা সেতু তৈরি করার পক্ষে আমি নই। এমনকী দুটোর বদলে ঢাকা জেলার নবাবগঞ্জের বিশেষ একটি জায়গা দিয়ে ফরিদপুর জেলার বিশেষ একটি জায়গার সংযোগে একটি সেতু তৈরি করার পক্ষে আমি। সে সাথে এ সেতু ব্যবহার করে উত্তর বঙ্গে যাতায়াতের জন্য রাজবাড়ি ও কুষ্টিয়া জেলার সীমান্ত সংলগ্ন কোন এক পয়েন্ট থেকে পাবনা জেলার কোন এক বিশেষ পয়েন্ট দিয়ে আরেকটি সেতু একই সাথে তৈরি করার জন্য পরামর্শ আমার।

আমার এ ইচ্ছা বা পরামর্শের পক্ষে কিছু গুরুত্বপূর্ণ যুক্তি আছে যার অল্পকিছু প্রকাশ্যে বলা যায়, অন্যগুলো কখনও নয়। যা প্রকাশ্যে বলা যায় তাই প্রথমে বলেছিলাম অনেকদিন অপেক্ষার পরে একজন গুরুত্বপূর্ণ কাউকে গত বছর। তিনি ঢাকা বিশ্ববিদ্যালয়ের প্রফেসর। তার আগে বলতে চেয়েছিলাম জাপানীদের। জাপানীরা আমাকে বললেন, বাংলাদেশের সেতু বিভাগকে বলতে। আমি ওদের বললাম, সংশ্লিষ্ট সকলে পদ্মা সেতু তৈরির টাকা ভাগাভাগিতে ব্যস্ত, ওরা কী আমার কথা শুনবে? তার চাইতে তোমরা আমার কথা আগে শোন তারপর তোমরা ওদের বল যদি আমার কথায় যুক্তি থেকে থাকে। ওরা আবারো একি কথা বলল।

আমার উল্লিখিত প্রস্তাবে প্রথমে যে প্রশ্ন স্বাভাবিকভাবে উঠছে তা হচ্ছে মাওয়া পয়েন্টের কী হবে? এত অর্থ, সময় এবং চেষ্টার সবকিছু কী জলে যাবে? এ বিষয়ে আমার বক্তব্য হচ্ছে যে মাওয়া পয়েন্টে ব্রিজ তৈরির ভুল পরিকল্পনাটি এখনি বাদ দিয়ে উপরে উল্লেখিত পয়েন্টগুলোতে ব্রিজগুলো তৈরির জন্য যুদ্ধ সময়কালীন জরুরী ভিত্তিতে কাজে নামা।

মাওয়া পয়েন্টে ভুল পরিকল্পনার রাজনৈতিক-অরাজনৈতিক দায়-দায়িত্ব আমাদের সকলের। কাজেই এটি বাদ দেওয়া হলে লোকলজ্জা কিংবা সমালোচনার কোন বিষয় আসবে বলে মনে হয় না। ভুল শুধরে সঠিক পরিকল্পনায় কাজ করলে জনমনে স্বস্তি আসবে। এমনিতে আমাদের দেশে ইঞ্জিনিয়ারিং চিন্তাধারা এবং পরিকল্পনার অবস্থা খুব দুর্বল এবং যুক্তিহীন। আর তার সাথে যদি যুক্ত হয় হাসিনা-খালেদার মাথা তাহলে তো আর কথা নেই। সব রসাতল। সব যন্ত্রণাকর। এবং কতটুকু তা হাড়ে হাড়ে টের পাই এ ঢাকা শহরে, ঘর থেকে বেরুলে এবং যেখানেই যাই।

নারী ক্ষমতায়ন কে না চায়, কিন্তু আমাদের দেশে যেভাবে হচ্ছে সেভাবে নয়। ইউরোপ-আমেরিকা, জার্মান-জাপান এবং অন্যান্য উন্নত পশ্চিমা দেশগুলো পুরুষ নেতৃত্বের সুচিন্তিত তত্ত্বাবধানে উন্নয়নের সঠিক এবং মজবুত ভিতের উপরে দাঁড়ানো। সেখানে যদি দু-একজন এঞ্জেলা-হিলারি এসে একটু লম্ফ-জম্ফ করেন

তাতে ক্ষতি নেই। বরং খুব সৌন্দর্যকর এবং মনোমুগ্ধকর বোধ হয়। কিন্তু আমাদের দেশের উন্নয়নের দুর্বল ভিতের উপরে হাসিনা-খালেদাদের মত শুধুই খানেওয়ালী ভারী ভারী মহিলাদের লম্ফ-জম্ফ যে কত সর্বনাশ! এটি যেমন আমাদের জন্যে এবং তেমনি আমাদের ভবিষ্যৎ প্রজন্মদের জন্যেও। রাস্তায় বেরুলে মানুষের মুখের দিকে তাকানো যায় না, সারা জাতি যেন অপুষ্টিতে ভুগছে। মাছ-মাংস-দুধ-ডিমের যা দাম। সে সাথে আছে ভেজাল। এ জাতীয় নারী ক্ষমতায়ন যেন গরীবের হাতি পোষা।

আমার মতে মাওয়া ঘাট ফেরী চলাচলের ঘাট হিসাবে থেকে যাক। ফেরী চলাচল ব্যবস্থার উন্নয়ন কীভাবে করা যায় সে বিষয়টি দেখা দরকার। আমার প্রস্তাবিত ঢাকা-ফরিদপুর সেতু নির্মিত হলে দক্ষিণ, দক্ষিণ-পশ্চিমাঞ্চলের এবং উত্তর পশ্চিমাঞ্চলের যোগাযোগের পুরোপুরি ১৮০ ডিগ্রি জায়গা কাভার করবে। কিন্তু মাওয়া দিয়ে সেতু হলে সর্বোচ্চ ১০০ ডিগ্রি যোগাযোগের সুবিধা এবং পাটুরিয়া দিয়ে সেতু নির্মিত হলে ৬০ ডিগ্রি যোগাযোগের সুবিধা পাওয়া যাবে। আবার মাওয়া ও পাটুরিয়া এ দুটি সেতুগুলো দিয়ে যোগাযোগের সুবিধাগুলো যদি একত্রে হিসাব করা হয় তবে মোট সুবিধার ক্ষেত্র ১১০ ডিগ্রি এবং ৬০ ডিগ্রির যোগফল থেকে অনেক কমে যাবে।

আবার মাওয়া ও পাটুরিয়া সেতুগুলো নির্মিত হলে কিংবা আমার প্রস্তাবিত ঢাকা ফরিদপুর সেতু নির্মিত হলে রাজবাড়ী জেলা কিংবা কুষ্টিয়া জেলা কিংবা উভয় জেলার সীমান্ত দিয়ে উত্তরাঞ্চলে যাবার জন্য পাবনা জেলার সংযোগে পদ্মার উপর দিয়ে আরও একটি সেতু নির্মাণ করতে হবে। এ হিসাবে আমার প্রস্তাবনা অনুযায়ী সেতু নির্মিত হলে দুটো সেতু নির্মাণ করতে হবে। আর অন্যভাবে হলে তিনটি সেতু নির্মাণ করতে হবে। যদি আমার প্রস্তাবিত দুটো সেতু নির্মাণের সিদ্ধান্ত নেয়া হয় তবে তা এক সাথে শুরু করা যায় এবং করা উচিত।

রংপুরকে বিভাগ করার পর বাকি তিনটি গুরুত্বপূর্ণ ময়মনসিংহ, নোয়াখালী এবং ফরিদপুর জেলাগুলোর মধ্যে একমাত্র ফরিদপুর নূতন বিভাগ হিসাবে ঘোষণার বিশেষ বিবেচনার দাবী রাখে। অর্থাৎ ফরিদপুরকে এ মূহুর্তে বিভাগ হিসাবে ঘোষণা করতেই হবে সরকারকে। যদি বৃহত্তর ফরিদপুর জেলা, মাগুরা জেলা, ঝিনাইদহ জেলা এবং বৃহত্তর কুষ্টিয়া জেলার সমন্বয়ে ফরিদপুর বিভাগ করা হয় তবে আমার প্রস্তাব অনুসারে সেতুগুলো তৈরি করা খুব জরুরী। এ রকম অনেক যুক্তি আছে আমার প্রস্তাবনার পক্ষে।

গুলশান জঙ্গি হামলার সম্ভাব্য কারণ

আন্তর্জাতিক রাজনীতি-কূটনীতি-সন্ত্রাসবাদ খুবই জটিল। কার সাথে কার কি সম্পর্ক এবং কোন কর্ম বা অপকর্মের পেছনে কে আছে তা জানতে হলে অনেক পড়াশুনা করতে হয়। বিভিন্ন ধরনের লোকদের সাথে মিশতে হয়। পৃথিবীর অনেক বিষয়ের উপর তীক্ষ্ণ নজর রাখতে হয়। ক্যালকুলেশান করতে হয়। ভারতীয়রা কিন্তু ধোঁয়া তুলশী পাতা নয়। এটি কিন্তু মনে রাখবেন।

আই এস তৈরি করেছিল সাদ্দাম হোসেনের ভাইস প্রেসিডেন্ট ইজ্জত ইব্রাহীম। আই এস তৈরির সাথে কয়েকটি আরব দেশের সাথে আমেরিকা, ইসরাইল এবং ভারতও জড়িত। ইসরাইলের জড়িত থাকার কারণ হচ্ছে ইরান বিরোধিতা এবং নিজের কৌশলগত নিরাপত্তা। ভারতের জড়িত থাকার কারণ আরব আমিরাত সহ কয়েকটি উপসাগরীয় আরব রাষ্ট্রগুলোসহ অ্যামেরিকার ইচ্ছা। ইরাক যুদ্ধে ভারত একশত ভাগ বিরোধিতা করেছিল। সে হিসেবে ইরাকের শিয়াদের সাথে ভারতের সম্পর্কের সম্ভাবনা কম। আরেকটি কারণ হচ্ছে যেখানে ইসরাইল সেখানেই ভারত। কেহ কেহ মনে করেন আই এস-এর ওয়েব সাইটের ডোমেইন ভারত এবং ইসরাইল থেকে নেওয়া।

অ্যামেরিকার সাথে আই এস এর সম্পর্ক খারাপের কারণ হচ্ছে ইরানের সাথে নিউক্লিয়ার চুক্তির আগে আই এস বিরুদ্ধে ব্যবস্থা নেওয়ার জন্য ইরানের শর্ত। তাছাড়া অ্যামেরিকা আই এস-কে শর্ত দিয়েছিল তারা শুধুমাত্র ইরাকের সুন্নি অধ্যাসিত এলাকা দখলে রাখবে- বাগদাদের দিকে যাবে না। কিন্তু বাগদাদের দিকে আই এস এর অগ্রসর হওয়া, শিয়াদের মাঝে আতংক ছড়িয়ে পড়া এবং সিরিয়া যুদ্ধে অ্যামেরিকার সহযোগী জঙ্গিদের বিরুদ্ধে আই এস জঙ্গিদের লড়াই ইত্যাদির কারণে অ্যামেরিকা আই এস বিরোধী সামরিক পদক্ষেপ নেয়। এ কারণে অ্যামেরিকার সাথে আই এস জঙ্গিদের সাথে সম্পর্ক এখন অনেকটা খারাপের দিকে। তবে খুব সম্ভবত ভারতের মাধ্যমে অ্যামেরিকা আই এস-এর সাথে একটি যোগাযোগের চ্যানেল রক্ষা করে যাচ্ছে। প্যারিস হামলার পর এটিই ফ্রান্সের কারো কারো মতামত ছিল।

আগে যেসব বিষয়ের জন্য অ্যামেরিকা পাকিস্তান এবং পাকিস্তানি গোয়েন্দা সংস্থা আই এস আই- এর উপর নির্ভর করতো কিন্তু এখন সেসব বিষয়ের জন্য অ্যামেরিকা ভারতের উপর নির্ভর করে। আসলে বর্তমানে আমেরিকার পৃথিবী আস্তে আস্তে ছোট হয়ে আসছে। ইউ থেকে ব্রিটেনের বের হয়ে যাওয়া তার একটি জ্বলন্ত দৃষ্টান্ত। ব্রিটেনের জনগণ অ্যামেরিকা এবং ইউর প্রভাব থেকে মুক্ত হয়ে পৃথিবীতে নিজেদের ঐতিহ্যবাহী আলাদা অস্তিত্ব চায়। ঠিক তেমনি ইউর বেশির ভাগ জনগণ আমেরিকার উপর ক্ষুব্ধ। কারণ অর্থনৈতিক মন্দার জন্য আজ তারা যে ধরনের কষ্ট ভোগ করছে তার জন্য অ্যামেরিকা এবং ইসরাইলকে দায়ী করে থাকে। আমেরিকার দুই রাষ্ট্রপতি বুশ এবং ওবামা গত ষোল বছর ধরে বিভিন্ন

কর্মকান্ডের মাধ্যমে মধ্যপ্রাচ্যের অর্থনীতি ধ্বংস করে দিয়েছে। অথচ আগে মধ্যপ্রাচ্যের শক্তিশালী অর্থনীতি ছিল ইউরোপের অর্থনীতির প্রধান চালিকাশক্তি। কিন্তু মধ্যপ্রাচ্যের অর্থনীতি ধ্বংস করে দেওয়ায় তার ব্যাপক প্রভাব পড়ছে ইউরোপের অর্থনীতির উপর। ফলে আজ ইউরোপের মানুষ এতটাই ক্ষুব্ধ যে ইউরোপের দেশে দেশে ইহুদি বিরোধী রক্তাক্ত দাঙ্গা শুরু হওয়া শুধু সময়ের অপেক্ষা মাত্র।

এ কারণেই কিছু মুসলিম বিক্ষুব্ধ তরুণ যুবকদের ব্যবহার করে ইউরোপের দেশে দেশে সন্ত্রাসী কর্মকান্ড করানো হচ্ছে যাতে ইহুদীদের উপর বিরাজমান আক্রোশ এবং ঘৃণা মুসলিমদের উপর ডাইভার্ট করানো যায়। প্যারিস, ব্রাসেলস এবং বাংলাদেশের ঢাকায় গুলশানে বাংলাদেশের কিছু বিক্ষুব্ধ তরুণদের ব্যবহার করে নিরীহ ইউরোপিয়ানদের হত্যা করানো একই প্রচেষ্টার অংশ।

খালেদার প্রস্তাব এবং নির্বাচনের জন্য নির্দলীয় কেয়ারটেকার সরকার

৮ই নভেম্বর ২০১৬ তারিখে দেওয়া বাংলাদেশ নির্বাচন কমিশনারদের নিয়োগের বিষয়ে খালেদার সাত দফা প্রস্তাব যুক্তিযুক্ত এবং সমস্যা সমাধানে সহজ ও সঠিক উপায়। তার প্রস্তাবে তিনি বলেছিলেন যে, এ পর্যন্ত যেসব রাজনৈতিক দলগুলো নির্বাচিত হয়ে জাতীয় সংসদে এসেছিল তারা আলোচনা করে নির্বাচন কমিশনারদের নিয়োগ দিবেন। শুধু নির্বাচন কমিশনারদের নয় উচ্চ আদালতের বিচারপতিদের নিয়োগে এবং সাংবিধানিক পদগুলোতে নিয়োগের ক্ষেত্রে এটি একটি ভালো উপায়। খালেদার প্রস্তাব দেশের সংবিধানের সাথে সাংঘর্ষিক নয়। এমনকী এ প্রস্তাব অনুসরণ করে দেশের সংবিধান কোন রকম সংশোধন বা কিছু সংযোজন না করেও নির্বাচনকালীন নির্দলীয় কেয়ারটেকার সরকার ব্যবস্থা চালু করা যায়। রাজনৈতিক দলগুলো নিজেদের মধ্যে আলাপ আলোচনার মাধ্যমে চুক্তি করে এ ধরণের নির্দলীয় কেয়ারটেকার সরকার ব্যবস্থা প্রচলন করতে পারেন। এজন্য ক্ষমতায় থাকা সরকারের মেয়াদ শেষ হওয়ার সর্বোচ্চ ৯০ দিন এবং সর্বনিম্ন ৬০ দিন আগে অবশ্যই কেয়ারটেকার সরকার গঠন করতে হবে। এভাবে সাধারণ নির্বাচনকালীন নির্দলীয় কেয়ারটেকার সরকার গঠন করলে তা দেশের সংবিধানের সাথে সাংঘর্ষিক হবে না। চাইলে কিছু সংসদ সদস্যদের পদত্যাগ করিয়ে নির্বাচনের দিনের অন্তত ৬০ দিন আগে কেয়ারটেকার সরকার পরিচালনাকারীদের নির্বাচিত করে নেওয়া যায়। এক্ষেত্রে প্রধানমন্ত্রী সহ মন্ত্রীসভার সব সদস্যরা কেয়ারটেকার সরকার গঠন হওয়ার সাথে সাথে তাদের সংসদ সদস্য পদ থেকে পদত্যাগ করলেই সবচেয়ে বেশি ভাল হয়। কারণ সুষ্ঠ এবং নিরপেক্ষ নির্বাচন অনুষ্ঠান করতে প্রধানমন্ত্রী এবং তার মন্ত্রীসভার ব্যার্থতার জন্যই কেয়ারটেকার সরকার ব্যবস্থ্যা।

একটি কথা মনে রাখবেন যে, সুষ্ঠ এবং নিরপেক্ষ নির্বাচন অনুষ্ঠান করা ক্ষমতাসীন

সরকারের একটি সাংবিধানিক এবং নৈতিক দায়িত্ব। এ দায়িত্ব সঠিকভাবে সম্পাদন করতে না পারার জন্য ক্ষমতাসীন সরকারকেই অবশ্যই তার সময় কালের শেষ দিকের সর্বোচ্চ ৯০ দিন সময় জরিমানা হিসেবে ছাড় দিতে হবে। দেশের সংবিধানকে নয়। আগে যে কেয়ারটেকার সরকার ব্যবস্থা দেশে প্রবর্তন করা হয়েছিল তা ভুল ছিল। কারণ তাতে সুস্থ ও নিরপেক্ষ নির্বাচন অনুষ্ঠান করতে না পারার জন্য ক্ষমতাসীন সরকারের বদলে দেশের সংবিধানকে জরিমানা করা হয়েছিল। অর্থাৎ ক্ষমতাসীন সরকারের মেয়াদ শেষ হয়ে যাওয়ার পরে আরো অতিরিক্ত ৯০ দিনের বিষয়টি দেশের সংবিধানের সাথে জুড়ে দেওয়া হয়েছিল- যা অসাংবিধানিক ছিল।

আসলে ১৯৯৬ সালে কেয়ারটেকার সরকার ব্যবস্থা প্রচলন করার জন্য যেভাবে সংবিধান সংশোধন করে সংযোগ করা হয়েছিল তা ছিল বাংলাদেশের রাজনীতির ইতিহাসে সবচেয়ে বড় ইন্টেলেকচুয়াল ভুল। এমনকী প্রাক্তন প্রধান বিচারপতি শাহাবুদ্দিন আহমেদ সাহেব এবং দেশের বড় বড় আইনজীবীদের জড়িত থাকা সত্ত্বেও এ ধরণের বড় মাপের ভুল হওয়াটি সত্যিই আশ্চর্যজনক।

এভাবে ব্যাখ্যা করে দেশের সুপ্রিমকোর্ট কেয়ারটেকার সরকার ব্যবস্থা বাতিল না করে সংশোধন করতে পারতেন। তবে আগের কেয়ারটেকার ব্যবস্থা বাতিল করা হলেও খালেদার প্রস্তাবকে বিবেচনায় নিয়ে আমার উল্লেখিত মত অনুসরণ করে নূতন করে নির্দলীয় কেয়ারটেকার সরকার ব্যবস্থা প্রবর্তন করা যায়। দেশের সংবিধানকে সংশোধন না করে বা সংবিধানে এ বিষয়ে কোন নুতন ধারা সংযোজন না করে এবং সংবিধানকে সমুন্নত রেখেই। আশা করছি সংশ্লিষ্টদের শুভবুদ্ধির উদয় হবে।

২০/১১/২০১৬

ডিসেন্ট্রালাইজেশান এবং ডিজিটালাইজেশান

ডিজিটালাইজেশান কোনভাবে এবং কোনমতেই ডিসেন্ট্রালাইজেশনের বিকল্প নয়। বরং ডিজিটালাইজেশান হচ্ছে ডিসেন্ট্রালাইজেশানের একটি সহায়ক ব্যবস্থা। অর্থাৎ ডিজিটালাইজেশানের কারণে ডিসেন্ট্রালাইজেশানের সুবিধা হয়। যদিও দেশে ডিজিটালাইজেশান ছাড়া ডিসেন্ট্রালাইজেশান সম্ভব। কিন্তু ডিসেন্ট্রালাইজেশান ছাড়া ডিজিটালাইজেশান একটি অসম্পূর্ণ কিংবা একটি খেলো ব্যবস্থা। ফলে ডিসেন্ট্রালাইজেশানের উপর কনসেন্ট্রেশন হয় বেশি। রাষ্ট্র এবং সরকার ব্যবস্থা পরিচালনার প্রধান প্রধান কাঠামোগুলোকে দেশের জনগণের দোরগোড়ায় পৌঁছে দেওয়ার জন্য। রাষ্ট্র ব্যবস্থায় একটি যুক্তিযুক্ত এবং কার্যকর ডিসেন্ট্রালাইজেশান ব্যবস্থার মাধ্যমে রাষ্ট্র এবং সরকার পরিচালনায় জনগণের সরাসরি অংশগ্রহণ নিশ্চিত করা হয়। এটিই হচ্ছে আধুনিক রাষ্ট্র এবং সরকার ব্যবস্থার একটি মৌলিক উদ্দেশ্য।

এখন কথা হচ্ছে, একটি যুক্তিযুক্ত এবং কার্যকর ডিসেন্ট্রালাইজেসান কীভাবে

সম্ভব হতে পারে? আসলে যে কাঠামো এবং ব্যবস্থা রাষ্ট্রের সর্বোচ্চ পর্যায়ে বিদ্যমান আছে সে রকম কাঠামো এবং ব্যবস্থাগুলো রাষ্ট্রের ক্ষুদ্রতম অংশগুলোতে বসিয়ে দেওয়া। যেমন আমাদের রাষ্ট্র পরিচালনার সর্বোচ্চ কাঠামোগুলো হচ্ছে জাতীয় সংসদ, সংসদের কাছে দায়বদ্ধ একটি সরকার এবং সরকারের প্রশাসনিক বিভাগ বা সচিবালয়। এখন একই ব্যবস্থাগুলো আমরা যদি জেলা কেন্দ্রে প্রচলন করি তাহলে তা দাঁড়াবে জেলা সংসদ, জেলা সরকার এবং জেলা সচিবালয়। আবার যেভাবে সমগ্র দেশকে অনেকগুলো জিলায় বিভক্ত করা হয়েছে ঠিক তেমনি সমগ্র জিলাকে শুধুমাত্র অনেকগুলো ইউনিয়নে বিভক্ত করাই যুক্তিযুক্ত। সে হিসেবে প্রতিটি ইউনিয়নে প্রচলন করা উচিৎ ইউনিয়ন সংসদ, ইউনিয়ন সরকার এবং ইউনিয়ন সচিবালয়। যে ব্যবস্থাগুলোর মাধ্যমে বা উপায়ে জাতীয় সংসদ, সরকার এবং সচিবালয় চলে ঠিক একইভাবে জেলা সংসদ, জেলা সরকার ও জেলা সচিবালয় চলবে এবং একইভাবে ইউনিয়নেও চলবে ইউনিয়ন সংসদ, ইউনিয়ন সরকার এবং ইউনিয়ন সচিবালয়। এ পদ্ধতিতে আলাদা কোন সিটি কর্পোরেশান এবং মিউনিসিপ্যাল কর্পোরেশান থাকার চাইতে একটি মিনিষ্ট্রিরি অফ মিউনিসিপ্যাল ওয়ার্কস প্রতিষ্টা করলেই সমগ্র দেশ একটি একক মিউনিসিপ্যাল কর্তৃপক্ষের আওতায় চলে আসবে ফলে তা জেলা সরকার, ইউনিয়ন সরকার এবং সংশ্লিষ্ট সচিবালয়গুলোর মাধ্যমে পরিচালিত হবে।

এভাবে ডিসেন্ট্রালাইজেশান হলে ডিজিটালাইজেশান কী রকম হওয়া উচিৎ?

১। প্রতি বছর জাতীয় বাজেটের প্রতিটি টাকা কোথায় কীভাবে খরচ হয় তা চুলচেরা ভাবে দেখিয়ে দেওয়া।

২। পদ্মা ব্রিজ তৈরির বাজেটের প্রতিটি টাকা কোথা থেকে আনা হয়েছে এবং কীভাবে কীভাবে খরচ হয়েছে তা চুলচেরা ভাবে দেখিয়ে দেওয়া।

৩। প্রতিবছর প্রতি মৌসুমে কোন ইউনিয়নের কোন জমিতে বা কার কার জমিতে ধান চাষ করা হয়েছে তা দেখিয়ে দেওয়া। যাতে আমরা জানতে পারি যে, ধান উৎপাদনে স্বয়ংসম্পূর্ণতার বিষয়ে আমাদের সরকার সত্যি বলছেন না মিথ্যে বলছেন। উপরের তিনটি বিষয়ের মত বিভিন্ন বিষয়ে বিভিন্ন তথ্য চুলচেরা ভাবে উল্লেখ করে দেখিয়ে দেওয়া।

আসলে ডিসেন্ট্রালাইজেশান এবং ডিজিটালাইজেসানের একটি শক্তিশালী ফিলসফি আছে। সেভাবে চিন্তা-ভাবনা না করে ডিসেন্ট্রালাইজেশান এবং ডিজিটালাইজেশানের পথে হাঁটলে সবকিছুই এক সময় হাস্যকর এবং অর্থহীন হয়ে দাঁড়ায়। ডিসেন্ট্রালাইজেশান এবং ডিজিটালাইজেশানের সুফল দেশের জনগণ পায় না। পায় দেশের টাউট-বাটপাররা এবং চোর-চাটুকারেরা। বাংলাদেশের বর্তমান ডিসেন্ট্রালাইজেশান এবং ডিজিটালাইজেশান পদ্ধতি তারই একটি লাইভ উদাহরণ।

২০/১১/২০১৬

১৫ই আগস্ট, ৩রা নভেম্বর এবং জননেতা খোন্দকার মোস্তাক আহমেদ।

জননেতা শেখ মুজিবুর রহমান সাহেব জাতির পিতা এবং তারপর চার নেতা হয়েছিলেন চার জাতীয় নেতা। কিন্তু জননেতা খন্দকার মোস্তাক আহমেদ সাহেব? তাকে তো কোন সম্মান দেওয়া হয়নি। কিন্তু কেন? কী তার অপরাধ ছিল? তার একটি মাত্র অপরাধ ছিল সেটি হচ্ছে তিনি যুদ্ধের সময় জননেতা শেখ মুজিবুর রহমান সাহেবের মুক্তি চেয়েছিলেন। চেয়েছিলেন সব কিছুর আগে জননেতা শেখ মুজিবুর রহমান সাহেবের মুক্তি হোক। তারপর তার নেতৃত্বে আলোচনার মাধ্যমে স্বাধীনতার বিষয়টি মীমাংসা করা হোক। বাংলাদেশে অযথা ভারতীয় সামরিক আগ্রাসন তিনি চাননি। তিনি ভাবতেন, এসবের দরকার নেই। স্বাধীনতার জন্য এসবের চাইতে বেশি দরকার জননেতা শেখ মুজিবুর রহমান সাহেবকে।

আসলেই প্রথমেই আমাদের দরকার ছিল জননেতা শেখ মুজিবুর রহমান সাহেবকে। কারণ তাকে ছাড়া স্বাধীনতা অর্থহীন ছিল। কতটা অর্থহীন ছিল তা বুঝা যেত যদি ১৯৭২ সালের ১০ই জানুয়ারি তিনি জীবিত অবস্থায় দেশে ফিরে আসতে না পারতেন। আবার দেশে ফিরে এসে যদি ভারতীয় বাহিনীকে দেশ থেকে বের করে না দিতেন। তাহলে এদেশে বছরের পর বছর এমনকি দশকের পর দশক গৃহযুদ্ধ লেগেই থাকত। ভারতীয় বাহিনী এবং তাদের তাবেদার সরকারের বিরুদ্ধে। তাতে কত লোক যুদ্ধে এবং দুর্ভিক্ষে না খেয়ে মারা যেত কল্পনা করা যায়?

১৯৭১ সালের ১০ই জানুয়ারি জননেতা শেখ মুজিবুর রহমান জীবিত অবস্থায় দেশে ফিরে আসার কারণে মুজিব বিহীন বাংলাদেশের ষড়যন্ত্র ব্যর্থ হয়েছিল। যদি তিনি ১৯৭১ সালে মুক্তি পেতেন তাহলে যেমন বাংলাদেশে অপ্রয়োজনীয় ভারতীয় সামরিক আগ্রাসন বন্ধ করা যেত তেমনি স্বাধীনতার পর রাষ্ট্র শাসনে তিনি যে দেশীয় এবং আন্তর্জাতিক জটিলতার সম্মুখীন হয়েছিলেন তা এড়ানো যেত।

স্বাধীনতার পর থেকে রাজনৈতিক ব্যর্থতা, ১৯৭৪ সালের মর্মান্তিক দুর্ভিক্ষ এবং ১৯৭৫ সালের মর্মান্তিক হত্যাকাণ্ডগুলোর জন্য তারাই দায়ী যারা যুদ্ধের সময় জননেতা শেখ মুজিবুর রহমান সাহেবের মুক্তির বিরোধিতা করেছিল। ১৯৭১ সালে জননেতা শেখ মুজিবুর রহমান সাহেবের মুক্তির চেষ্টা করার জন্য জননেতা খন্দকার মোস্তাক আহমেদ সাহেবকে কম লাঞ্ছনা ভোগ করতে হয়নি। তাকে বিশ্বাসঘাতক হিসেবে চিহ্নিত করা হত। কোণঠাসা করে রাখা হয়েছিল। ১৯৭৩ সালের সাধারণ নির্বাচনে তাকে ফেল করানোর জন্য ষড়যন্ত্র করা হয়েছিল। দেশ পরিচালনায় জননেতা শেখ মুজিবুর রহমান সাহেব যাতে খন্দকার মোস্তাক আহমেদ সাহেবের মত অভিজ্ঞ নেতার বুদ্ধি-পরামর্শ না নিতে পারেন তার জন্য চেষ্টা কম করা হয়নি।

১৯৭৫ সালের ১৫ই আগস্ট এবং ৩রা নভেম্বর হয়েছিল ১৯৭১ সালে ভারতে অবস্থানকালীন সময় থেকে চলে আসা রাজনৈতিক নীচতা এবং সংকীর্ণ মানসিকতার কারণে। এর দায় জননেতা খন্দকার মোস্তাক আহমেদ সাহেবের একার ছিল না। ছিল সংশ্লিষ্ট অনেকের। ৩রা নভেম্বর ২০১৬

কাশ্মীর ঃ বাংলাদেশের ভাগ কোথায়?

ব্রিটিশদের রেখে যাওয়া অখণ্ড কাশ্মীর আজ তিন ভাগে বিভক্ত হয়ে গিয়েছে। ভারত কাশ্মীর, পাকিস্তান কাশ্মীর এবং চীনা কাশ্মীর। ১৯৬২ সালের চীন-ভারত যুদ্ধের সময় চীন কাশ্মীরের প্রায় ৩০ হাজার বর্গ কিলোমিটারের বেশি জায়গা দখল করে নিয়েছিল। পরে চীন-ভারত লাইন অফ কনট্রোল প্রতিষ্ঠা করে চীনের দখলীকৃত অংশকে চীনের অংশ বলে স্বীকৃতি দেওয়া হয়। তারপরে ১৯৬৫ সালের ভারত-পাকিস্তান যুদ্ধে পাকিস্তান কাশ্মীরের অর্ধেকের বেশি জায়গা দখল করে নিয়েছিল। যা ভারত-পাকিস্তান লাইন অফ কনট্রোল দ্বারা পাকিস্তানের দখলীকৃত অংশকে পাকিস্তানের অংশ বলে স্বীকৃতি দেওয়া হয়। এসব থেকে পরিষ্কার যে, ভারত কাশ্মীরের অখণ্ডতা রক্ষায় চরমভাবে ব্যর্থ হয়েছে। ভারতের হাতে কাশ্মীর এবং কাশ্মীরের জনগন সত্যিই নিরাপদ নয়। কাশ্মীরের অখণ্ডতা এবং নিরাপত্তা একমাত্র কাশ্মীরীদের হাতেই সম্ভব।

১৯৬৫ সালের ভারত-পাকিস্তান যুদ্ধের সময় ব্রিটেন-অ্যামেরিকার এমন কী রাশিয়ার নীরব সমর্থন ছিল পাকিস্তানের প্রতি যাতে পাকিস্তান কাশ্মীর পুরোপুরি দখলে নিতে পারে। কিন্তু পাকিস্তান সেনাবাহিনীর আইয়ুব বিরোধী মুষ্টিমেয় কয়েকজন উর্ধ্বতন সামরিক কর্মকর্তার গোপন কর্মকাণ্ডের কারণে প্রেসিডেন্ট আইয়ুব খান কাশ্মীরকে পুরোপুরি দখলে নিতে ব্যর্থ হন। তার বছর খানেক আগে একজন ব্রিটিশ এবং একজন অ্যামেরিকান উর্ধ্বতন সামরিক কর্মকর্তাদের ছক করে দেওয়া যুদ্ধে ক্যাকুলেশান অনুযায়ী সাফল্য না আসায় পাকিস্তান প্রেসিডেন্ট আইয়ুব খান ভ্যাবাচ্যাকা খেয়ে যান। তিনি বুঝতে পেরেছিলেন যে, কিছু একটি সমস্যা আছে যুদ্ধরত পাকিস্তান সেনাবাহিনীর মধ্যে কিন্তু বের করতে পারেননি আসল বিষয়টি। সে সময় পাকিস্তানের মাত্র কয়েকজন উর্ধ্বতন সামরিক কর্মকর্তা শুধুমাত্র আইয়ুব খানের বিরোধিতার জন্য কাশ্মীরের স্থায়ী সর্বনাশ করেছিল। কাউন্টার ইন্টেলিজেন্সের মাধ্যমে পাকিস্তানের যুদ্ধ পরিকল্পনার সমস্ত কিছু ভারতকে দিয়ে দিয়ে। ভ্যাবাচ্যাকা খেয়ে যাওয়া আইয়ুব খান রাশিয়ার মধ্যস্থতায় তাশখন্দ গিয়ে যুদ্ধ বন্ধের চুক্তি করে আসেন। আন্তর্জাতিক মধ্যস্থতায় কাশ্মীর সমস্যার সমাধান করার শর্তে।

যদিও ঐ চুক্তির কারণে প্রেসিডেন্ট আইয়ুব খান দেশে এসে প্রচণ্ড সমালোচনা এবং উপহাসের সম্মুখীন হয়েছিলেন। কিন্তু বাস্তবে ঐ তাসখন্দ চুক্তিটি ছিল প্রেসিডেন্ট আইয়ুব খানের তথা পাকিস্তানের সবচেয়ে বড় কূটনৈতিক বিজয়। কারণ কাশ্মীর সমস্যার সমাধানের জন্য আন্তর্জাতিক মধ্যস্থতার বিষয়টি চুক্তিতে আসার অর্থ ছিল, কাশ্মীর সমস্যা এবং স্বাধীনতার বিষয়টিকে আন্তর্জাতিক বিষয় হিসেবে স্বীকৃতি দেওয়া এবং মেনে নেওয়া। ফলে আন্তর্জাতিক বিষয় হিসেবে এ সমস্যার সমাধানের জন্য আন্তর্জাতিক মহলের কাছে কাশ্মীরীদের মতামত বা গণভোট সবচেয়ে বেশি গুরুত্ব পেত।

ঐ চুক্তি অনুযায়ী যুদ্ধ বন্ধের নির্দেশ পশ্চিম রণাঙ্গনে পৌঁছালে যুদ্ধরত বাঙ্গালি

অফিসার-সৈন্যরা তাদের ঊর্ধ্বতন কর্মকর্তাদের যুদ্ধ চালিয়ে যাওয়ার জন্য চাপ দিতে থাকেন। পরে বার্থ হয়ে মনঃকষ্টে উচ্চস্বরে কান্নায় ভেঙে পড়েন। ঐ যুদ্ধেই অংশগ্রহণকারী বাঙ্গালি অফিসার-সৈন্যরা সবচেয়ে বেশি বীরত্ব দেখিয়েছিল। আবার ১৯৭১ সালের যুদ্ধে ঐ বাঙ্গালি অফিসার-সৈন্যরা পাকিস্তানের বিরুদ্ধে বিশেষ বীরত্ব দেখিয়েছিল। যদিও ১৬ই ডিসেম্বরের আত্মসমর্পণের দলিলে বাংলাদেশি কোন সেনা কর্মকর্তার কোন আনুষ্ঠানিক অংশ গ্রহণ বা সাক্ষর রাখা হয়নি। যা বাংলাদেশিদের জন্য ছিল একটি চরম অপমানকর বিষয়। আবার প্রবাসী বাংলাদেশ সরকারের দূরদৃষ্টির অভাবে যুদ্ধবন্দীদের নিজেদের কাছে না রেখে ভারতের কাছে তুলে দেওয়া হয়েছিল। ফলে ঐ যুদ্ধবন্দীদের ফেরত নেওয়ার জন্য পাকিস্তান ভারতের সাথে সিমলা চুক্তি করতে বাধ্য হয়। ঐ সিমলা চুক্তিতে কাশ্মীর সমস্যার বিষয়ে তাশখন্দ চুক্তির আন্তর্জাতিক মীমাংসার বিষয়টি বাদ দিয়ে ভারত-পাকিস্তানের দ্বিপাক্ষিক আলোচনার মাধ্যমে সমাধানের কথা বলা হয়। ফলে কাশ্মীরের সমাধানের বিষয়টি আরও জটিল এবং অসম্ভব হয়ে যায়।
এখন কথা হচ্ছে ব্রিটিশদের রেখে যাওয়া কাশ্মীর যদি ভারত-পাকিস্তান-চীনের হয়ে যেতে পারে তাহলে বাংলাদেশের হবে না কেন? ভারত-পাকিস্তান-চীনের উচিত পুরো কাশ্মীরের স্বাধীনতা দেওয়া, তানা হলে বাংলাদেশের প্রাপ্য কাশ্মীরের অংশ দিয়ে দেওয়া। বাংলাদেশ কাশ্মীর বাংলাদেশের অংশ হয়ে থাকবে না স্বাধীন থাকবে তা কাশ্মীরিদের গণভোটের মাধ্যমে নির্ধারণ করা হবে।

জলবায়ু তহবিল অথবা ঋণ এবং আন্তর্জাতিক আদালত অবমাননা!

বাংলাদেশ বা বাংলাদেশ সরকার জেনেশুনে বিষ করেছে পান। আন্তর্জাতিক সমুদ্র আদালতে ভারতের বিরুদ্ধে দুর্বল উপস্থাপনার মাধ্যমে। কিংবা ষড়যন্ত্র করে আন্তর্জাতিক সমুদ্র আদালতের মাধ্যমে ভারতকে দক্ষিণ তালপট্টি দ্বীপ সহ সমগ্র দক্ষিণ তালপট্টি সমুদ্র অঞ্চল হস্তান্তর করার প্রচেষ্টার মধ্যে দিয়ে। দুর্বল উপস্থাপনা বা ষড়যন্ত্র যাই হোক না কেন বাংলাদেশ যে ভারত সৃষ্ট পরিবেশ ক্ষতি এবং বৈশ্বিক উষ্ণতার কারণে ক্ষতিগ্রস্ত তা আন্তর্জাতিক আদালতে প্রমাণ করতে বাংলাদেশ সরকার সম্পূর্ণরূপে ব্যর্থ হয়েছিল। অথচ পরিবেশ বা জলবায়ু সংক্রান্ত ক্ষতির বিষয়টি যদি প্রমাণ করতে পারতো তাহলে দক্ষিণ তালপট্টি দ্বীপ সহ সমগ্র দক্ষিণ তালপট্টি সমুদ্র অঞ্চল বাংলাদেশের থেকে যেত। কারণ এ বিষয়ে ন্যায্য দাবি করা ছাড়াও বৈশ্বিক উষ্ণতার কারণে বা প্রতিপক্ষ কর্তৃক পরিবেশ ক্ষতির কারণে আদালতের বিশেষ বিবেচনার বিষয়টি আন্তর্জাতিক সমুদ্র আইনে সুস্পষ্টভাবে উল্লেখ করা আছে। এ আইনের কারণে পৃথিবীর কোন কোন দেশ অতীতে নিজেদের সমুদ্রসীমা সুনির্ধারণে যথেষ্ট সুবিধা পেয়েছে আন্তর্জাতিক সমুদ্র

আদালতের রায়ের মাধ্যমে। আবার এ আইনের কারণে যেসব দেশ আন্তর্জাতিক সমুদ্র আদালত বা অন্যান্য কোন আন্তর্জাতিক আদালত কর্তৃক নিজেদের পক্ষে রায় পেয়েছে বা পেয়েছিল তারাই বৈশ্বিক উষ্ণতার কারণে ক্ষতিপূরণ, ঋণ সুবিধা এবং বিশেষ অনুদান পাওয়ার ক্ষেত্রে বিশেষ অগ্রাধিকার পাবে।

কিন্তু বাংলাদেশের বেলায় আন্তর্জাতিক সমুদ্র আদালত তার রায়ে বাংলাদেশের দাবি প্রত্যাখ্যান করে সরাসরি বলেছে যে, বাংলাদেশ বৈশ্বিক উষ্ণতার বা পরিবেশগত বা জলবায়ুগত কারণে ক্ষতিগ্রস্ত তা প্রমাণ করতে পারেনি বা প্রমাণ করতে ব্যর্থ হয়েছে। ফলে এ সংক্রান্ত বিষয়ে সব ধরণের বিশেষ সুবিধা পাওয়ার দাবিটিও আন্তর্জাতিক আদালত পরিষ্কার ভাষায় বাতিল করে দিয়েছিলেন। ফলে বাংলাদেশ বৈশ্বিক উষ্ণতার বা জলবায়ু ক্ষতির কারণে বা এ সংক্রান্ত বিষয়ে কোন ধরণের দাবি যেমন ক্ষতিপূরণ, ঋণ কিংবা খয়রাতি সাহায্য চাইতে পারবে না। এমনকি অন্য কোন দেশ বা সংস্থা এ সংক্রান্ত বিষয় উল্লেখ করে কোন ধরণের ক্ষতিপূরণ, ঋণ বা খয়রাতি সাহায্য দিতে কিংবা দেওয়ার জন্য কোন ধরণের চুক্তি করতে কিংবা প্রতিশ্রুতি দিতে পারবে না। যদি চুক্তি করে বা প্রতিশ্রুতি দেয় তাহলে বাংলাদেশ, সংশ্লিষ্ট কোন দেশ অথবা কোন সংস্থা আন্তর্জাতিক আইনের বা আন্তর্জাতিক আদালতের রায়ের অবমাননার অভিযোগে অভিযুক্ত হবে।

সম্প্রতি বাংলাদেশ সফরকালে বিশ্ব ব্যাংক প্রধানের বাংলাদেশকে জলবায়ু সংক্রান্ত বিষয়ে ঋণ প্রদানের প্রতিশ্রুতিটি আন্তর্জাতিক আদালত অবমাননার শামিল। এমনকি "টি আই বি"র বৈশ্বিক উষ্ণতার বা জলবায়ু ক্ষতির কারণে বাংলাদেশের জন্য ঋণের বদলে অনুদান পাওয়ার সুপারিশ, অনুযোগ বা অভিযোগটিও আন্তর্জাতিক আদালতের রায়ের সরাসরি অবমাননা।

তবে এ সুবিধাটি নির্বিঘ্নে পেতে হলে বাংলাদেশকে আবার আন্তর্জাতিক সমুদ্র আদালতে যেতে হবে। যদিও আন্তর্জাতিক সমুদ্র আইনে বলা হয়েছে যে, ঐ রায়টিই চূড়ান্ত এবং সংশ্লিষ্ট পক্ষগুলো মানতে বাধ্য। তারপরেও উক্ত রায়ের কোন ভুলভ্রান্তি কিংবা এ সংক্রান্ত বিষয়ে অতীতের অন্য কোন রায় বা রায়গুলো যা আদালত রায় প্রধানের ক্ষেত্রে যুক্তি সরূপ উল্লেখ করেছেন কিংবা প্রতিপক্ষের উপস্থাপন করা যুক্তিগুলো বিবেচনায় নিয়েছেন সেসব বিষয়গুলোর ভুলভ্রান্তি ও অসামঞ্জস্য ইত্যাদি যদি যুক্তি সহকারে উপস্থাপন করা যায় তাহলে আদালতের রায় পুনঃ বিবেচনা করার যথেষ্ট সুযোগ আছে। সেক্ষেত্রে যদি প্রমাণ করা যায় যে, বৈশ্বিক উষ্ণতার কারণে এবং ভারত কর্তৃক পরিবেশ ক্ষতির কারণে বাংলাদেশ ক্ষতিগ্রস্ত তাহলে বাংলাদেশ যেমন দক্ষিণ তালপট্টি দ্বীপ সহ সমগ্র দক্ষিণ তালপট্টি সমুদ্র অঞ্চল পেয়ে যাবে তেমনি বৈশ্বিক উষ্ণতা সংক্রান্ত ক্ষতিপূরণ বা বিভিন্ন সাহায্য সহযোগীতা পেতে পারবে।

The Change, Reform and Proposals

(The Bangladesh Observer, dated 09.09.2007)

Has the "1/11" changed this country to that extent as per the people's expectation? Some people think," Yes", for the time being if not forever citing some practical matters. Some people think "still not," pointing to the direction, duration and quality of the said change. They are apparently skeptical and rather anxious in absent of any decisive, incisive and immediate steps for the enduring change. But many still prefer to wait before coming into any conclusion watching the situation very carefully. To them the ongoing steps are nothing new but almost as business as usual matters of the imposed emergency seen in this country or elsewhere in the past.

In fact, the people of Bangladesh are enjoying the post "1/11" situation. They are watching the phenomenon with the great interest. Many bigwigs who previously believed that they are above law and defied the rule of law of this country are being taken into justice for their crime of corruption, extortion and embezzlement. Some has already been awarded to prison terms, some are waiting for courts verdict though many are still at large. The people of this country are treating all those actions as very positive steps for the future of this country.

The Army Chief has already presented his seven points work strategy for curbing crimes committed under various political umbrellas. His speeches are imbued with a strong desire for establishing the rule of law. Neither by batons nor by guns or bullets' but by taking no mercy stance against above crimes improving the judiciary and likewise institution" is no doubt a very logical approach.

It is in fact a common practice in the political arena of many countries of many parts of the world to use the Armed forces for various emergency purposes. The Armed Forces come to combat crimes and restore the law and order situation when the civil administration and the political stances fail. The Army comes to finish the task as soon as possible and then goes back to the barrack the place where they belong to. Because "The Army usually takes the pride by serving the country, not by ruling". There is other option is remain for ruling the country that is political and democratic processes and there is no alternative in today's world. In Bangladesh directly or indirectly whatever way the army comes in the political scene due to situations that make the action inevitable. The people of this country welcome the move when they become tired with the incessant chaotic political situation mainly orchestrated by quarreling political parties of this country.

Actually, this time the people's expectation and Army's action have together created a different revolution– a bloodless army-people revolution for placing the political process on right track and the democracy in the right course. The people of this country has sacrificed a lot for the interest of democracy and still amid political failure their aspiration for democracy has not been put under the rubble but always stands strongly. They know the only way they can change their life, they can place their nation in the respective position of the world.

Therefore, the political process and the democracy should always be put in first place to move forward. Whatever in the position now we are, today or tomorrow we have to go back to that stage. Therefore, we have to avail ourselves today's every opportunity and use every moment for heading to that goal making plans and policies. In this regard there is no alternative of political dialogue and that should be started immediately than it becomes too late. If everything is going well according to the people's aspiration then we can say proudly that "1/11" has change the country and its outcome will obviously remain with us forever.

However, the initial achievement of "1/11' is it has become a persuasion for reform. Though, it is still in the preliminary stage, in the stage of debate and discussion. Apparently comes in the light with high tide and later goes away with the low. In fact, this type of situation is going on for last eight months without any development what is causing slide frustration and confusion. The people of this country who is very eager to see the reform process on the right course do not understand the reason for wasting the valuable time and the rare opportunity. In fact, they want an effective path for the future course of the country by reforming the political and the economic arena. But the main question as when how will the reform process be performed? The best way by arranging a political dialogue what is inextricably related with the reform process based on the national consensus.

Though there are scattering moves are already going on for the reform of political parties of this country. and there are several proposals have already been placed on the table by various political party leaders and by various people of various positions, as per their own course of action. At the same time many people believe that the reform process should be performed point to point with the effort based on the national consensus treating the existing political and economic problems as national matters. Therefore, should be brought under the jurisdiction of the constitution of this country.

In this regard we should immediately accumulate for justifying all those proposed ideas if those can meet the national requirement. At the same time if we can add the overall socio-economic reforms with the anticipated political party reform then the process will be easier and the outcome will be positive.

The Political Party Reform : Evidently the most surprising and mysterious thing with the constitution of this country is, there is hardly any article or clause has so far been added to it regarding political parties of this country. Since 1972, the year the constitution of this country was formed. Perhaps, any of the members of the then constitution formation committee could explain the reason behind that. But whenever this important question has been raised in various times some people of various positions naturally try to answer indicating the "Political Party Act" of this country. But without the any kind of directive or guidance of the constitution of this country the said "Political Party Act" seems baseless and therefore is very weak to fulfill the national requirement.

As our constitution stands for democratic system and in this regard political parties play a very important role. Therefore, a constitutional directive or guidance regarding political parties is very important. It is also an important precondition for keep going the system smoothly. In fact, in the prevailing situation of this country there are at least two ways available for undergoing the reform process of political parties' for practicing democracy, accountability and transparency.

First one is to leave the constitutional reform solution of political parties for the next elected parliament holding the ongoing scattering reform moves and stances as a temporary one. And other one is to form immediately a high profile national committee with experts so that they can make all necessary recommendation for reform discussing the matter with political parties, intellectuals', prominent lawyers and with others judging and analyzing our various conditions and requirements.

In fact, we need to fix criteria and to enact a stringent rules and regulations for political parties to follow the democratic practice by reconstituting their party constitution. To continue the development of the process a constitutionally empowered commission for political party affairs should be formed in order to observe and to arbitrate or adjudicate as much as possible in terms of intra and inter party dispute if comes with the proposed criteria, laws and the democratic practice. This is the very logical, simple and some sort of permanent solution of the prevailing problem without creating chaos and division. The authoritarian and undemocratic leadership should not be removed by authoritarian way if the intention is so supposedly straight forward and positive. A process should be followed for the sake of the country not for any party or person.

Again, it is not a wise move creating a kind of turmoil and predicament in the leadership of political parties for pursuing some sort of democratic reform. Even it is not pertinent either even rather a preconceived idea for a sustainable outcome by pushing the democratic process from the high level leadership when they have been created, grown and made accustomed with the environment of authoritarian propensity. Therefore, the pragmatic approach is to start the democratic process of the political parties from the primary level fixing an enduring criterion of eligibility of primary voters for electing a primary committee like ward committee.

This is the most challenging action in the current situation somewhat like laying the cornerstone of a meaningful and a durable democratic structure of the political parties of this country. Only after then step by step the authoritarian and undemocratic leadership can be replaced by a democratically elected accountable leadership at the top level of the political parties. In this regard, the election process within the political parties should be brought under the auspicious supervision of the national election commission. All above steps regarding the reform of political parties should be added with the national constitution for treating all those actions as a constitutional directive.

The Local Government System of Bangladesh: For transforming the reform process of political parties into a fruitful socio-economic development and for interpreting the democratic practice of political parties more meaningful it is urgent to reconsider and reconstitute our local government system. It is important to create a political competitiveness in all level of this country by fixing a target and making a bridge between the democracy and development. For that purpose the local government system of this country is the best field for playing an effective role. But the local government system of Bangladesh such as the city corporation, the district council, the municipal council, the upozela council, the union council, the ward council and the gram sarkar systems evidently do not match with the existing democratic practice of this country as the prevailing parliamentary government system specified and guided by the constitution of this country. Even has taken an inconsistent and ambiguous concept with that. An authoritarian type of one man run local government system with a multi-party parliamentary government system is by all means a confusing attachment to our democratic system for democratic practice and development. This misconception was happened and is continuing further due to in our constitution the kind and nature of the local government system of this country has not been specified clearly. On the name of the much needed decentralization policy the way one after one local government system has been created or adapted that has made the whole system complicated, backward and dysfunctional. Many practical matters and the future of the nation have not been taken into account.

The way the small country Bangladesh with such a huge population has been divided that there is a clear economic and all other type of inequalities are present and have created a huge gap among the areas and people. The urban areas like the capital Dhaka and other main cities though wrongly planned have become some sort of affluent but comparatively the rural areas receive almost nothing but gradually increased suffering due to the mismanagement of the government of this country. As a result the economic solvent class of the rural areas for profession, health, education and for many other facilities and the poverty stricken class of various parts of this country for their better earning are continuously migrating huge number to Dhaka and other main cities causing a shocking political, Socio-economic and environmental phenomenon.

Whereas, a well organized, well planned, an accountable, and matching with the multi-party parliamentary system of this country the local government system can change the present socio-economic and political scenario of this country to a large extent. Therefore, in the prevailing situation the most pragmatic approach is to develop our local government system studying and analyzing everything. In this regard, the government can appoint a high profile committee for recommending important suggestions what should be taken by a meaningful dialogue. The dogmatic approach for solving the problem should be avoided and an open dialogue should be started immediately as to allow the people whatever in position to present the best solution.

Again, it is not practical arranging the election of the local Government system before the general election as the present caretaker authority and the election commission is planning. Because the winning parties which will form the government after the general election need a setup of local government's representatives for implementing their election manifesto on what they earn the mandate from the people.

Therefore, the election of all local governments should always be held within three months after the parliamentary election if not possible to organize in the same day with the general election.

The power of the president : The reluctance, inability and failure of the president of this country to mediate between fiercely quarreling political parties for a positive outcome during the couple of years long political impasse of pre 1/11 times has been interpreted otherwise. The blame has been pointed to the constitution rather than the president of this country and the situation. And that lead to a demand of creating a balance between the president and the prime minister's exercises by increasing the power of the president. This type of very important aspiration should be examined very carefully before taking any step. As any kind of misconception may cause unnecessary rifts and clashes between the president and the prime minister of this country and that will certainly invite more troubles.

The president's power conferred in the constitution is not to that extent insufficient as the way it is interpreting in public discussions recently. In fact, the quality of the person who hold the post interprets the matter very different way. An intelligent, sensible president having strong personality, experience and knowledge for handling the political situations can express this power as well enough.

After reading the constitution and analyzing all the presidents and their activities of post 90 eras one can discover the problem easily. The problem is very psychological rather than constitutional. In this regard two reasons can be detected and those are- As it is normal in the parliamentary government system the president is necessarily less powerful but the president does not have power that feeling makes the person who holds the post weak and incompetent and in this situation the prime minister becomes overconfident, over powerful and in some cases ruthless and careless. Whereas, in our constitution the president is the head of the state and all states activities are being performed on the name of the president as the guardian of the state. Therefore, ethically, morally, logically and according to our constitution as a guardian of the state the president of this country is not hopelessly powerless. Actually he needs a moral and intellectual feeling what to do and how to do using his power given in the constitution and others need the same to abide by. And the other is one remains in the mood of president's election. The majority party of the parliament always prefers a most obedient president to elect for their own cause rather than the national and that force the president to perform maximum times as a personal assistance of the prime minister rather than the chief of the state.

That's why presidents of the parliamentary government' eras have never obliged to do their duties the constitution imposed on them by the clause five of the article forty eight and the clause three of article eighty. First one is the president's power to request the prime minister to submit any state matters the president deem necessary for the consideration of the cabinet. And the second one is regarding the power of the president "to return the parliament any of the bills what is passed by the parliament and is presented to the president to assent with a massage to reconsider or to amend anything as specified by the massage". In fact, maximum laws have been passed so far by the parliament of this country without taking the opinion of the general people, without proper and adequate discussion and debate even in the absence of the opposition in the parliament. But whenever those laws are placed before all the presidents since our independence to assent they did that without raising any questions to reconsider.

However, the situations can be improved to a large extent if the president of this country can be elected by the direct election. In this regard to avoid extra expenses and bothering the election can be arranged on the same day of the general election and the term of the president can be joined with the term of the parliament. If and when the parliament will be dissolved the president will resign transferring the power to the person as per directives of the constitution. Again, if any reason the post of the president becomes unseated only then the members of the parliament and members of the local government system will elect an interim president by secret voting. In this case the election should always be organized and arranged by the election commission in any place of the capital other than the parliament.

Again, for an impartial state system the president of this country should be empowered by amending the constitution to appoint various vital posts as the anti-corruption authority, the election commission, attorney general, the public service commission and the audit commission without the advice and interference of the prime minister as the appointment of the chief justice of the Supreme Court of this country.

The Terms of the Tenure of the People Representatives of Bangladesh: There is a growing demand for fixing the tenure of the prime minister for not more than two terms as the tenure of the President. In that case the duration of the tenure of the prime minister should be defined correctly.

As in the parliamentary government system the prime minister may not enjoy his tenure for full five years term due to the early dissolution of parliament, losing in the no-confidence motion and for the weak coalition government etc. Therefore, some flexibility is required in this regard.

One thing we should keep in our mind that always copying others idea or concept may not match with our situations and requirements. Therefore, we should present a new idea or concept creating a new one or modifying the existing one for our reasons as well as for others to follow or to adapt almost the same.

In this regard we can restrict the election participation rule for everybody from the president to all people representatives as parliament members and members of local governments in two terms only.Whether participations are consecutive or not regardless of lose or win. They can participate again in the any election as per the same rule after ten years gap staring from the Election Day that finishes their quota for two terms of election participation. In this way we can present the nation an unique opportunity and advantage whenever they want to elect new, potential, active and incisive leadership in every level of this country in the competitive political environment instead of authoritarian, monotonous and less develop leadership.

--------------------------------The End----------------------------------